독일 사회민주당의 역사와 독일 사회의 변화 **3**

독일 녹색당/좌파당 강령집

전종덕 · 김정로 편역

2018

백산서당

차 례

서 문 · 11

제1부　　동맹90/ 녹색당 기본 강령

　서 문 · 23
　전 문 · 25
　Ⅰ. 우리의 가치 · 26
　　생태는 지속가능성을 말한다 · 26
　　자결은 자유를 실현한다 · 27
　　정의는 지속된다 · 28
　　민주주의는 토대다 · 30
　　우리의 가치지향: 인권과 폭력으로부터의 자유 · 31
　Ⅱ. 변화된 세계에서의 도전 · 32
　Ⅲ. 우리는 어디서 왔는가 - 우리는 누구인가 · 38
　Ⅳ. 2020년을 위한 12가지 핵심 사업 · 40

생태시대로 출발 ··· 41
　Ⅰ. 우리 환경정책의 기본지향 · 42
　Ⅱ. 행동준칙으로서 지속가능한 개발 · 44
　Ⅲ. 자원소비 절약과 효율성혁명 · 45

Ⅳ. 생태와 생활양식 · 46
Ⅴ. 새로운 에너지 – 화석 및 원자시대에서 태양광 미래로 · 47
Ⅵ. 도시와 지역의 지속가능한 개발을 위하여 · 52
Ⅶ. 환경친화적 교통 · 54
Ⅷ. 자연보호와 경관보호 · 58
Ⅸ. 동물도 권리가 필요하다 · 59
Ⅹ. 환경과 개발을 위한 지구적 전망 · 60

생태적-사회적 시장경제로 출발 ········· 62

Ⅰ. 우리 경제정책의 기본지향 · 64
Ⅱ. 시장경제와 질서정책 · 69
Ⅲ. 생태적 재정개혁 · 71
Ⅳ. 소비자보호 · 72
Ⅴ. 지식경제 · 72
Ⅵ. 지역경제 · 74
Ⅶ. 지속가능한 재정정책 · 77
Ⅷ. 국제적 경제정책 · 78

해방적 사회정책으로 출발 ············· 80

Ⅰ. 우리 사회정책의 기본방향 · 80
Ⅱ. 인권: 빈곤을 극복 · 82
Ⅲ. 시민권: 동반자로서 사회보장국가 – 시민의 참여 · 85
Ⅳ. 공정한 접근: 노동시장으로의 다리 · 86
Ⅴ. 아동에게 공정한 – 모두의 더 좋은 삶의 질! · 90
　　21세기 첫 번째 세대를 위한 아동친화적인 사회 · 90
　　아동이 중요하다 · 91
　　미래를 위한 교육개혁 · 92
　　매일같이 아동친화적인 · 92

사회적 생태적으로 지속 가능한 세대 간 정의 · 93
     아동에게 공정하게 · 94
  Ⅵ. 청소년 정의: 내일을 위한 정책 · 97
  Ⅶ. 양성평등: 평등한 생활 · 98
  Ⅷ. 공정한 보장: 사회보장제도의 개조 · 99
  Ⅸ. 남녀 환자에게 공정한: 미래를 위한 보건정책 · 100
  Ⅹ. 장애인권리: 다양하게 존재하는 것이 정상이다 · 107
  Ⅺ. 나이에 공정한: 노인의 적극적 참여 · 109
  Ⅻ. 간호보장 · 110

지식사회로 출발 · 111
  Ⅰ. 지식사회에서 우리 정책의 기본지향 · 112
  Ⅱ. 지식사회에서 교육 · 115
     새로운 교육개혁 · 116
     종일학교 · 118
     배제에 반대하는 교육정책 · 118
     질적 목표와 평가 · 119
     유치원의 교육적 임무 · 119
     이민자사회에서 교육정책 · 120
     생활과 동반하는 배움에 대한 접근 · 120
     지식사회에서 대학 · 121
     직업재교육과 자격 향상 · 122
     지식사회에서 교육재정지원 · 124
  Ⅲ. 지식사회에서 학문과 연구 · 126
  Ⅳ. 지식사회에서 정보 · 128
  Ⅴ. 문화 · 131
     문화와 자결 · 131
     문화와 민주주의 · 132

공공의 사명으로서 문화지원 · 133
　　　문화재로서 체육 · 134
　　　도시 문화 – 지방 문화 · 135
　　　문화유산 · 136
　　　유럽의 문화 – 세계의 문화 · 136

민주주의의 혁신을 위해 출발 ·········· 138

　Ⅰ. 우리 정책의 기본방향 – 시민권과 민주적 참여 · 139
　　　민주주의와 법치국가를 위한 새로운 도전 · 140
　Ⅱ. 국가와 사회 · 142
　Ⅲ. 다원주의의 당 · 144
　　　동성애자를 사회의 중앙에 · 145
　　　장애인과 동등하게 · 145
　Ⅳ. 자유권과 시민권의 정당 · 148
　Ⅴ. 민주주의의 네 기둥으로서 미디어 · 150
　Ⅵ. 기술의 발전과 정보의 자결 · 151
　Ⅶ. 민주제도의 개혁 · 152
　Ⅷ. 참여권리 강화 · 153
　Ⅸ. 연방주의와 지방자치 · 154
　Ⅹ. 사회와 경제에서 공동결정권의 새로운 길 · 154

양성평등사회로 출발 ·········· 156

　Ⅰ. 우리 양성평등정책의 기본방향 · 156
　Ⅱ. 양성평등정책에 대한 요구 · 159
　Ⅲ. 남성과 여성 사이의 폭력으로부터 자유 · 160
　Ⅳ. 낙태, 생식의학 그리고 육체적 온전함 · 162
　Ⅴ. 양성평등정책의 새로운 길 · 164
　Ⅵ. 국제적인 여성권리 · 166

■ 유럽을 향하여 출발, 하나의 세계로 출발 ····· 168
    Ⅰ. 우리 외교정책의 기본방향 · 168
    Ⅱ. 세계사회를 위한 책임 · 1670
        세계화와 정의 · 173
        세계화와 지속가능성 · 174
        세계화와 민주주의 · 174
        세계화와 평화 · 175
    Ⅲ. 통합 – 자기제한 – 다자간 협력 · 176
    Ⅳ. 민주적 유럽으로 출발 · 178
    Ⅴ. 확대: 거대한 과제 · 182
    Ⅵ. 사회적–생태적 유럽 · 183
    Ⅶ. 갈등예방, 국제적 법질서, 군축 · 185
    Ⅷ. 유엔조직의 개혁과 강화 · 192
    Ⅸ. 인　권 · 194
    Ⅹ. 남북–문제 · 196

제2부　좌파당 강령

전문 – 좌파당은 다음을 보장한다 · 205

| 1 | 우리는 어디에서 왔고, 우리는 누구인가 ····· 213
| 2 | 자본주의의 위기 – 문명의 위기 ················ 225
        가부장적 억압과 분업 · 227
        남녀관계와 생산관계 · 229
        남녀관계의 근본적 변화 · 230
        독일 – 하나의 계급사회 · 232

신자유주의적 전환 · 234
재정거품과 사회적 분열 · 235
21세기 초의 세계경제위기 · 237
사회통합의 위기 · 239
민주주의의 잠식 · 240
생태문제의 핵심 · 241
제국주의와 전쟁 · 243

| 3 | 21세기의 민주사회주의 ································· 245
재산권 문제와 경제민주주의 · 249
공유와 종업원 소유 · 251
연대경제 · 254
중소기업인 · 255
실질적으로 민주적, 사회적, 생태지향적인 기준설정 · 255

| 4 | 좌파당의 개혁기획 - 사회변혁의 조치들 ···· 257
4.1 우리는 어떻게 살려고 하는가? 좋은 일자리, 사회안전, 사회정의 · 259
좋은 일자리 · 259
적극적 경제 및 노동정책 · 263
금융부문을 민주적으로 통제 · 265
지속가능한 농업과 농촌 개발 · 266
유전자조작이 없는 농업 · 267
구조적으로 열악한 지역의 배려. 동독에 대한 책임 · 267
재분배와 조세정의 · 269
민주사회주의 사회적 국가에서 사회보장 · 270
4.2 우리는 어떻게 결정하려고 하는가? 사회의 민주화 · 275
의회와 참여민주주의의 강화 · 275
민주적인 지자체 · 276
권력분립의 일관된 이행 - 사법권의 독립 · 278

　　　　민주적으로 통제되는 미디어·279
　　　　디지털사회에서의 민주주의·280
　　　　망에서의 평등과 자유·280
　　　　개인적 권리의 강화·281
　　　　평등과 양성평등·282
　　　　성적 다양성과 자결·284
　　　　사회적이고 민주적인 문제로서 이민과 통합·285
　　　　반차별정책·286
　　　　장애인의 평등과 정의·287
　　　　신파시즘과 인종주의에 대한 투쟁·288
　　　　덴마크인, 프리슬란트인, 소르비아인, 집시의 평등권·289
　　　　처음부터 참여 – 청소년의 적극적 참여·290
　　　　적극적이고 품위 있는 노령자·290
　　　　공정하고 대화할 수 있는 사회를 위한 문화·291
　　　　모두를 위한 체육·292
　　　　교회, 종교 및 이념 공동체·293
　4.3 우리는 어떻게 배우고 연구하는가? 교육과 지식에 자유로운 접근·295
　　　　모두를 위한 교육·295
　　　　유치원에서 평생교육까지 좋은 교육·296
　　　　지식생산과 저작권·298
　　　　삶에는 어떤 특허도 필요 없다·299
　4.4 우리는 자연과 사회를 어떻게 유지할 것인가? 사회-생태적 개조·301
　　　　기후보호와 에너지전환·303
　　　　자연은 우리의 생명이다·305
　　　　모두를 위한 이동 – 환경친화적 교통으로의 전환·307
　　　　지역중심의 자원순환경제·309
　4.5 우리는 어떻게 유럽연합을 근본적으로 리모델링할 것인

가? 민주주의, 복지국가, 생태와 평화 · 310
4.6 우리는 어떻게 평화를 창출할 것인가? 군축, 집단안전과
공동발전 · 315
전쟁 대신 연대 속에서 평화 · 315
유엔의 개혁과 강화 · 316
군축과 구조적으로 공격능력 없는 군사력 · 317
국제적 협력과 연대 · 319

| 5 | 정책전환과 더 나은 사회를 위하여 함께 ······321
광범한 좌파동맹 · 322
신자유주의 이데올로기와 토론 · 324
의회와 국민 대의기구 및 정부에서 활동 · 324
유럽 및 국제 협력 · 326
새로운 정치방식 · 327
더 나은 사회를 위하여 함께 · 329

◇ 찾아보기 · 330

서 문

 이 책은 "독일 사회민주당의 역사와 독일 사회의 변화"의 세 번째 책으로 "독일 녹색당과 좌파당의 강령집"이다. 제1권이 독일사회민주당의 150년 역사를 독일사회의 발전 및 변화와 함께 통사적으로 저술한 것이라면, 제2권은 독일사회민주당 역사의 강령을 모은 것으로 "부속자료편"이라 할 수 있다. 그리고 제3권은 독일 녹색당과 좌파당의 강령을 번역한 것으로 독일사회민주당 연구에서 매우 중요한 참고 및 비교 자료이다. 독일 녹색당과 좌파당은 독일 진보운동에서 독일 사회민주당과 뗄 수 없는 관계에 있다. 그 뿌리가 같으며 추구하는 방향 역시 자유 정의 연대라는 기본가치에 충실하고 있다. 지금은 발전 과정에서의 노선 차이로 인해 딴 살림을 차려 서로 경쟁하고 있지만 필요하다면 언제든지 연대할 수 있는 관계에 있다. 실제 녹색당과 사회민주당은 연정을 함께 하기도 했다. 좌파당은 통일 후 구 동독을 기반으로 한 민주사회당(PDS)과 슈뢰더개혁에 반발하여 라퐁텐 등 사회민주당에서 갈라져 나온 세력이 통합하여 만들어진 당으로 역시 진보운동의 핵심이며 사회민주당과는 정통성 경쟁까지 하고 있다. 현재 위기에 처한 사회민주당을 보완하고 대안적인 아이디어를 구하기 위해서도 녹색당과 좌파당의 강령은 많은 도움이 될 것이다.

150년의 역사를 가진 독일 사민당은 현재의 함부르크 강령에서도 선언하고 있듯이 1789년 프랑스혁명의 이념인 자유, 정의, 연대를 그 기본가치로 하고 이를 실현을 목표로 하고 있는 좌파 정당의 종가다. 그리고 사민당은 국제적 연대를 위하여 사회주의 인터내셔널을 결성하여 주도하면서 이의 기본가치와 정책을 세계에 전파하고 그 실현에 노력해 왔다. 최초의 정당이라는 의미에서뿐만 아니라 그 이념, 정책, 투쟁 노선, 국제주의 등 모든 면에서 종가다. 금세기 세계사의 대변혁을 가져왔던 소련 공산당 역시 1898년 러시아 사회민주노동당으로 시작하였다.

사민당은 1863년 노동운동에 기초한 독일노동자협회 창설부터 혁명이 아닌 의회 진출에 의한 입법화를 통한 노동자계급의 권리 보장을 목표로 하였다. 이후 당내의 노선투쟁을 통해서 혁명주의 노선을 청산하면서 의회민주주의 정당임을 확인하였다. 히틀러에 의해 와해되었다가 1945년 냉전 시대 분단된 서독에서 마르크스주의 정당으로 재건하면서 의회민주주의 정당임을 재확인하였으며, 1959년 고데스베르크 강령을 채택하면서 마르크스주의를 청산하고, 이를 바탕으로 집권에 성공하였다.

의회민주주의 정당 사민당은 따라서 창당 이래로 자유, 정의, 연대라는 기본가치에 바탕을 둔 이념을 개발하고 이 이념에 근거한 정책을 발전시켜왔다. 정의와 연대에 기초한 오늘날 세계의 노동, 연금, 보건을 포함한 사회정책, 누진세제와 교육 정책은 사민당에 의해 현실 정책으로 개발하여 발전된 것이다.

이런 사민당의 이념 즉, 기본가치와 세계관, 이에 바탕을 둔 정책은 각 시대의 사민당의 강령으로 압축, 정리되어 있다. 노동조합운동에

조직적 바탕을 두고 있지만, 이런 강령과 정책은 자유, 정의, 연대라는 기본가치에 동의하는 지식인의 참여 없이는 불가능한 것이다. 독일 사민당은 역대 독일의 뛰어난 좌파 정치인, 노동운동가와 노동조합 그리고 기라성 같은 지식인 그리고 대중이 참여하여 만들어낸 작품이다. 그래서 독일 사민당의 주요 당대회, 강령의 채택과 변화, 정책은 좌파 정치인은 물론이고 세계 노동운동과 정책 입안자들의 관심 대상이었다. 이는 적어도 1990년 이전까지는 타당하다.

사민당은 걸출한 인물 빌리 브란트를 앞세워 1966년 대연정에 참여하고 이를 바탕으로 1969년 자민당과의 연정을 통하여 사실상 사민당 정부를 탄생시키면서 준비해온 사회 전반의 개혁을 통해 대내외 정책을 펼쳤다. 대외정책으로 신동방정책과 대내정책으로 사회적 국가를 제도화하였다. 마치 서로가 역할 분담을 약속했던 것처럼 브란트가 신동방정책을 헬무트 슈미트가 사회적 국가를 제도화시키면서, 통일 후 지금까지 이어지는 현대 독일의 틀을 만들었다 해도 과언이 아니다.

그러나 이후 오일 쇼크로 상징되는 전후 세계경제 그리고 통일과 공산주의 블록 해제라는 세계정치 패러다임 변화 속에서 사민당은 이념과 정책에서 표류하면서 대중의 지지는 1세기 전으로 후퇴하여 오늘에 이르고 있다. 1998년 슈뢰더가 신중도를 내세우면서 반짝 집권하였지만, 이는 사민당 역사에서 한 시절의 에피소드임이 드러나고 있다.

동유럽 공산주의 세계에서 민주화 혁명이 정점을 향해가면서 공산주의 블록 해체가 기정사실화되고 있던 1989년 여름에 프란시스 후쿠야마가 '역사의 종언'이란 글을 발표하여 화제를 불러일으켰다. 그는 냉전 이데올로기의 대립 시대가 끝났다는 것이 아니고, 나폴레옹이 프로이센 왕국군을 굴복시켰던 1806년 예나 전투에서 헤겔이 프랑스 혁명 이상의 승리와 자유와 평등을 구현한 정부의 임박한 보편화를 보고, 역사의 종언을 이야기했던 것을 상기시켰다.

후쿠야마는 1989년을 지식인들이 예견하던 자본주의와 사회주의의 수렴이 아니라 경제적 정치적 자유주의(liberalism)의 승리의 해로 보고, 진정한 역사의 종언이라고 선언하였던 것이다. 그는 냉전의 종식이 아니라 인류의 이데올로기 진화의 종언이며 통치의 최종형태로서 서구 자유민주주의의 보편화의 완성이라는 것이었다. 그 후 13년이 지난 2012년 그는 앞의 글을 수정, 보충하여 '역사의 미래'라는 글을 쓰는데, '역사의 종언' 이후 월스트리트 자본의 폭주로 일어난 2008년의 금융파탄을 보고 쓴 이 글 속에서 좌파는 뭘 하고 있었냐고 지적하는 내용이 있다.

"수십 년 전까지는 좌파는 경제적 변화를 겪고 있는 선진사회의 구조에 무슨 일이 일어나고 있는가에 관한 일관된 분석과 중산층 사회를 지킬 수 있다는 희망이 담긴 현실적인 의제를 제시할 수 있었다. 지난 두 세대 동안 좌파 사유의 주된 경향은 솔직히 말해서 개념적 틀이나 동원의 도구 어느 면에서나 파멸적이었다." 마르크스주의는 오래 전에 죽었고, 지난 20년 동안 좌파의 주류는 연금, 보건, 교육 같은 다양한 급부의 국가 제공을 내용으로 하는 사회민주주의 프로그램을 추종하였지만, 이 모델은 이제 탈진해 있다. 복지국가는 비대하고, 관료적이며 유연성을 상실하였다. 이런 국가는 종종 공공 부문 노동조합을 통하여 그들이 관리하던 조직의 포로가 되었다는 것이다. 선진세계 어디서나 실재하고 있는 인구의 고령화로 인하여 이런 국가가 재정적으로 버틸 수 없다는 점이다.

지난 30년간의 경험에서 불평등의 심화가 계속될 것이고, 부의 집중은 이미 자체강화의 과정을 밟고 있어서, 금융 분야는 더 과중한 규제를 피하기 위하여 로비력을 활용하고 있고, 부유한 사람들의 학교는 어느 때보다도 더 우수하며, 모든 사람들을 위한 학교는 더욱 악화될 것이라는 것이다("The Future of History", *Foreign Affairs*, 2012년 1/2월). 이념과 논리를 가진 민주적 대항 세력이 필요하다는 이야기다.

1990년 전후한 무렵부터 현재까지 독일 사민당의 내부 논쟁, 특히 1989년 베를린 강령과 2007년의 함부르크 강령 작업을 둘러싼 당내 논의, 슈뢰더 총리 집권 이후 당을 격론으로 몰아넣으면서 당을 분열시킨 하르츠 개혁과 아젠다 2010 논쟁 과정과 대중의 지지도 하락을 보면서 후쿠야마의 글을 생각하지 않을 수 없다. 프랑스 혁명 정신을 기본가치로 한 사민당의 성장과 혼란 그리고 기본가치에 대하여 미래를 향한 새로운 정의를 내지 못하는 현재의 표류가 좌파 정당의 종가집에 그대로 맞아떨어진다고 본다.

새로운 이념과 이에 바탕을 둔 대안의 정책이 요구되는 시대에 지난 20년 동안 독일 사민당의 몸부림을 보면서 한편으로는 실망과 한편으로는 새로운 기대도 해보면서, 1년 전에 우리는 사민당의 중심으로 들어가 보기로 하였다. 150년 동안 단순히 정권을 잡기에 매진한 것이 아니라, 독일 사민당은 자유, 정의와 연대를 현실에 실현하기 위하여 노동운동에 기반을 둔 노동운동, 자유주의 운동의 정당이다. 현실과 이상 간의 균형을 항상 고민해온 정당이다. 이들의 강령과 논의 나아가서 당내 이념 투쟁은 이들이 지향하는 사회, 이를 바탕으로 한 현실에 대한 인식과 이런 인식 위에서 이상을 실현하기 위한 방법을 둘러싼 것이다. 이런 맥락에서 현실과 이상의 시각에서 독일 사민당 150년을 살펴보는 것은 충분한 의의가 있다고 보았다.

독일 사민당 150년을 들여다보면서 당연히 우리의 정당을 비교해

보지 않을 수 없다. 우리나라 정당은 정강정책, 당원에 기초한 조직구조 등 외형상으로만 본다면 유럽의 정당 특히 독일 사민당과 유사한 점이 많다. 그러나 외형만 비슷할 뿐 내용은 전혀 다르다. 사민당은 창당에서부터 자유, 정의, 연대라는 기본가치에 바탕을 두고 이에 대한 정의를 심화시켜오면서, 이 기초 위에서 우리나라 정당의 정강에 해당하는 강령을 결정하고, 이 강령의 토대 위에서 정책을 개발하고 발전시켜, 집권 시에는 이를 실현하여왔다. 특히 강령 작성과 채택 과정을 보면 수년에 걸친 초안 작성, 이에 대한 당내 토론에 바탕을 둔 당론 수렴, 때로는 당 밖의 지지 세력, 특히 노동조합과 지식인들의 초안에 대한 여론 수렴 등의 과정을 거쳐 최종안을 작성한 후 당대회에서 최종적인 토론을 거친 후 표결에 의해 결정된다. 현재의 강령인 2007년에 채택된 함부르크 강령의 경우에서 볼 수 있듯이 강령작성위원회 혹은 기본가치위원회가 작성한 초안이 기본 방향에서부터 변경되기도 한다. 이 논쟁 과정을 보면, 때로 이런 사람들이 사민당의 깃발 아래서 함께 정당을 하는 사람들인가 의심스러울 때도 있다. 그러면서도 자유, 정의, 연대라는 사민당 기본가치 아래 타협을 이루어낸다. 물론 하르츠 개혁안을 둘러싼 대립 끝에 타협에 이르지 못해 당을 떠나는 경우도 있기는 하다.

그런데 우리나라에 현대적인 정당이 출범한 이래 정당의 정강이나 정책 결정이 형식과 내용, 결정되는 절차에서 민주적인가라고 자신할 수 없다. 우리나라 정당의 경우 정당의 기본가치가 역사적으로나 논리적으로 일관성이 없다는 점은 차치하고, 당 지도부조차 자기 당의 정확한 기본가치나 정책 철학에 대하여 정확하게 이야기해 줄 수 있는지 의문이다.

더구나 지난 해 진보를 표방한 새로운 정부가 출범하였다. 이 정부가 내건 여러 슬로건과 정책은 독일 사민당의 영향에서 벗어날 수 없을 것이다. 글을 쓰면서 현재 이 정부의 정책을 둘러싼 논쟁이 과거 독일 사민당 내부와 특히 서독 시절 서독 내에서의 여러 논의와 논쟁과 흡사하기까지 하다는 생각을 하였다. 차이가 있다면, 이들의 논쟁이 역사의 길이와 깊이만큼이나 우리와 비교할 때 훨씬 내공이 있고 현실성이 있다는 점이다. 벤치마킹은 지속가능해야 한다. 지속가능하기 위해서는 그 역사적 배경과 본질에 대한 정확한 이해가 전제되어야 한다. 물론 실패 경험도 충분히 학습하여야 한다. 그렇지 않다면 실패의 확률이 더 높을 것이다. 이런 의미에서도 독일 사민당 150년은 우리에게도 시사하는 바가 크다고 판단하였다.

그리고 원고 작업이 거의 끝난 시점에 남북한 정상회담이 열렸고, 미국-북한 정상회담이 예정되는 일대 사건이 발생하였다. 평화를 향한 발걸음이 역사적 결과를 가져올 것을 기대한다. 그러면서도 사민당의 동방정책, 독일정책을 심도 있게 살펴보는 것은 우리에게 커다란 도움이 될 것이다. 이 책에서는 사민당의 유럽, 독일, 평화 정책으로 그 범위를 좁히다 보니 많은 이야기는 할 수 없었다. 별도의 책에서 이 부분을 본격적으로 다루어볼 계획이다. 그러면서 사민당이 전체유럽의 평화질서 속에서 독일 문제를 접근한 것은 19세기 중반 이후부터 유럽 평화에서 독일 문제가 가져다 준 폭발력의 경험에서 나온 논리의 귀결이다. 사민당은 구체적으로 하이델베르크 강령 이래로 민족문제는 전체로서의 유럽평화질서 속에서 극복되어야 할 과제로 보았다. 이런 노선에서 현실인정을 바탕으로 한 신동방정책으로 나가 소련과의 모스크바조약, 동독과의 동서독기본조약 등의 체결로 나가면서 유럽에서의 동서화해에 기초한 평화체제 구축의 큰 발걸음 내디뎠다. 그러면서도 이 체제가 가지는 약점은 1989년 동독 시민들의 민주화운동이 통일로 연결되면서 드러났다. 사민당은 1989년 11월부터 전개된 통일 과정에서 동독 주민의 정서에서 제기된 민족문제와 조기통일에 대한 답변을 내놓을 수 없었다. 자기논리의 완결성이 정서 앞에 무너지고 만 것이다. 그런 면에서 유럽 평화체제 구축 과정에서 국내외 상황을 읽어가면서 평화와 통일 문제를 풀어간 독일과 사민당의 경험은 긍정적인 면과 부정적인 면 모두 우리에게 선도자 역할을 하고도 남음이 있다.

제3자의 눈으로 독일 사민당의 현장에 들어가기로 하고, 현실의 변화와 이를 바탕으로 한 당내 논의, 이의 결과물인 강령과 선거나 중요한 결정 사안이 있는 경우 개최되는 당대회의 회의록이나 결의, 선거강령 원본과 현실적 결과로 나타나는 대중의 반응인 선거 결과와 필요한 경우 언론의 반응도 살펴보기로 하였다.

본격적인 작업에 들어가면서 내용의 일관성을 유지하기 위하여 두 사람은 역할을 분담하기로 하였다. 일단 전체적인 집필은 전종덕이 맡고 강령을 비롯한 각종 원본의 번역은 김정로가 하면서 매주 정기적으로 만나 방향을 협의하고 내용 중 불분명한 부분을 명확히 하면서 작업을 진행하였다. 우선 독일사회민주당 150년 역사를 독일사회의 발전과 관련하여 통사적으로 집필하여 제1권으로 만들었다. 그리고 이 과정에서 1869년 아이제나하 강령에서 2007년 함부르크 강령까지의 9개 강령은 좌파 정당 종가집의 역사적인 문건이고 생생한 논쟁의 결과물인 까닭에 강령 전체를 또 한 권의 책으로 내기로 하였다(제2권). 이런 결정을 하고 국내의 출판물을 점검해보니 독일 사민당에 관한 논의는 꽤 있지만, 강령 전문이 소개된 적은 없었다. 앞서도 이야기하였듯이 사민당은 지식인의 참여 없이는 불가능하며, 당대 좌파 논객과 지식인의 작업의 산물이 독일 사민당 강령이다. 따라서 한 권의 책으로 출판하는 의미가 충분하다고 판단하였다. 이에 더하여 사민당과 갈등을 겪기도 하고 협력하기도 하는 녹색당의 2002년 강령과 하르츠 개혁 반대를 계기로 오스카 라퐁텐을 비롯한 사민당 탈당세력, 68학생운동 후의 의회 밖 야당 세력 그리고 동독의 통일사회당에 뿌리를 둔 민사당이 합쳐 창당하여 사민주의의 정통성을 주장하는 좌파당의 2011년 강령도 또 한 권의 책으로 엮었다(제3권). 사민당의 관련 내용과 함께 읽어본다면, 종전 후 각 시대 독일 진보 정치세력 간의 논쟁, 기본가치에 바탕을 둔 이들이 그리는 이상적 사회, 이의 관점에서의 현실분석과 미래 전망 그리고 정책 노선을 정확하게 파악할 수 있을 뿐만 아니라 우리에게도 시사하는 바가 대단히 클 것이다.

남북정상이 판문점에서 만나고 또 조만간에 북미정상이 만난다. 한반도의 평화와 북한의 개혁 개방, 그리고 본격적인 남북교류가 이루어지기를 기대하면서 이 책을 펴낸다. 동서독의 만남과 통일과정을 참고하면서 우리의 논의가 평화와 정의 그리고 연대를 지향하는 새로운 정치시대로 가는 논의의 틀에 도움이 되기를 기대한다.

2018. 6.

미래는 녹색이다

동맹90/녹색당 기본강령*

---

* Grundsatzprogramm BÜNDNIS 90/DIE GRÜNEN.
기본강령은 2002년 3월 15-17일 베를린 템포드롬에서 열린 동맹90/녹색당의 연방대표자대회에서 결의되었다.
강령 원본은 동맹90/녹색당 홈페이지www.gruene.de/
동맹90(BÜNDNIS 90)은 1990년 2월 평화혁명 기간 중에 동독의 시민운동과 야당이 통합하여 탄생하였고, 1991년 9월 정당으로 전환하였으며, 1993년 5월 전국 정당인 녹색당과 통합하였다. 하인리히 뵐 재단(Heinrich-Böll-Stiftung)이 자매재단이다. 동맹90/녹색당을 그냥 녹색당으로 줄여도 좋을 것이다 - 편자 주

서 문

 2002년 3월 17일 베를린에서 열린 동맹90/녹색당의 연방대표자대회에서 이 기본강령을 채택하였다. 이 "베를린 강령Berliner Programm"은 1980년의 "자르브뤼크 강령Saarbrücker Programms"을 대신하여 만들어졌다. 새로운 기본강령의 의결은 3년의 토론을 성공적으로 마무리했다.

 1999년 초 연방대표자회의는 기본강령위원회를 두기로 결정하였다. 1999년 11월 카셀에서 개최된 기본강령회의에서 당의 공개적인 토론이 있었다. 2001년 3월 슈투트가르트에서의 연방대표자회의는 연방회장단의 원칙주장을 토론했다. 2001년 7월 중순 기본강령위원회는 첫 번째 강령초안을 공개하였다. 이것은 첫 번째 녹색여름아카데미와 여러 지역회의에서 다른 사안과 함께 토론되었다.

 2002년 1월 중순 연방대표자회의는 수정된 두 번째 초안을 의결하였다. 동맹/녹색당의 대중 지지층과 많은 당원들은 이것에 대해 모두 1천 개 이상의 수정제안을 하였다. 그 중에서 많은 것을 연방대표자회의가 받아들였다. 50개 이상의 제안에 대하여 연방대의원대회는 찬성하였다. 강령은 마침내 90% 이상의 다수로 가결되었다.

우리 당의 안팎에서 이 강령토론에 참여해 준 모든 사람들에게 감사를 전한다. 특별히 나는 강령초안위원회 위원들의 높은 참여와 활동을 강조하고자 한다.

여기에 대해 다음의 위원들께 감사를 드린다; Antje Radcke, Bärbel Höhn, Claudia Roth, Franziska Eichstädt-Bohlig, Frithjof Schmidt, Fritz Kuhn, Klaus Müller, Niombo Lomba, Peter Siller, Pino Olbrich, Ralf Fücks, Ramona Pop, Renate Künast, Thea Dückert, Undine Kurth. 또한 기본강령에 대한 작업을 책임졌던 David Handwerker, 최종 편집을 책임졌던(그것뿐만 아니지만) Dietmar Strehl, 제안을 책임졌던 Michael Weltzin, 그리고 인쇄를 담당했던 Norbert Schmedt에 대해 감사한다. 기본강령위원회의 정치적 연방사무총장이자 위원장인 Reinhard Bütikofer에 감사드린다.

전 문

우리 정책의 중심은 존엄과 각자의 자유를 가진 사람이다. 인간 존엄의 불가침성이 우리의 출발점이다. 이는 자결과 약자의 편에 서는 우리 비전의 핵심이다. 이성적 존재로서 인간은 자결의 삶을 책임질 수 있다. 자연의 일부로서 인간은, 자연적 생활토대를 보호하고 스스로 거기에 알맞은 경계를 설정할 때, 비로소 살 수 있다. 자연의 보호와 자연친화적 생활형태는 또한 그 스스로의 의지에 의해 제공된다. 모든 사람은 유일무이하고 동등하다 – 오늘과 내일, 여기 저기 언제 어디서든. 따라서 동맹/녹색당의 정책은 정의의 기준에 책임을 진다. 자유와 정의는 살아 있는 민주주의 속에서만 실현될 수 있다. 민주주의는 우리 정치행동의 기초며 방식이다.

20년 전에 창당하여, 두 개의 독일국가의 대립문화로부터 성장한 우리는 이미 많은 것을 성취하였고 더 앞으로 나아가고 있다. 우리의 비전은 자연적 생활토대가 존중되고 보호되는 세계. 우리의 비전은 인권이 불가분의 것으로 보편타당하게 인정되는 사회, 책임 속에서 자결이 실현될 수 있는 사회. 우리의 비전은 모든 차원에서의 정의의 실현이다. 우리는 민주주의를 강화하고, 그에 대한 공격으로부터 민주주의를 지킬 것이다.

I. 우리의 가치

우리는 이데올로기가 아니라 일련의 여러 기본가치에 의해 통합되고 결합되어 있다. 동맹90/녹색당은 다양한 뿌리로부터 하나로 성장하였다. 생태학의 정당으로서 우리는 좌파 전통, 가치보수 전통 그리고 법치적 자유주의 전통도 받아들였다. 여성운동, 평화운동 그리고 독일민주공화국(동독) 당시의 인권운동이 우리 당의 성격을 만들었다. 동독과 서독에서 기독교인이 동맹90/녹색당의 발전에 적극적으로 참여하였다. 그래서 우리는 독자적인 정치적 사회적 전망을 가지고 모였다. 우리의 기본입장은 이렇다: 우리는 생태, 자결, 확대된 정의, 살아있는 민주주의를 결합시키고 있다. 이와 대등한 강도로 우리는 폭력으로부터의 자유와 인권을 보호한다. 이러한 기본가치의 상호관계에서 이들 원칙이 동맹/녹색당의 비전의 지평을 연다. 이를 위한 협력에 우리는 이러한 목표에 책임을 느끼는 모든 사람들을 초대한다. 우리는 시민들의 이념과 비판 그리고 저항을 받아들이고, 이들이 활동하도록 고무하면서 전체 개념을 발전시키려고 한다.

생태는 지속가능성을 말한다

우리의 사고는 처음부터 오직 생태적인 사고이다. 우리는 생태학에 의해 새로이 인식된 산업주의의 한계에 대한 경험과 계몽의 전통을 결합시킨다. 우리는 그것이 사회주의적인 색채든 혹은 자본주의적 색채든 관계없이 무비판적인 진보에 대한 믿음과 거리를 유지한다.

생태의 정당으로서 우리에게 중요한 것은, 산업적 약탈과 자원의 과잉사용을 통해 위협받게 된 자연적 생활토대의 보전이다. 우리는 회귀를 통해서가 아니라, 오늘날의 산업사회를 지속 가능하게 변화시킴으로써만 생태를 보전할 수 있다. 생태계는 우리 사회의 근대화의 필수적인 차원이다. 사회계약을 생태 문제로까지 확대하면서 우리는 전통적 정치의 미래에 대한 무관심에 반대하여, 미래 세대와 동시대 사람들에게 책임지는 우리의 정책을 제시한다.

전체 사회적 정치로서 환경정치는 지속가능성을 녹색정치의 중심 개념으로 확보하였다. 지속가능성은 생태적, 사회적, 경제적 발전의 미래지향적 관련성을 의미한다. 여기서 자연적 생활토대의 보전이 우리의 중심적 관심사다. 생산과 소비는 오늘 내일의 생활기회를 파괴하지 않도록 설계되어야 한다. 생태는 지속가능한 경제정책과 기술정책을 요구한다. 지속가능성은 단순히 국민국가적으로 해결할 수 있는 목표가 결코 아니다; 이는 국제적 협력을 요구한다. 지속가능성으로의 전환만이 우리의 생활방식을 미래지향적으로 만들 수 있게 될 것이다.

지속가능성은 또한 생명에 대한 주의와 존중에 기초한 생활양식의 발전을 의미한다. 생태가 반영된 생활양식은 모두를 위한 생활의 질의 성장을 포함한다. 지속가능성은 오늘과 내일을 위한 생활의 질을 의미한다.

자결은 자유를 실현한다

우리는 해방과 자결을 옹호한다. 다양한 해방운동, 자유주의 및 무정부주의 전통이 모두 이러한 자유로운 지향에 영향을 주었다. 우리는 사람들이– 후견으로부터 자유로운 – 자신의 생활을 스스로 설계할 수 있는 사회를 원한다.

우리는 개인의 자유가 법적 사회적 전제에 결부되어 있음을 알고 있다. 우리는 특권적 소수만이 자유를 의식하고 자신의 생활을 스스로 설계할 수 있는 것은 아니라는 것을 지지한다. 자결은 생태적 사회적 책임을 포함한다.

자유의 개념을 우리는 순수한 시장자유, 경쟁의 자유로 협소하게 만들려는 사람에게 맡기지 않는다. 자유는 사회적 윤리적 경계 혹은 성차별을 넘어서는 해방과 자결의 기회다. 이를 위해 인간은 자유롭게 선정한 결사에 참여하여야 한다. 이것은 또한 바로 소수에게도 해당된다. 미래를 위한 책임은 자결의 개인들을 통해서만 보장된다.

우리는 개인을 강화하기를 원하고, 개인이 자신의 자유와 책임을 실현하는 사회를 원한다. 우리는 자유와 다른 사람에 대한 배려를 보호하는 명확한 기본조건을 규정한 민주적 법치국가를 위해 노력한다.

자결의 한계는 자유와 자결이 다른 사람을 제한하는 데 있다. 그래서 우리는 다른 나라나 미래 세대 사람들의 자결 기회를 약화시키거나 파괴하는 방식으로 살지 않으려고 한다.

정의는 지속된다

동맹/녹색당의 정치는 정의의 원칙을 지향한다. 정의는 사회적 재화에 대한 공정한 분배를 요구한다. 이것은 특히 사회적 약자에 대한 배려를 요구한다. 분배정의는 또한 우리 사회에서 미래에도 변치 않고 의미를 가질 것이다. 왜냐하면 정의는 변화된 세계의 문제에 대하여 답을 주어야 하고, 우리의 정의에 관한 관념은 전통적 분배정책을 넘어 나아가야 하기 때문이다. 동맹/녹색당의 정책은 참여정의, 세대정의, 양성정의, 국제정의를 지지한다. 이러한 정의의 차원은 실제적 갈등에도 불구하고 서로 반목해서는 안 된다. 정의는 연대와 시민 전체의 참여를 요구한다.

양성평등 정의. 정의는 또한 양성 사이의 정의를 의미한다. 이 점에서 동맹/녹색당의 정책은 많은 것을 달성하였다. 그러나 여전히 사회 발전에 대한 여성과 남성의 동등한 결정권은 실현되지 못했다. 남녀 모두에게 가족과 직업의 양립가능성은 보장되지 않고 있다. 힘 있는 자리, 소득, 시간의 분배에서 여성에게 불리한 차이가 존재하는 한, 이러한 정의문제는 해결될 수 없다.

참여 정의는 중심적인 사회적 자원, 즉 노동과 교육 그리고 민주적 공동결정에 모든 사람이 접근할 수 있어야 한다는 것이다. 동등한 접근은 항상 기존의 사회적 불평등에 의식적으로 반대하고 제도적으로 보장되어야 한다. 교육은 우리 사회에서 자신의 삶을 설계할 수 있는 기회를 결정한다. 노동은 우리 자신의 능력을 통해 결실을 맺게 해주어서 우리 정체성의 중요한 부분에 영향을 준다. 공동결정은 사회에 참여하여 이를 함께 설계하기 위한 기본전제다.

세대 정의. 오늘날 그 어느 때보다 우리의 옛 구호 "우리는 우리 자식으로부터 대지(大地)를 빌렸을 뿐이다"가 더욱 현실적이다. 생태적 약탈과 미래를 잊은 사회정책과 경제정책 그리고 재정정책은 우리 자식들의 미래를 위험에 빠뜨리고 있다. 이에 반해 우리는 세대 정의를 위해 진력한다.

국제 정의는 세계화된 경제가 전 세계의 사람들을 더욱 서로 연결시키고 서로 의존하게 만들수록, 그 만큼 더 타당할 수밖에 없게 된다. 국제 정의는 특히 지구상의 부유한 지역 밖의 사람들과 관련이 있다. 북부(부유한 지역) 선진국의 지속가능성이 남부(가난한 지역) 국가의 희생으로 정의되어서는 안 된다.

연대. 정의는 연대와 전체 시민의 참여를 필요로 한다. 연대는 자기 의식적인 개인들을 통해 산다; 연대는 시민들에게 금치산선고를 내리는 대신에 강화한다. 감독하고-보호하는 국가를 지지하는 사람들과 "국가는 작을수록 좋다"고 선전하는 사람들 간의 선택은 진부한 것이다. 국가는 공공 업무를 여러 세력의 자의에 내맡겨서는 안 된다. 국가는 또한 공공 업무를 사회 대신에 해결해야 하는 게 아니라 남녀 시민들과 함께 해결해야 한다. 우리는 따라서 상호간의 도움을 실천하는 네트워크와 공동체에 투자하려고 한다. 이런 네트워크와 공동체에서 시민들을 지원한다면, 국가는 공동체에 더 많은 책임을 지는 시민들을 얻을 수 있다.

민주주의는 토대다

우리의 사고는 민주주의에 기초한다. 지난 수십 년 동안 우리 사회의 민주화를 위해서도 우리는 중요한 기여를 했다. 민주주의는 자유로운 의사표현과 동등한 인정이 만나는 장소다. 급진민주주의적, 여성주의적, 참여적, 다문화적 영향을 우리는 법치국가의 계속적 발전에 받아들이고 있다. 역사적 책임의 의식 속에서 우리는 인종주의와 반유대주의, 우익극단주의와 기타 극단주의에 반대하는 데 진력한다. 우리는 현상유지에 머물기를 바라지 않고, 오히려 민주주의를 시민이 직접 참여할 수 있는 다양한 민주주의로 발전시키려고 한다.

민주정치는 제약을 가능한 한 효과적으로 시행하는 것과는 다르다. 정치는 대안 사이의 선택을 가능하게 해야 한다. 종종 제약의 시행이 피할 수 없다는 사실도 맞는다. 투명하고 분명하게 대안 결정을 처리한다는 것은 동맹/녹색당 정치에는 극히 중요하다. 여기에는 권력구조와 이해의 공개도 포함된다. 정치의 부활을 위하여 우리는 의회민주주의의 강화와 모든 국가 및 사회 분야에 시민참여를 강화하고자 한다.

국제사회의 발전의 시각에서 민주주의는 국민국가에 한정될 수 없다. 민주적 전망에서의 국제관계의 지속적 발전은 논의 대상이다. 유럽통합의 완성과 유럽연합의 강화는 여기서 중요한 역할을 한다. 우리는 유럽에서 시민의 기본권이 존중되고, 국가의 역할이 인정되며, 또한 지역의 다양성이 강점으로 인식되는 민주적이고 합헌적인 절차를 지지한다. 유럽을 넘어 유엔이 국제공동체의 정치적 지붕으로서 강화되어야 한다.

우리의 가치지향: 인권과 폭력으로부터의 자유

두 가지 기본원칙이 우리 정책에서 중요한 의미를 가진다: 인권을 위한 우리의 노력과 폭력으로부터의 자유라는 우리의 정책.

인권. 자결이라는 우리의 기본가치는 인권의 보편성과 불가침성으로 표현된다. 유엔에 의해 문서로 작성된 인권은 우리에게는 토론 대상이 아니다 – 권력정치의 이해나 경제적 이해에 반대하든, 잘못된 문화적 상대주의에 반대하든 그에 관해 토론할 필요는 없다. 모든 사람의 존엄은 신성불가침하기 때문이다. 이의 보장을 국가적 및 국제적 녹색정치는 확약한다. 개인의 자유권과 정치적, 경제적, 사회적, 문화적 권리, 발전에 대한 권리와 생태적 권리는 우리에게는 함께 가는 것이다.

폭력으로부터의 자유. 동맹/녹색당의 정치는 폭력으로부터의 자유를 위한 정치이다. 이것의 목표는 자결과 정의, 민주주의의 기본가치로부터 나온다. 폭력을 미리 막고 평화를 장기간 확실하게 유지하기 위해서는, 민주주의가 세계적으로 장려되고, 정의가 개별 국가의 경계를 넘어서 인정되어야 하며, 생태적 위기가 회피되고, 보편적 인권이 세계적으로 인정되어야 한다. 우리 정책의 목표는 국제적으로 인권의 가치를 장려하고, 분쟁예방을 우선시하여 무력 사용을 억제하는 것이다. 무력이 정치를 대체할 수 없다. 유엔헌장에 규정된 일반적 무력 사용금지는 위대한 문명의 성과와 중요한 국제법적 진보를 표현하고 있다. 이에 의해 정치의 수단으로서 전쟁의 당위성을 제거하는 중요한 조치가 취해졌다. 무력 사용, 특히 대량살상무기 투입은 인간의 죽음과 부상을 의미하고, 파괴와 적대를 초래하여 여전히 세계적 재앙을 가져올 수 있다. 우리는 그러나 국내법이과 국제법적으로 정당한 무력이 항상 배제되지는 않는다는 것도 알고 있다. 집단학살을 초래하거나 테러적인 폭력이 정치를 부정하는 때에, 우리는 비폭력 정치와 부닥치는 이런 갈등에 직면하게 된다. 우리의 목표는 전쟁의 정치적 도구로서 전쟁을 극복하기 위해, 모든 사회와 국제적 영역에서 비폭력 분쟁해결을 장려하는 것이다. 그래서 우리는 모든 정치 분야에서 비폭력 문화와 예방의 문화를 위하여 노력한다.

II. 변화된 세계에서의 도전

우리를 둘러싼 세계는 – 경제적, 과학적, 문화적 발전에 의해 추진된 – 혁명적 변화로 대변혁을 겪고 있다. 이에 대한 화두는 생태적 도전, 세계화, 개인화, 새로운 정보공학기술, 생명공학 및 유전공학, 인구변화, 이민과 남녀관계의 변화 등이다.

우리는 위험을 보는 동시에, 가능성과 기회를 본다. 미래지향적 정책은 우리가 정치적 사회적 문화적으로 구상하는 것을 달성할 것이다.

우리는 상황에 압도당하지 않고, 상이한 발전의 길을 묘사하려고 한다. 이것은 현실에 대한 관찰로부터 시작한다. 따라서 우리는 자연 자원의 소비를 불가역적으로 몰고 가는 경제방식을 비판한다. 오늘의 이윤은 내일의 생태적 부채가 될 수 있다. 따라서 우리는 이 지구상의 넓은 지역을 기본적 수요의 충족을 어렵게 만들고 있는 북부와 남부 사이의 부의 분배에 대해 비판한다. 그래서 우리는 사회보장국가가 인구변화의 필요에 견딜 수 있도록 개혁을 통해 사회보장국가를 미래지향적으로 만들려고 한다. 그리고 유전공학이 윤리적 경계를 무시하거나 유전자조작생물 방출에 의해 책임질 수 없는 위험을 조성하여 인간의 존엄을 침해하기 때문에, 우리는 유전공학을 비판한다.

생태적 요구. 우리 동맹/녹색당이 그 정치적 표현인 생태운동은 많은 것을 이루었다. 그렇지만 국내외적인 많은 노력에도 불구하고 세계적으로 온실가스 방출과 환경파괴는 증가하였다. 기후변화는 이미 시작되었다. 기후변화는 이제까지 파악할 수 없을 정도로 세계적인 영향을 미치고 있다. 이러한 경향을 되돌릴 수 없다면 전 지구에 영향을 주는 재앙이 찾아올 수 있다. 그러나 기후변화만이 주요 생태위험이 아니다. 자연경관의 파괴, 종의 멸종, 산림파괴, 사막화와 비옥한 토양의 상실, 바다의 남획과 오염이 계속되고 있다. 지금과 같은 선진국의 경제방식이 세계화되면 안 된다. 생태적 도전은 경제와 사회 체제의 개조를 요구한다.

그러나 동맹/녹색당의 정치는 경고로 그치지 않는다. 우리의 능력은 지속가능한 개발의 구상이다. 생태는 책임질 수 있는 경제를 위한 필수불가결한 조건이 되었다. 생태는 많은 기술적 혁신의 이상이다. 가능한 최대의 에너지효율성과 자원효율성으로의 방향전환이 다음 시기의 중심 과제이다. 생태가 반영된 생활양식이 우리를 풍요롭게 만들 것이다.

세계화. 세계화는 세계를 변화시켰다. 세계화는 지구상의 모든 사회를 묶고 연결시켰다. 정치운동으로서 녹색은 지구의 지속을 위한 세계적인 책임으로부터 나왔다; 따라서 우리는 우리의 정치를 국가 내의 정책으로 한정시키지 않을 것이다. 세계화는 우리에게 도전이다. 우리는 굶주림과 빈곤, 전쟁이 없는, 생태적으로 지속가능하고 평화롭고 민주적이며 사회적인 세계를 설계하려고 한다. 우리는 이러한 목표를 공유하는 사회정치적 세력의 세계적 네트워크에 적극적으로 동참하려고 한다.

무역과 금융시장의 세계적인 연결 결과는 세계의 분열이다. 시장과 정보가 세계적으로 연결되면서, 빈부 격차가 사회 내에서 그리고 무엇보다 세계적으로 커지고 있다. 경제적 세계화의 승자와 패자 사이의 경계가 더욱 분명해졌다. 지구상의 많은 나라에서 환경파괴와 빈곤, 인종주의, 민족주의와 폭력, 여성의 억압과 아동의 착취는 줄지 않고 오히려 늘어났다. 그래서 이런 세계화에 대한 저항은 올바르며 필요하다. 세계적인 전환과 방향 수정이 다가올 몇 년 혹은 몇 십 년 정치에 일대 도전이자 과제가 될 것이다.

경제적 세계화와 이러한 과정에 대한 부족한 정치적 조정과 개입 사이의 균열은 끝나야 한다. 유럽연합은 자신의 주권의 일부까지도 양도한 국가의 책임공유를 위한 지금까지의 접근노력 중 가장 포괄적인 것이다. 유럽연합은 경제정책에서 신자유주의 노선을 버리고, 사회적, 생태적, 세계화 설계에서 더 적극적인 역할을 수행해야 한다.

불안정한 세계화의 결과는 세계적으로 공공연하게 인식되었다. 얼마 전부터 사실상 사유화되고 상업화되고 테러적인 무력이 성장하고 있다. 이러한 무력은 무엇보다도 동서분쟁 종식 이후 전면에 등장하여 정권 붕괴 후 뒤이어 발발한 국내의 "새로운 전쟁"으로 기승을 부리고 있다. 국제적 테러는 세계평화를 위협하고 있다. 테러의 그 주모자뿐만 아니라, 테러리스트가 그 끔찍한 공격을 배양한 온상을 얻은 근거가 된 증오의 원인과 싸워야 한다. 이 경우 국제법 규범과 비례원칙이 준수되어야 한다. 유엔의 강화는 테러와의 싸움의 정당성과 효과에 가장 중요하다.

개인화. 우리 사회의 사람들은 과거보다 더 독립적이고 자기의식적으로 되었다. 사람들은 자유로운 생활을 원한다. 오늘날 인정되는 생활형태와 생활양식은 몇 십 년 전만 하더라도 차별받고 배제되는 것이었다. 우리는 우리 사회의 다양성에 기뻐하며, 아직 이행되지 못한 약속인 곳에서 우리는 다원주의를 위하여 노력할 것이다.

개인화는 동시에 사회적 불평등 문제를 심화할 수 있다. 개인화(Individualisierung)가 분절화(Vereinzelung)와 탈연대를 가져올 수 있기 때문이다. 전통적인 사회적, 문화적 연대는 약화되었다. 따라서 새로운 형태의 사회적 결합(연대)이 강화되어야 한다. 네트워크 안에서 개별적으로 새로이 맺게 되는 관계를 활용하는 새로운 사회적 안전의 설계가 필요하다.

새로운 정보기술. 지식이 결정적인 생산력인 세계사회의 윤곽이 빠른 속도로 드러나고 있다. 인터넷에 의해 촉진되어, 세계적 정보교환과 세계적 통신망이 만들어지고 있다. 이 망은 민주적 참여와 사회적 조직화의 새로운 기회를 제공한다. 이는 경제의 구조를 세계적 규모에서 변화시키고, 새로운 일자리를 창출하며, 과거 일자리를 사라지게 한다. 여기서 접근성 문제가 특별한 방식으로 제기된다. 우리는 정보에 대한 자유롭고 평등한 접근을 원하지, 정보부자와 정보빈자로의 어떤 분열도 원치 않는다. 그래서 우리는 지식사회의 새로운 기술을 실질적으로 넓게 전달해 줄 수 있는 교육제도를 필요로 한다.

생명공학과 유전공학. 의학, 농업, 식량생산 등 많은 분야에서 생명공학 및 유전공학 방식이 도입되면서, 우리 사회는 완전히 새로운 문제와 직면하고 있다. 새로운 인식과 새로운 이해가능성이 우리의 인간상을 변화시키고, 질병과 건강에 관한 우리의 개념 및 자연에 대한 우리의 관점을 변화시킬 것이다. 이는 어떤 기회를 이용하고 어떤 위험을 피할 것인지에 관한 사회적 합의를 요구한다. 책임 있는 정책은 시민들을 기정사실 앞에 세우는 것을 가능하면 피해야 한다. 사회에 대해 돌이킬 수 없는 결과를 가져올 수 있는 정치적 결정은 광범위한 사회적 합의에 기초해야 한다.

기술적으로 만들 수 있는 모든 것이 윤리 및 정치적으로 정당한 것은 아니다. 인간의 자유는 또 인간존엄을 보호하기 위하여 무엇이 가능한가에 관한 윤리적이고 법적인 한계를 설정할 수 있는 능력을 보여주어야 한다.

인구 변화. 우리 사회는 늙고 있다. 출산율 저하와 평균기대수명의 증가로 인구 중 경제활동참여자 비율이 낮아지고 있다. 이로 인한 문화 변화는 무엇보다도 우리 사회가 노인의 적극적 통합 문제 해결을 요구하고 있다. 이런 발전에 의해 전체 사회보장제도 또한 폭 넓은 도전에 직면하고 있다. 사회보장의 전통적 재정 기반이 축소되기 때문이다. 또 우리의 조세, 교육 및 고용 제도가 인구변화의 과정에서 변화되어야 한다. 인구변화는 정의문제를 새롭게 제기한다.

이민. 이민의 흐름이 세계적으로 증가하고 있다 – 경제적 문화적 대변혁과 전쟁과 생태적 위기에 의해. 국제적 구조(構造)정책은 이러한 발전에 대응해야 한다. 유럽은 여타 세계와 대비되는 번영의 섬으로 고립되어서는 안 된다. 우선 인구 때문에 유럽사회는 이민에 의존하고 있다. 동시에 역사적이고 인간적인 이유에서 우리는 개인의 망명권을 옹호한다. 이민은 하나의 생산력이다. 오래 전에 이민을 나가던 국가였던 우리나라는 실제로 이미 이민이 들어오는 나라가 되었다. 이민은 또한 이민자의 동등한 정치적 사회적 문화적 참여를 요구한다. 새로운 이민자나 외국인을 어떻게 대우하느냐는 우리 사회 개방성의 척도이다. 우리의 이상은 문화적 다양성을 인정함으로써 다양한 출신의 사람들과 함께 평등하게 살아가는 것이다. 우리의 헌법은 이에 대한 정책기준을 설정하고 있다.

남녀관계의 변화. 여성의 삶의 설계는 지난 수십 년 사이에 크게 변화하였다. 직업과 가족을 모두 당연시하는 현대적 생활 설계가 관철되었다. 그러나 남녀 간의 위계질서와 권력차이는 오래도록 없어지지 않고 있다. 현재의, 여전히 불평등한 남녀관계는 또한 구조적인 폭력관계이다. 동맹/녹색당의 정책은 평등하고 비폭력의 새로운 남녀관계, 사실상의 양성민주주의와 평화의 문화에 의해 이를 해결하려고 한다. 여성운동의 정치적 성공 덕분으로 어쨌든 여성은 사회적, 정치적, 사적, 직업적 행동공간을 확대할 수 있었다. 그러나 여성의 - 그리고 많은 남성들도 - 생활현실은 권리와 실재의 불일치에 의해 계속 규정된다. 사적, 사회적 남녀 관계에 대한 개인적 관념에서의 변화는 고집스럽고 남성지배적 사회구조와 문화유형 그리고 태도와 대립된다. 정책은 여전히 흔하게 여성의 생활관념에 맞지 않는 사회적 분업과 가족 그리고 직업경력 모델에 기초하고 있다. 모든 진보에도 불구하고 여성의 자결과 경제적 사회적 정치적 생활에 대한 동등한 참여는 여전히 이루지 못하였다 - 이것은 국내적 수준에서든 국제적 수준에서든 마찬가지이다. 그래서 동맹90/녹색당에게 여성해방과 양성민주주의는 여전히 모든 정치영역에서 중심적 도전이다.

III. 우리는 어디서 왔는가 – 우리는 누구인가

사람은 같은 강물에서 두 번 다시 거슬러 올라가지 않는다. 1980년 우리의 기본강령이 만들어진 이래 우리를 둘러싼 세계만이 변한 것은 아니다. 우리 역시 변화되었다.

서독의 녹색당으로부터 1989년의 변혁 이후, 동독의 녹색당과의 통합과 동독의 시민권운동집단과의 결합을 통해, 동맹90/녹색당(BÜNDNIS 90/DIE GRÜNEN)이 탄생하였다. 동맹90/녹색당으로의 통합과 1993년의 합의로 마침내 우리는 독일의 전국정당이 되었다. "완전히 다르다"는 생각이 없었다면, 우리는 동서독 정치체제에서 동맹/녹색당의 이념의 침투에 성공하지 못했을 것이다. 그 사이에 우리는 더 이상 "정당에 반대하는 정당"이 아니라, 정당체제에서 대안이 되었다. 결정적 변화는 우리가 성공적으로 살아남기 위해서는 개혁정당으로 발전하려고 했고 그렇게 발전하여야 한다는 것이었다. 우리의 정치적 비전과 목표를 우리는 오늘 장기적으로 준비한 개혁전략을 통해 실현하려고 한다.

따라서 창당 이후 우리의 정치적 역할은 크게 변화되었다. 왜냐하면 우리는 20년 동안 괄목할만한 성공을 거두었기 때문이다. 문외한으로서 처음에 우리가 제시한 주제가 오늘날 사회의 중심에 도달해 있다. 생태적 책임은 모든 미래적 정치의 초석으로서, 비록 아직 관철되지는 못했지만, 폭넓게 인정받고 있다; 모두의 민주적 참여의 확대, 남녀평등, 소수자의 용인, 문화적 다양성에 대한 개방 – 이는 우리가 이 사회의 활동가들과 협력하여 이 사회에 뿌리를 내리고 있는 전망 중 일부일 뿐이다.

사민당-녹색당 연립정부의 외무장관인 요시카 피셔 녹색당 대표(1998)
출처: www.bild.bundesarchiv.de

　우리 동맹/녹색당은 지난 20년 동안 새로운 주제들을 제시했을 뿐만 아니라 – 예를 들어 여성 할당률 지지 — 정치문화의 혁신에 기여하기도 했다. 이런 전통으로부터 우리는 민주주의를 더욱 발전시켜야 한다는 과제를 앞에 두고 있다. 여기서 정당은 그 자체가 목적이 아니라, 이바지해야 하는 과제를 가지고 있는 것이다. 민주제도의 확대 발전과 권력분할의 강화를 위한 열쇠는, 개별 의원 개개인의 책임성을 강화하는 의회제도의 개혁에 있다. 동시에 시민사회와 시민사회 참여의 확대 발전이 우리에게는 중요하다. 이것은 가능한 한 많은 사람이 자신의 일에 참여할 수 있어야 한다는 것을 전제한다. 이것은 무엇보다도 점점 더 많은 사회적 방향을 둘러싼 결정이 이루어질 경제와 과학의 분야에 해당된다.

　성공적인 현대화론자로서 우리는 폭넓은 사회적 개혁동맹의 기초를 마련하였다. 우리는 십여 년 전만 해도 저항에 부딪혔던 곳에서 오늘날에는 남녀 동반자를 찾을 수 있다. 여기서 우리는 우리가 지지하고 있는 근본적인 사회변화를 성취하기 위해서는 계속 많은 투쟁이 있어야 한다는 것을 알고 있다. 우리는 우리 사회의 상상력과 창조성의 자기비판적 발전의 바탕에서 이러한 변화를 추구할 것을 공언한다.

Ⅳ. 2020년을 위한 12가지 핵심 사업

우리는 보수적으로 도전에 응하는 대신 우리의 기본가치에 따라 핵심사업으로 우리 사회를 현대화한다. 그래서 우리는 현대화에 녹색 정책방향을 제시하려고 한다.

⇒ **태양광시대로의 출발**과 함께 우리는 생태적 도전에 대한 해답으로서 녹색 에너지정책을 공론화한다. **생태적 이동**은 지속가능한 이동성을 위한 녹색 목표이다. **소비자를 위한 투명성**은 시장경제의 혁신을 위한 녹색 우선이라 명명된다. **새로운 농업**은 지속가능한 발전의 의미에서 농민과 소비자 사이의 새로운 이익균형의 전망을 의미한다. **전체 독일 미래 사업**은 동독의 녹색 전망을 전개한다. **기본보장의 개념**은 사회보장의 새로운 기초의 전망으로 명명된다. **아동 눈높이 사업**은 세대 간 정의를 실질적으로 만든다. **시민권으로서 지식접근**은 우리가 당면한 중심적인 교육정책상도전의 중심이다. **권력 내의 여성**은 사회발전 규정과 설계에서 양성 평등 기회의 핵심이다. **이민사회**를 우리는 개방적이고 다문화적인 민주주의의 발전을 위한 기회로 본다. **시민들의 유럽**은 유럽 통합에서 민주주의를 그 중심에 놓는다. **공정무역과 국제기준**은 국제적 정의를 위한 우리의 참여 틀 내에서 중심적 관심사다. ⇐

생태시대로 출발

정치세력으로서 우리 동맹/녹색당(Bündnisgrünen) 출범은 무엇보다, 자원의 산업적 남용과 과도한 소비에 의해 자연적 생활토대가 위협받게 되었다는 의식 증대 덕택이다. 생태운동의 등장 이전에 지배적 정치와 경제는 "성장의 한계"에 대해 눈을 감았다. 19세기와 20세기의 사회운동이 산업자본주의의 사회 길들이기를 다루었듯이, 녹색운동은 우리의 생산양식과 소비양식의 생태적 혁신을 공론화하였다. 우리는 자연적 생활토대의 보호를 오늘의 의사일정에 확실히 올려놓을 것이다.

생태정책은 사회정책이다. 그래서 다양한 정책분야 – 경제와 교통체계 설계, 연구와 기술 그리고 조세정책 – 에 영향을 주고 있다. 자연적 생활토대를 보전하려고 사람은 경제와 사회를 개혁할 각오를 해야 한다.

환경의식과 환경책임이 70년대 이래 중심적인 사회적 정치적 가치가 된 것은 국제적 생태운동과 녹색당의 공로다. 국내 및 유럽에서 종합적 환경 관련법은 이미 법제화 과정에 있다. 또한 세계적으로는 환경협약, 강령, 제도의 설계에서 진전이 있다. 환경연구가 자리 잡고, 산업과 수공업은 새롭고 환경친화적인 기술과 제품을 개발하고 있다.

최근 생태적 혁신을 위한 새로운 연합이 등장하였다. 여기에는 지속 가능한 개발을 위한 지자체의 도시동맹과 의제 21-발의, 생태 지향적 기업네트워크, 환경정책에 대한 노조의 전향적 발걸음, 생태적 연구기관 수의 증가, 국제적 생태정의를 위한 교회의 참여 등도 들어간다. 생태적 혁신, 환경친화적인 기술과 제품, 서비스의 개발이 오늘과 내일의 복지를 위한 핵심이 되었다. 이와 함께 생태정치의 활동기회도 아주 넓어졌다.

세계화된 경제에서 비정부기구는, 경제적, 생태적, 사회적 이익 간의 균형과 관련하여 국제적으로 중요한 역할을 하고 있다. 세계적으로 생각하고 동시에 세계의 생태적 네트워크 안에서 활동은 오늘날 대안적이고 지속가능한 세계화라는 의미에서 중심적인 요구다.

우리는 다양한 차원의 환경파괴와 자연파괴와 싸우는 와중에 서있다. 지구가 미래에도 생명 친화적 장소가 되어야 한다면, 우리에게 남은 시간은 무한하지 않다. 기후를 변화시키는 이산화탄소배출이 이에 반대하는 모든 정치적 성명에도 불구하고 계속 증가하고 있다. 지속적인 인구증가, 빈곤과 이농, 무분별한 산업화 과정 등은 위협적인 자연의 남용으로 이어지고 있다. 인간의 단견으로 더 많은 불모지와 사막화 혹은 잦은 홍수와 엄청난 폭풍이 점점 더 증가하고 있다. 따라서 돌아갈 수 있는 계기는 없다.

I. 우리 환경정책의 기본지향

생태와 정의. 환경보호는 정의의 문제다. 대부분 교통소음과 공기오염, 건강치 못한 음식물, 오염된 땅과 오염된 식수로 고통을 당하는 것은 사회 내부의 가난한 주민들이다. 자연적 생활토대의 보전은 무엇보다 세대 간 정의의 문제이다. "우리가 떠난 뒤에 대홍수를"이라는 말은 전혀 받아들일 수 없는 원칙이다. 따라서 우리는 생태계의 재생능력을 넘지 않는 정도에서 자연이용을 제한해야 한다. 이러한 과제의 주도개념은 지속가능한 발전이다. 환경보호는 또한 국제적 정의의 문제다. 북부(부유한 지역)의 선진산업사회는 자기들의 몫을 훨씬 넘어서 과도하게 자연의 부를 소비하고, 도를 넘는 생태계 부담을 야기하고 있다. 따라서 이들 사회는 무엇보다 자원 및 에너지소비를 지금 수준의 몇 분의 1로 줄일 의무가 있다. 우리는 가난한 나라와 부유한 나라 사이의 국제적인 생태적 부담 균형을 필요로 한다. "북부"는 "남부"보다 지구의 환경공간을 더 많이 사용할 권리가 없다. 생태는 또한 남녀관계 정의의 문제다. 흔히 생태적 피해의 결과는 무엇보다 여성의 무급(지급받지 못하는) 돌봄과 생식을 통해 나타난다. 동시에 자연자원에 대한 접근과 그 소비는 양성 사이에 불평등하다.

생태와 자결. 환경파괴로 사람들은 생활을 제한할 수밖에 없다. 자연적 부의 소모는 미래 세대가 결정할 수 있는 여지를 줄이고, 자결을 위한 기회를 제한한다. 이것은 또한 위협적인 기후재앙이나 천년 이상 계속 방사능이 방출되는 원자력 폐기물과 같은 "대를 이은 부담"에도 해당된다. 그래서 생태적 이성은 오늘과 내일의 자결을 위한 조건이다. 생태적 이성은 되돌릴 수 없는 거대기술보다, 결점이 많고 적응된 기술에 우선권을 줄 것을 요구한다. 반대로 생태적 정치는, 사람에게 확신을 주고 사람의 자유권을 존중할 때만 달성될 수 있다.

생태와 민주주의. 우리에게 생태와 민주주의는 분리할 수 없이 서로 연관되어 있다. 국제적 환경운동의 경험은, 시민들이 자신의 관심사를 적극 표명하고 공개적인 정치적 결정제도로 가져갈 수 있는 사회에서 환경보호가 가장 빠르게 추진된다는 것을 보여주었다. 우리는 사람들의 민주적 참여 대신 시장지배적인 세계적 행위자에 의해 중심적인 생태적 경제적 문제가 결정되는 것을 원치 않는다. 따라서 우리는 한편으로 민주적으로 책임질 수 있는 규제, 다른 한편으로 생태적 정보와 교육, 환경친화적인 기술과 생산물을 위한 경제적 장려정책, 산업계와의 협약을 활용할 것이다. 우리는 환경에 상대적인 계획방식에서 공론장의 확대된 정보권과 참여권을 위해 노력하고, 기업과 행정기관의 공개적 환경자료의 투명성을 요구한다.

II. 행동준칙으로서 지속가능한 개발

우리는 지속가능성의 이상을 우리의 생활양식과 경제방식의 기준으로 만들려고 한다. 지속가능한 개발은 다름 아닌, 제한적인 생태적 여유공간에 직면하여 경제에서 높아진 자원효율성 제고와 자원절약 그리고 대안적 소비유형 확립에 의해 남부 사람의 사회적 개발 기회를 위한 여유공간을 창출하고, 현 세대의 수요충족이 내일 세대의 부담이 되지 않도록 한다는 것을 의미한다.

자연소모 증가에 동조되어 있는 낡은 유형의 경제성장은 미래지향적이지 못하다. 이제까지 추구해온 우리 경제방식의 생태적 사회적 결과비용은 이로 인한 복리상 혜택을 훨씬 넘는다. 미래에는 선진 산업사회의 경제는 확실하게 자원소비와 배출을 동시에 줄이도록 해야 한다. 지속가능한 과정으로의 변화는 생태적으로만 중요한 게 아니라, 경제적으로도 이성적이다. 생태는 장기-경제이다.

노동운동은 사회적 시장질서를 실현했다. 오늘의 과제는 세계화된 경제에 생태적 질서 도입이다. 따라서 우리는 정부는 물론 기업에도 구속력을 가지는 국내 및 국제적 수준에서 구속력 있는 생태적 목표를 약속한다. 이러한 생태적 목표 범위 내에서 경제적 역동성이 발전될 수 있다. 우리에게는 환경이 원인인 질병의 예방과 위험한 소재로부터 자연 보호가 우선이다. 우리는 사후에 유해소재 폭로를 뒤쫓아가는 정책에서 벗어나야 한다. 그래서 중기적으로는 위험한 소재 특히 환경에 축적되는 위험한 소재의 등록이 정비되어야 한다.

Ⅲ. 자원소비 절약과 효율성혁명

우리의 목표는 자원과 에너지를 절약적이고 효율적으로 바꾸는 생태적 순환경제이다. 지역 중심의 재화 순환이 세계적인 운송망보다 우선시되어야 하고, 식량은 가능한 한 소비자 가까이에서 생산되어야 한다. 소비자 권력이 이를 후원해야 한다. 환경친화성이 연구와 발전의 핵심적 기준이 되어야 한다.

지구상의 생태적 균형을 회복하고 증가하고 있는 세계인구의 생활조건을 지키기 위해서, 우리는 다음 10년 안에 선진 산업사회의 환경소비를 팩터 10(Faktor 10)[1]수준으로 줄이는 생태기술적 혁명을 필요로 한다.

과거에는 무엇보다도 사후적인 환경보호가 환경정책의 중심에 있었다. 이것으로도 예를 들면 우리는 공기 보전과 하천의 질 개선에서

---

[1] 생태적으로 지속가능한 개발을 위하여 장기적으로 선진국의 자원 소비를 10분의 1로 줄이고 향후 30-50년 이내에 세계적인 자원 생산을 90% 줄이자는 팩터-10 연구소(Factor-10n institute)가 개발한 사회경제 정책안. 팩터-10 연구소는 그 설립취지에서 경제 전반에, 특히 자원 생산성 증대를 통하여 지속 가능한 가치 창출의 발전에 실천적으로 지원하기 위하여 창립되었다고 밝히고 있으며 국제 팩터-10 클럽에 서비스를 제공하고 있다. 1984년 서유럽 국가와 미국, 캐나다, 인도, 일본의 인사들이 지속가능성을 위한 적기의 세계 자원흐름 감축에 대한 관심 촉구를 위하여 국제 팩터-10 클럽(International Factor 10 Club)을 결성하였다 - 편자 주

큰 성공을 거둘 수 있었다. 그러나 미래의 환경보호는 생산 및 제품이 통합된 것이다. 우리의 목표는 환경오염의 사후적인 처리가 될 수 없고, 이보다는 오히려 오염이 없고 자원절약적인 기술과 제품에 의한 환경문제를 예방하는 것이다. 예방이 사후적인 조치보다 훨씬 좋은 것이다.

자원보호와 생태효율성을 지향하면서 우리는 생태적 현대화가 가장 시급하게 필요로 하는 것에 집중한다: 즉 에너지와 원자재, 토지 수요를 줄일 수 있게 해주는 새로운 생산방식과 경영방식, 환경친화적인 생산방식. 생산 및 상품 통합적인 환경보호는 더 적은 에너지 및 원자재 소비를 의미하고, 더 적은 찌꺼기는 더 적은 비용과 더 많은 기업경영상 이득을 의미한다. 상품과 서비스에 더 적은 자원이 들어갈수록, 그 만큼 더 자원구입에 적은 비용이 들어가는 것이다.

생산 및 상품 통합적인 환경보호로 우리는 경제에 새로운 가능성을 열었다. 유럽과 동아시아, 남부 및 북부 아메리카의 시장에서 특히 에너지 절약적, 물 절약적, 쓰레기 절약적 기술이 급속히 늘어나고 있다.

Ⅳ. 생태와 생활양식

효율성 혁명 없이는 생태적 미래도 없다. 그러나 지속가능성은 기술혁신 이상의 것이다: 지속가능성은 또한 문화적 차원이다. 이는 또한 아무런 가격을 갖지 않는 가치를 우리가 평가하는 것을 포함한다: 즉 자연친화적 경관의 가치, 동식물의 다양성, 여가시간의 의미, 자기 결정적인 활동과 적극적인 문화 및 사회생활.

지속가능성은 정치와 경제 그리고 사회 규범적인 모델이다. 지속가능한 발전은 가능한 한 많은 사람이 그 각각의 책임과 그 각각의 행동영역에서 이를 지향할 때만 이루어질 수 있다. 교육과 직업교육 그리고 사적이거나 공개적인 논의가 지속가능한 소비행태와 생활양식을 구체적으로 가르치지는 않는다. 그렇지만 이는 사람들이 지속가능한 발전의 의미에서 책임 있는 행동을 배우는 데 크게 기여할 수밖에 없다. 개인의 원칙적인 행동자유는 법령에 의해서는 물론이고 지속가능성이라는 행동준칙 방향에 의해서도 제한 받는다.

자유는 선택한 사람만이 누릴 수 있다. 상품의 생태 관련 질에 관한 정보와, 적절한 가격으로 광범한 사회계층이 이용할 수 있는 가능성, 생활과 노동, 여가시간 그리고 주거의 결합이 가능한 환경친화적인 교통수단 혹은 공간구조의 존재가 이에 해당한다.

생태적 책임과 생활의 향유는 서로 잘 어울린다. 이는 섭생, 건축과 주거의 종류, 여가시간, 여행 혹은 주민발안과 단체의 참여에도 해당된다.

V. 새로운 에너지 – 화석 및 원자시대에서 태양광 미래로

에너지공급의 미래는 태양과 분산이다. 태양, 풍력, 바이오매스, 지열, 수력, 해양에너지: 재생가능 에너지는 세계적으로 넘친다.

이 세계의 모든 사람은 안전한 에너지 공급에 의존하고 있다: 복지, 건강과 이동은 여기에 좌우된다. 이의 공급은 화석에너지, 즉 한정된 에너지자원의 토대에서는 보장될 수 없음은 분명하다. 무엇보다 산업국가에서 에너지경제와 교통은 기온상승, 온실가스에 책임이 있다. 모든 징후는 다음을 분명히 보여주고 있다: 기후변화는 이미 시작되었다.

원자력은 미래의 에너지경제를 전혀 책임질 수 없는 선택지이다. 원자력발전소와 핵폐기물저장소는 군사적 공격과 테러 공격에 안전하지 못하다. 2001년 9월 11일의 테러 공격으로 "잔여위험"(Restrisiko)[2]개념이 새로이 각광받았다. 사람과 자연에 엄청난 결과를 가져다 준 체르노빌 원자력 발전소 폭발[3] 같은 최악의 원자력 관련 사고는 그 많은 주의에 의해서도 배제될 수 없다. 이러한 위험을 우리는 수용해서는 안 된다. 천 년 이상 방사능을 방출하는 핵폐기물의 처리를 위한 해결책이 세계적으로 아직 없다. 이는 미래세대에게 무책임한 것이다. 원자력의 사용은 또 다른 위험을 가져온다: 그래서 수 톤의 무기에 해당하는 플루토늄이 생산되어, 세계적인 군축을 방해하고 다극적 세계에서 새로운 안보위험의 원인이 되고 있다. 원자력은 에너지문제 해결책이 결코 아니며, 이것은 측정 불가능한 새로운 문제를 낳을 뿐이다. 따라서 법적인 규정 내에서 탈 원전은 신속히 종결되어야 한다. 이를 위해 특히 대체에너지가 빨리 공급되어야 한다. 우리의 핵 기술 비판에는 환경과 건강에 제어할 수 없는 결과를 ― 엄청나게 ― 야기하게 될 융합기술도 포함한다.

안전한 에너지공급은 오직 미래지향적인 기술을 통해서만 달성될 수 있다. 우리는 이미 오늘날 소비하는 것보다 더 많은 에너지를 생산하는 집을 지을 수 있다. 우리는 더 이상 오염을 배출하지 않는 공장에서 일할 수 있다. 이것은 적은 에너지를 소모하는 살 만한 사회의 내일의 일반적인 기준이 되어야 한다. 우리는 자연 자원의 유한함과

---

[2] 두덴(DUDEN) 사전은 "완전 제거가 불가능한 남은 위험"으로 정의하고 있으며, 이 강령에서는 핵발전소 위험 등과 관련하여 개발된 "안전 조치가 취해진 후에도 남는 위험"을 뜻한다 - 편자 주
[3] 체르노빌 원자력발전소 폭발사고는 1986년 4월 26일에 발생했다 - 편자 주

모든 사람에게 이것의 공정한 분배를 결합시킬 수 있는 생활양식과 소비행태를 필요로 한다.

넓은 면적을 필요로 하는 노천광산의 신규개발을 우리는 반대한다. 중장기적으로는 가스나 석탄과 같은 화석에너지 역할이 줄어들겠지만, 여전히 중요한 역할을 할 것이다. 따라서 이러한 발전소의 효율성이 크게 개선되어야 한다. 전력생산에서 부수적으로 발생하는 열을 의미 있게 활용하는 것이 여기서 핵심역할을 할 것이다. 이것은 분산구조 위에서만 가능하다. 분산체계는 대규모 발전소나 불필요한 과도 용량만을 가진 발전소로는 불가능한 공급의 안전을 보장할 수 있다.

수소공학기술은 분산된 에너지공급이라는 장점 이외에 재생 에너지원으로부터 에너지를 생산한다는 장점도 있다.

우리는 화석연료 시대로부터 전환하기 위해서만, 이런 논리와 자원을 절약하고 효율을 높이는 기술을 필요로 하는 것은 아니다. 우리는 80억 혹은 100억의 사람들에게 재생에너지를 공급하기 위한 기반으로서 이러한 기술을 필요로 한다. 고효율로의 전환과 장소에 적합한, 최소화한 소비가 우리에게는 공정하고 지속가능한, 예를 들면 완전히 태양에너지 공급으로 가는 가장 중요한 스타트업 기술이다.

이러한 기술적 발전, 이것의 시장 진입과 지속적인 이용 절감이 혁신적 입지로서 독일에 대한 도전이다. 세계적인 에너지수요 증가에 비추어 볼 때, 여기에 선구자로서 이러한 혁신시장을 차지하는 수출국가에게 커다란 기회가 있다.

원자력과 화석연료 시대에서 태양광 시대로의 이행은 이미 시작되었다. 많은 사람들이 이것을 지지하고 있다. 우리는 미래에도 역시 지속가능한 에너지경제를 위해 모든 힘을 쏟을 것이다.

⇒ **핵심사업 태양광시대**

화석-원자력 시대로부터 태양광시대로의 이행을 위해 우리 동맹/녹색당은 최근 몇 년 동안 일련의 정책수단을 개발하였으며, 그 중 많은 것이 우리가 참여한 정부 하에서 이미 실현되었다.[4] 이렇게 우리가 핸들을 돌려놓으면서, 에너지 정책방향 전환은 시작되었다. 이제 우리는 이 노선을 따라가면 된다. 따라서 신속하게 그리고 일관되게 처리해야 한다. 1990년에 비교하여 이산화탄소 배출이 2020년까지 약 40%, 2050년까지 약 80%가 줄어들어야 한다. 수십 년 안에 우리는 화석연료 시대에서 태양광 시대로의 전환을 이룩할 수 있고 이룩할 것이다. 기술적으로 우리는 완전히 전환할 수 있지만, 정치적으로는 여전히 대대적인 노력이 필요하다.

화석 에너지자원의 연소에서 재생 에너지로의 전환은 기술혁명 이상의 것이다. 전환은 또한 에너지경제를 새로운 분산구조로 이끌 것이다. 동시에 에너지효율은 극적으로 높아지고 자원소비도 크게 줄어들어야 한다. 우리의 중장기적 목표는 팩터-4 목표, 즉 자원생산성의 4배 향상이다. 장기적으로는 팩터-10 즉, 이의 10배 증가가 필요하고 가중할 것이다.

태양광기술은 수십 년 동안 어려움 속에 있었다. 우리는 태양광기술의 연구를 계속 지원하고 학교와 대학에서의 연구를 개선할 것이다. 무엇보다 우리는 태양광기술의 시장경제적 조건을 국민경제에 차지하고 있는 이의 위상에 맞추어 조정할 것이며, 또한 건물과 생산 및 서비스의 에너지소비의 기술적 기준을 높이고, 생태 지향적 조세 및

---

[4] 녹색당은 1998-2005년 기간 중에 사민당 주도의 이른바 적-녹 연립정부에 참여했다 - 편자 주

적-녹 연립정부는 재생가능 에너지법(Erneuerbare-Energien-Gesetz)과 원전 합의에 이르러 탈원전을 공식화했다(2006년 6월 14일).
출처: www.150-jahre-spd.de

재정 개혁을 계속할 것이다.

에너지시장의 자유화는 분산공급체계에 기회를 제공한다. 이것을 우리는 자기결정적이고 차별이 없는 미래의 에너지시장을 설계할 수 있는 기회를 가능한 한 많은 사람과 지역 그리고 독립된 에너지공급자에게 제공하는 데 활용할 것이다. 과거 에너지독점의 공급논리가 미래에는 적합하지 못하기 때문에, 우리는 빠르고 효율적이고 유연한 체계를 바란다.

에너지는 공공재다. 그래서 우리는 모든 사람과 미래 세대를 위하여 함부로 사용할 수는 없다.

태양광 에너지생산은 이미 사회적으로 높이 인정받고 있다. 많은 제안을 가진 사회적 참여는 이미 달성된 것을 넘어 정치적으로 지지되고 강화될 것이다. 이런 상승적인 상호작용은 세계적인 태양광 사업 실행을 위하여 사회에서 다수를 획득하는 데 우리를 도울 것이다.

기후는 어떤 국가적 경계도 알지 못하고, 그래서 기후보호는 국제적 과제이다. 우리는 국제협약과 이의 이행을 더욱 촉구할 것이다. 우리는 특히 저개발국가에 재생에너지기술 이전을 보장할 대책을 지원할 것이다. 왜냐하면 기후보호 외에 저개발 지역의 빈곤과의 싸움에도 재생에너지 제공은 필수적인 전제이기 때문이다.

재생 가능 에너지는 전쟁원인을 줄이는 데도 기여할 것이다. ⇐

VI. 도시와 지역의 지속가능한 개발을 위하여

사회, 경제, 인구의 변동은 도시와 주거지역에서의 사회 및 공간 구조를 근본적으로 변화시켰다. 지역과 유럽 그리고 세계의 맥락에서의 입지경쟁과 관련하여 도시는 그 역할과 기회를 새롭게 규정해야 한다. 공간질서의 이상(理想)은 독일의 모든 지역에서의 균등한 생활관계를 요구한다. 그러나 현실에서는 북부와 남부, 무엇보다 동부와 서부 사이의 불균등이 심화되고 있다.

전통적인 산업의 몰락과 인구발전 그리고 이주는 사회를 변화시켰다. 경제의 붕괴, 높은 실업률, 인구감소, 그리고 동시에 재정수입 감소와 사회적 비용지출 증가 등의 문제는 도시와 지역의 핵심적 도전이다. 여기에 - 특히 동독에서 - 감량 정책이 추진되어야 한다. 아이를 가진 가족이 점점 더 도시중심에서 주변부로 이주하고 있다. 도시에서는 사회적, 인종적 분리경향과 도시부분과 주거지에 낙인을 찍는 경향도 증가하고 있다. 도시와 주변부 사이의 경쟁 분야는 커지고 있다 - 자원소비, 환경부담과 기반시설 비용 증가. 정체된 인구발전에도 불구하고 독일에서는 매일 129헥타의 주거지 면적이 증가하고 있다. 도시주변에는 자체적인 중심 기능을 가진 전문적인 소매점, 사업적인 여가공원이 생기고 있다. 여기서 우리는 반대로 "푸른 초원" 저편의 도심을 강화하려고 한다.

우리는 도시와 지역을 활력 있는 주거 및 생활 그리고 경제 입지로 안정시키고 교외화와 토지 이용을 막으려고 한다. 우리는 도시와 지역의 건축유산과 문화 및 민주 유산과 결합하여 이것을 더 개발하려고 한다.

우리의 이상은 도시의 다양한 기능이 다시 밀접하게 결합되는 짧은 길을 가진 도시다. 주거와 일, 여가시간과 교육시설은 물론 쇼핑이 가능한 한 장거리 교통수단 없이 이루어졌으면 한다. 여러 도시부분과 주거지에서 주거와 주거환경의 질이 개선되어야 한다 - 아이들은 물론 늙고 있는 도시사회를 위해서도. 여기에는 매력적인 녹색공간과 여가공간, 교통과 소음 및 사고위험의 감소, 학교와 놀이 및 체육시설의 개선, 주거지 근처의 서비스 등이 포함된다. 도시는 놀이 및 운동 친화적인 공간이 되어야 한다.

우리는 주민의 자체처리, 공동결정 그리고 동질화 기회를 확대하고 "도시부분"과의 유대를 강화하기 위하여, 부담할 수 있는 가격의 충분한 임대주택 공급은 물론 개인소유, 공동체소유, 협동조합소유를 포괄하는 차별화된 소유권 정책을 지지한다. 가격 및 부과금이 묶여 있는 임대주택 유지와 확대는 저소득 인구집단에 대한 배려는 물론 도시구역의 사회적 절충(다양한 사회계층이 섞여 사는 것)을 조정하기 위해서도 미래에 큰 의미를 갖게 된다. "사회적 도시" 사업을 우리는 도시부분에서 노동시장정책, 경제 및 사회정책, 문화 및 건축정책을 패키지화하여, 이웃친교와 자조를 뒷받침하기 위해 강화하려고 한다.

지속가능한 도시발전은 기존의 주거구조에 중점을 두고 있다. 도시확산에 유리한 보조금 지급을 우리는 도시의 강화와 기존 주택의 개선을 위한 정책수단으로 전환할 것이다. 자가주택매입보조금(Eigenheimzulage), 통근비용 소득공제(Eentfernungspauschale), 그리고 임대주택 건설 시의 감각상각(Abschreibung) 제도는 개혁되어야 한다. 토지관련 법과 토지관련 세금은 도시 내부 및 외부 사이의 토지가격 격차 축소에 기여할 것이다. 새로운 건축부지 개발은 재개발 기금 조성과 연계되어야 한다. 지자체의 토지 관리는 당연시 되어야 한다.

지자체의 자치는 강화되어야 한다. 그러나 지역 간 상호관련성이 커지는 점에 비추어 지자체 정책은 적절한 지역 간 협약 체계 안으로 편입되어야 한다.

VII. 환경친화적 교통

이동은 운동의 자유다. 이동은 개인적 개발은 물론 사회적, 경제적 참여의 기본조건이다. 운동의 자유와 여행은 열린사회의 구성부분이다. 물론 자동차 교통은 도시와 농촌의 삶의 질을 떨어뜨린다: 자동차 교통은 소음과 교통체증에서 기후변화에 이르기까지 환경오염을 유발하고, 사람들을 아프게 하고, 해마다 받아들일 수 없을 정도의 높은 숫자의 사망과 부상의 원인이 된다.

그래서 우리의 목표는 무의미한 교통을 피하고, 도로 및 항공교통을 철도교통으로 전환하여, 오염을 막는 것이다. 이것은 비용효과에 따른 운임 및 계획, 물류, 기술의 개선을 요구한다. 그럴 때만이 우리는 확대된 유럽에서 교통의 부정적인 결과를 줄이고, 적절한 시기에 그리고 적절한 비용으로 돌봄과 생계노동이라는 가장 중요한 목표는 물론 공공시설과 여가 및 휴양의 목적 달성을 보장해줄 수 있다.

환경세, 철도투자 증대, 화물자동차-통행세, 자전거 종합계획에 의해 우리는 이미 교통정책 방향전환에 중요한 자극을 주었다. 지자체 수준에서 우리는 교통안정화(Verkehrsberuhigung)와 근거리 공공교통의 개선을 위한 개념을 실행하였다. 그러나 수십 년 간의 일방적인 자동차중심의 정책으로 인해 교통정책 방향전환은 점진적으로밖에 이루어지지 않았다.

우리는 지속가능한 이동이라는 주된 관념을 갖고 있다. 교통 기준은 생태적, 사회적, 경제적으로 적절한 기준에 따라 판단되어야 한다. 우리의 교통정책 원칙은 운임, 버스와 철도의 우선, 공공 교통의 질적 개선이다. 또한 우리는 승객의 완전한 소비자권리를 보장할 것이다.

특히 화물운송에서 불필요한 운송을 줄이고, 철도와 자연친화적인 수운에 상당한 비율을 옮겨야 한다. 이때 우리는 자연 그대로의 하천의 개발에 반대한다. 거대한 산업경제 지역은 철도교통과의 연계를 필요로 한다. 도로교통은 이로 인해 유발되는 도로파손뿐만 아니라 환경비용도 부담해야 한다. 철도는 지속적으로 현대화되어야 하고, 민간 철도기업의 경쟁에 개방되어야 한다. 또한 항공교통에서는 기후오염과 건강 및 안전과 관련된 비용이 가격에 포함되어야 한다. 유럽 수준의 비행기 연료에 대한 과세는 늦어지고 있다.

전원의 교통증가와 무계획적으로 계속되는 택지조성은 동행하는 현상이다. 새로운 지침에 따라 교통망 계획의 방향을 바꾸려고 한다: 주거와 일자리 및 여가를 가까운 거리로 모으기, 교통 발생 대신 교통 축소, 공간 사용 확대보다는 사람과 경관의 보호, 기존 주거 네트워크의 유지와 현대화, 신규 건설에 앞서 소음보호, 확대에 앞서 체계개선. 우리는 이동정책의 통합을 지지한다: 교통 절약적인 도시구조와 공간

구조, 공공교통에서 개인교통으로 원활한 환승. 공공교통은 개인적이고 매력적인 것이 되어야 하고, 개인교통은 공공적이고 사회적인 것이 되어야 한다.

핵심주제는 사고 특히 어린이 관련 사고와의 싸움이다. 우리는 교통소음을 확실하게 줄일 것이다. 왜냐하면 교통소음은 도시와 주거지, 공항 주변, 통행량이 많은 교통축을 점차 국민들의 첫 번째 질병 원인으로 만들기 때문이다. 특히 야간휴식의 파괴는 건강위험으로 이끈다. 법적인 교통소음으로부터 법적 보호는 예방원칙에 따르면 효과적이 될 것이다. 공항 주변에서는 주민의 야간휴식이 우선권을 가져야 한다. 따라서 우리는 비행기의 야간운항금지를 지지한다. 또한 교외 도로에서의 속도제한은 - 대부분의 우리 유럽의 이웃나라들처럼 - 전혀 금기사항이 아니다.

⇒ **핵심사업 생태적 이동**

우리 이동체계의 척추는 환경과의 결합이다 - 걸은 다음 자전거를 탄 후 버스를 타고 역으로 간다. 동맹90/녹색당은 공공교통을 규정된 경쟁을 통해 더 좋은 질 위에 놓으려고 한다. 또한 농촌지역에서 우리는 지역 중심의 공급과 돌봄 체계를 강화하고, 지역의 철도와 탄력적인 호출 버스로 구성되는 유망한 모델을 장려할 것이다. 일터나 쇼핑하러 갈 수 있도록, 학교와 영화관이나 휴식장소로 쾌적하고 환경친화적으로 갈수 있도록 하기 위하여, 우리는 교통수단 간의 환승을 쉽게 만들려고 한다. 가령 전자교통정보, 현금이 필요 없는 승차권 구입과 명확하게 서로 연결된 요금에 의해 문에서 문으로 다양한 교통수단을 원활하게 이용할 수 있는 사람은 선택자유를 가지게 된다. 이를 위해 공공교통의 확충과 동시에 새로운 서비스형태가 전제조건이다. 자동차의 소유가 아니라 이용이 이동 네트워크의 일부가 될 것이다:

차량 공유(Car-Sharing)와 버스 및 열차와 연계된 택시는 주차장 찾기를 절약해줄 것이고, 불필요한 공간소모를 줄여줄 것이다. 도시와 지역에서 우리는 10년 안에 자전거친화적인 주거지구 모델에 의해 자전거 비율을 두 배로 증가시킬 것이다. 이것은 우리 지자체에서 삶의 질의 분명한 향상을 가져올 것이다

또한 교통에서 에너지소모와 이산화탄소 배출을 줄여야 한다. 이러한 경향을 우리는 강화하려고 한다. 다음 10년 안에 교통 부문에서 이산화탄소 배출을 최소한 3분의 1로 줄여야 한다. 이를 위해 교통수단의 효율성혁명이 추진되어야 한다. 1리터-자동차가 실용화되어야 한다. 그와 함께 우리는 오염 없는 구동장치 - 태양수소, 연료전지, 식물성연료 - 의 시장진입을 가속화해야 한다. 이를 위해서는 활용 목적의 연구, 세금의 지원, 제재규정, 기술적 목표규정 등이 뒷받침되어야 한다.

교통계획 통합은 관계자의 참여를 의미한다. 우리는 계획과정과 승객 자문단에 사람들의 참여를 지지한다. 여성과 남성, 젊은이와 노인, 장애인 등의 상이한 이동 수요가 이를 위한 공동의 고려사항이 될 것이다.

화물 운송에서 철도의 비중을 크게 늘리고, 도로에서 화물 운송의 증가는 막아야 한다. 이를 위해 민간 화물운송에 대한 철도망의 개방과 원인자 부담의 화물자동차통행세가 필요하다.

우리는 교통소음을, 특히 야간에 획기적으로 줄일 것이다. 이를 위해 우리는 국가적인 소음축소계획을 원한다. 우리는 모든 교통분야에서 소음증명서제도를 시행하여, 소음이 적은 교통수단을 장려하고, 소음이 많은 교통수단은 부담을 주어서 퇴출시켜야 한다. 많이 사용되는 신설 철도노선의 경우 추가로 소음보호를 시행하고자 한다. 공항에는 야간운항금지가 관철되어야 한다. ⇐

Ⅷ. 자연보호와 경관보호

우리 동맹/녹색당에게 자연 및 경관보호는 중요한 의미가 있다. 인류는 자연을 개척하고 대지를 이용하였다. 동시에 우리는 자연의 일부이고, 모든 과학과 기술에도 불구하고 자연에 의존하고 있다. 자연의 다양성, 종의 풍부함, 자연경관의 유일무이한 특징을 우리는 이의 고유한 가치 관점에서 보호해야 한다. 또한 순수한 자연이 우리 인간을 위해 헤아릴 수 없는 가치를 갖기 때문에 보호해야 한다. 자연의 아름다움은 돈으로 따질 수 없는 것이다.

우리는 따라서 남아 있는 자연공간과 전통문화경관의 보전을 위해 진력해야 한다. 우리는 자연보호 및 경관보호영역을 가능한 한 넓게 연결하려고 한다. 자연보호, 쾌적한 여행과 새로운 농업은 우리에게 새로운 자연보호개념의 필수적인 일부다. 이것은 또한 자연 및 경관보호에 대한 고려를 통한 이른바 훌륭하고 전문적인 실천이라고 정의되는, 숲과 토지의 경작, 어획의 형태를 포함한다. 남극대륙, 대양 혹은 남아 있는 원시림과 같은 최후의 거대한 자연공간은, 경제적 착취와 파괴 이전에 국제법과 연계된 협약을 통해 세계적으로 보호되어야 한다. 이것은 인류 공통의 양도할 수 없는 지연유산에 속한다. 토착민의 권리는 보호되어야 한다.

경관 봉쇄에 반대하는 것이 미래 세대를 위한 자연 보호와 자연 서식지 보존의 중심적인 사안이다. 동물과 식물 서식지로서, 작물 경작지 그리고 농업과 임업에서 귀중한 토지로서, 소음에 대한 보호장치로서 도시근교휴양지와 도심지의 기존 녹지의 보전에 우선권이, 최종적으로는 주거지와 교통용지로의 변경에 의해 늘어나고 있는 이용보다 우선권이 주어져야 한다. 숲은 필수불가결한 자연 자원이고, 중요하고 다양한 생태계이다. 열대 숲은 물론 국내의 숲 등 모든 숲의 보호는 따라서 우리 정책의 중심목표이다. 고건축물과 유휴공장의 활용 강제와 농촌 지역에서 목표에 따른 근거리 공공여객운송 장려에 의한 방향전환이, 주거용지와 교통용지로의 지나친 공공용지 이용을 막아내기에는 뒤늦었다. 우리는 지하수와 지표수 수질 개선 강화를 위해 노력할 것이다. 2020에 우리는 독일의 모든 하천에서 다시 미역 감는 일이 가능할 것이다.

IX. 동물도 권리가 필요하다

인간의 동물에 대한 관계를 새롭게 숙고하고 규정하고, 동물도 권리를 가진다는 사실을 인정해야 할 때가 되었다. 그래서 생태학에서는 동물보호와 관련한 주제에 특별히 주목해야 한다. 중요한 것은 서식지와 종의 보존 외에 또한 생명체로서 동물보호가 당연시 되어야 한다. 이를 위해 많은 분야에서 사고변화가 필요하다. 그래서 우리는 이미 유치원과 학교에서 의식형성 과정을 분명히 강화하는 작업을 하고 있다.

농업에 이용하는 동물과 인간의 친밀성은 동물에 대한 책임에 앞서는 것이어야 한다. 동물보호와 환경친화적인 경제가 서로 의존하게 되는, 그 종과 그 행태에 맞는 동물사육이 목표이다. 동물에 고통을 주는 사육방식은 없어져야 한다.

동맹90/녹색당은 동물에게 고통을 주는 사육과 예를 들어 모피사육과 같은 사치를 위해 동물을 죽이는 것을 윤리적으로 추천하지 않는다. 우리는 동물보호와 생태적 필요 강화를 지향하는 사냥의 근본적으로 새로운 방향 전환을 지지한다. 동물보호는 고기잡이와 낚시에도 적용되어야 한다.

우리의 목표는 또한 동물실험을 극복하고 대안적 방법과 개선된 종 보호를 통한 대체이다. 통합된 유럽에서 동물보호는 국가를 넘어서 규정되어야 한다. 그러나 다른 나라와의 협약이 우리의 동물보호수준을 약화시킨다면, 우리나라 단독으로라도 의미를 부여할 수 있고 또 모범의 역할을 할 수 있다.

동물보호단체의 위상은 계획과정과 허가과정에서 사실상 동물의 변호사로서 자신의 역할을 정당화할 수 있도록 강화되어야 한다.

X. 환경과 개발을 위한 세계적 전망

생태위기는 21세기의 가장 중요한 국제적 갈등원인에 속하게 되었다. 자원소비를 줄이고 동시에 저개발국에 재정지원을 하고 기술적으로 도와주는, 나아가 지속가능한 발전의 길을 찾는 연대적인 국제적 환경정책은, 따라서 내전과 무력사용 예방의 중심요소다. 유엔과 남북(선진국과 저개발국)협력에서 자연적 생활토대의 보호는 더욱 비중 있게 고려되어야 한다. 이에는 강력하면서도 재정적으로 더 잘 갖추어진 환경기구에 초점을 맞춘 새로운 제도와 정책수단이 필요하다. 이러한 세계환경기구는 기존의 그리고 새로운 환경협약을 위한 지붕을 만들 수 있어야 하고, 또한 세계무역기구에 대해 이러한 협정 이행을 강제할 수 있어야 한다.

우리는 세계무역기구의 조약 틀 내에서 최소한 생태기준을 실현하려고 한다.

여성은 세계의 많은 지역에서 가족을 부양하고 아이들을 양육하는 책임을 떠맡고 있다. 지속가능한 개발정책은 무엇보다, 여성이 공정하게 자원에 접근할 수 있게 하기 위하여 여성의 사회적, 문화적, 정치적 권리를 강화해야 한다.

신흥경제국가는 환경친화적으로 기반시설을 건설하고 경제의 방향을 지속가능한 원칙에 맞출 필요가 있다. 새로운 산업국가에서 급속히 증가하는 에너지수요와 비약적으로 증가하는 이동성과 관련하여, 이의 개발을 현대적이고 환경친화적인 기술로 추진하는 것이 생태적 생존의 문제다. 그래서 독일의 외교정책은 현대적인 환경기술과 그에 상응하는 노하우의 이전을 장려해야 한다.

국제적으로 생태적 부담을 형평성 있게 분산시키기 위한 정책수단은 세계적인 배출, 특히 이산화탄소 배출 거래 허가제도의 도입이다. 이런 제도와 관련하여 제3세계 국가에게 환경친화적인 기술의 수입에 대한 재정지원과 같은 부채조정을 위한 새로운 길이 열려야 할 것이다.

생태적-사회적 시장경제로 출발

현대 경제정책에 결정적인 도전은 지속가능하고 생태적으로 적절하며 사회적으로 공정한 경제방식으로의 이행에 있다. 우리는 우리의 경제체제를 생태적-사회적 시장경제로 더욱 발전시키고, 그래서 오늘과 내일을 위한 생활의 질을 보호하려고 한다. 환경보호와 사회보장 그리고 경제적 역동성의 균형을 유지하는 시장경제는 지속가능하다. 이는 경제적, 사회적, 정치적 생활에 모든 사람의 평등한 참여를 가능하게 만듦으로써, 인간의 창의력을 자유롭게 해준다. 그리고 이는 경제행위의 조건으로서 생태체계 지구의 한계를 존중한다.

미래의 생태적-사회적 시장경제는 사회의 강화를 요구한다. 이는 최대한의 사적 이익을 지향하는 경제방식에 전적으로 반작용한다. 장기적인 대량실업과 경제번영 참여의 배제는 극복되어야 한다. 그래서 전적으로 기업이윤에 초점을 맞추었던 이제까지의 사회적 시장경제는 이런 요구에 어울리지 않으며, 시급히 더욱 발전되어야 한다. 사회적인 것은 국가 당국의 기능으로 환원될 수 없다. 사회세력의 자유가 없다면, 시민들의 자결이 없이는, 보충성(Subsidiarität)원칙이[5] 없다면, 사회적 연대는 관료제로 경직화된다. 우리에게 중요한 것은 국가에 한계를 설정하는 동시에 국가 자금에 의한 시민사회 지원이다. 이것은 국가사회주의, 보수주의, 시장자유주의 정치모델과 구별된다.

---

[5] **보충성(Subsidiarität)원칙**: 업무는 가능한 한 자격 있는 최저 단위가 맡아야 한다는 원칙. 차상급 단위는 하급 단위가 수행할 수 없는 경우에만 업무에 개입하여야 한다 — 편자 주

생태적-사회적 시장경제는 국민총생산만을 더 이상 번영복지의 척도로 삼지 않는다. 국민총생산은 생태학적 후속비용(ökologische Folgekosten)을 포함하는 "환경경제총계정"(umweltökonomischen Gesamtrechnung: UGR)으로 확장되어야 한다. 사회적 부는 종합적으로 표현되어야 한다. 총사회생산물은 생태적 결과비용도 포함하는 생태국민생산(Ökosozialprodukt)로 확대되어야 한다. 유로나 달러도 표현될 수 없는 것이 번영이다. 우리는 또한 인간의 문화적 사회적 관계의 부를 증가시키고, 계급과 계층, 성별, 인종적 출신 혹은 생활양식에 따른 불이익 없이 자유롭고 서로 평등하게 살 수 있는 기회의 가능성에 기여하는 것으로도 경제를 계산한다.

우리는 다양한 노동개념을 지지한다. 노동은 생계노동이지만, 그러나 노동은 또한 가사노동, 돌봄 및 간호노동, 공동체노동이다. 무소득과 실업은 동일하지 않다. 미래의 생태사회적 시장경제(Ökosoziale Marktwirtschaft)는 모든 형태의 노동을 인정하고 평가하고 양성 간에 공정하게 분배한다.

생태적이고 사회적인 경제는 전체 경제의 이론 위에 구축되어야 하고, 사적인 가사노동과 미지급노동에 기초한 생산물과 서비스를 포함해서, 직접 및 간접의 모든 경제적 교환관계를 포괄해야 한다. 양성관계에서의 불균형, 시장형태가 아닌 경제관계를 인정하지 않고, 인간자원을 위한 노동을 저평가하는 것은 전체 국민경제적 손해로 이끈다. 미지급 "돌봄경제"(Care-Ökonomie)를 여성에게만 일방적으로 할당하는 것은 비생산적이고, 경제와 사회를 위해 결정적인 성장제약이다. 이와는 대조적으로 우리는 독립된 경제설계 기준으로서 그리고 사회적 시장경제의 질적 특징으로서 여성과 남성 간의 평등을 지지한다. 양성평등의 주된 흐름은 특히 모든 재정정책과 경제정책과 관련되어야 한다. 국가의 예산정책의 경우 양성평등 예산(Gender Budgeting)이 도입되어야 한다.

I. 우리 경제정책의 기본지향

모두의 번영은 정의, 자결, 생태, 민주주의를 전제로 한다. 이러한 기본가치는 또한 우리의 경제정책을 규정한다.

경제와 환경. 우리는 경제의 생태적 현대화를 지지한다. 생태는 중요한 성장의 장을 연다. 이는 생태적-기술적 혁신 이상을 의미한다. 우리는 시장에 명확한 생태적 기본조건을 설정하는 장기적인 경제정책 목표에 대해 우리 사회가 합의하기를 원한다. 여기에는 다가올 10년 안에 기후에 유해한 물질 배출의 획기적인 감축, 자연친화적 경관 보전, 지구의 생물다양성의 보호, 핵폐기물 생산의 종식 등이 속한다. 이를 기준으로 이러한 생태적 목표를 실현하기 위해 어떤 수단이 가장 최선의 것인지 각기 검토되어야 한다.

생태경제(Ökologisches Wirtschaften)는 새로운 일자리를 창출한다. 녹색당의 지속가능성 전략은 그래서 경제적 성공모델을 제시하고 있다. 재생에너지원에 기초한 분산된 에너지경제는 극도의 자본집중적인 핵에너지보다 더 많은 고수준의 일자리를 제공한다. 내버리는 경제에서 순환경제로의 이행은 정비와 수리 그리고 재사용을 위한 일자리를 제공한다. 우리는 생태적 구조전환을 추진할 것이고, 이때 이것을 사회적으로 받아들일 수 있도록 해야 할 필요가 있다는 것을 알고 있다.

개인의 이득이 사회의 희생으로 얻어져서는 안 된다는 것이 생태적-사회적 시장경제의 원칙이다. 따라서 가격은 일반에게 전가하는 대신에 실제적인 비용을 반영해야 한다. 환경세 도입은 이것을 위해 결정적인 타개책이다. 우리는 우리의 조세제도와 재정제도의 생태적 발전을 위해 노력한다. 이것은 환경을 보호하고 고용을 촉진한다. 환경에 유해한 보조금은 체계적으로 없애야 한다. 이는 국가적으로는 물론 국제적인 규모에서도 마찬가지이다.

경제와 정의. 각자가 자신의 사리私利를 추구하고 동시에 출발기회가 불평등하게 분배된다면, 정의는 이미 모두를 위해 작동하지 않는다. 따라서 우리는 기본법에 명시되어 있듯이 재산권의 사회적 책임을 명확히 지지한다. 경제정의는 그래서 우리에게는 사적 개인이든 기업이든 특별히 세금과 공과금에서의 정의를 의미한다. 우리는 생태적 사회적 문화적 이해가 유지되고 출발기회가 균등한 질서의 규범을 위해 노력한다. 그러한 질서규범 위에서만 경쟁 또한 정의를 촉진할 수 있다.

생계노동에 대한 참여와 생계를 도맡을 수 있는 능력은 개인의 발전가능성과 사회적 통합을 위해 결정적인 것이다. 경제활동을 하고자 하는 모든 사람이 이를 할 수 있는 기회는 기본적인 것이다. 여기에는 직업교육과 재교육 기회와 창업 기회 또한 포함된다. 이민자에 대한 취업 장애물과 배제 법령을 우리는 철폐하려고 한다.

장기실업은 배제와 빈곤을 낳는다. 실업은 이미 생태적-사회적 시장경제의 이러한 근거에서도 받아들일 수 없다. 우리의 정책은 실업을 없애려는 목표를 갖고 있다. 기술수준 향상 정책(Qualifikationsoffensive)[6]과 적극적인 노동시장정책 이외에도 여기서는 노동에 대한

---

6) 직업교육에 의해 실업자와 미숙련 노동자의 기술을 향상시키려는 노동정책 - 편자 주

투자 완화가 중요하다. 이와 관련한 중요한 목표는 높은 임금 외 비용의 체계적 축소다. 우리 사회보장제도가 거의 전적으로 임금에 기초하고 있다는 점이 노동을 비싸게 만들고, 그래서 투자를 어렵게 하고 불법노동을 조장한다. 그래서 우리는 사회보장제도 개혁 외에 기초보장의 조세에 의한 재정 강화정책으로서 세금부담의 공정한 분배에 기초한 조세수입 기반을 확대할 필요가 있다. 사회적 사회란 차별과 빈곤을 없애는 데 성공한 사회다.

경제와 자결. 생태적-사회적 시장경제는 또한 자결을 실현하는 틀이다. 경제활동은 사람에게 경제적 생존을 보장하는 것만이 아니다. 경제활동은 또한 많은 사람이 자신이 이념을 실현하고 인생계획을 이행할 수 있는 장이다. 경제적 효율성을 가능하게 해주는 자유지향적 경제질서는 따라서 개인이 높은 수준에서 경제를 스스로 주도할 수 있도록 해주는 목표를 추구한다. 자유와 자결은 공정한 소유질서를 필요로 한다. 노동세계의 변혁은 지금까지의 직업안정성을 부분적으로 해체하였고, 시민들에게 더 많은 유연성을 요구하고 더 많은 위험을 가져왔다. 이것은 다만 동시에 어려운 상황에 처했을 때 새로 시작하기 위한 기회가 열린다면 문제가 없을 것이다. 우리는 그에 상응하는 자립의 문화가 소수의 특권층에 한정되지 않기를 원하고, 또한 다양한 인생계획 사이에서 진정한 선택기회가 주어질 수 있기를 원한다. 이를 위해 효율적인 사회적 안전이 보장되어야 하고, 나아가 효율적인 세금 및 공과금제도와 높은 수준의 정보자유가 보장되어야 한다. 자결은 진정한 협력을 위한 조건이다. 바로 세계화 조건 하에서 기업은, 경제적으로 성공하려면, 다른 기업들과 협력해야 한다(즉 네트워크). 남녀가 모든 노동과 경제활동에 접근할 수 있어야 하고, 그들의 능력을 포괄적으로 발전시킬 수 있는 것이 필수적이다. 여성과 남성은 모두 생계노동과 부양노동에 함께 참여해야 한다.

경제와 민주주의. 우리에게 중요한 것은 가능한 한 많은 사람이 경제생활에서 의식적인 행위자가 될 수 있는 것이다. 그래서 우리는 공동계획과 공동결정에 대한 권리를 위해 노력한다. 이에 의해 근로자들은 자기들의 이익을 의식하고 동시에 효율적이고 장기적인 관점에서 경영상의 결정을 할 수 있다.

단체협상 자율과 강력한 교섭–동반자관계는 연방공화국에서 사회동반자적인 전통의 토대였다. 이것은 손상되어서는 안 된다. 우리는 광역(지역별, 산업별 등) 단체협약과 강력한 노사협의회를 고수한다. 현대경제는 혁신적인 기업인을 필요로 하고, 사회평화를 보호하려고 한다면 행동능력이 있고 개혁할 준비가 되어 있는 노동조합과 노사협의회를 필요로 한다. 이는 경제발전과 고용구조의 차별화 증가로 인해 또한 지역별, 산업별로 다른 교섭의 해결을 요구한다면, 적지 않게 필요할 것이다. 우리는 광역 단체협약을 기본적으로 유지할 것이다. 왜냐하면 이것은 취업자를 보호하기 위한 소중한 성과고, 유연한 설계의 기회를 충분히 제공하기 때문이다. 우리는 교섭 당사자들이 실업자의 이해 역시 고려하도록 하는 입장을 고수할 것이다.

우리는 소비자로 하여금 단순한 대상이 아니라 경제적으로 동참하도록 요구할 것이다. 우리는 또한 사회가 더 강력하게 계획과정에 참여하기를 원한다. 우리는 우리 경제의 공공복리지향적, 협동조합적, 자치적인 분야를 후원한다. 우리는, 경제적 효율성이 공동경제적 부양임무나 공동체적 자력부조와 연관되는 모든 부문, 특히 주거제도와 보건 및 사회경제 부문에서 이런 경제분야를 강화할 것이다.

우리는 남녀 노동자들의 기업 실적 및 생산자본에 대한 분배 강화와 공동결정 확대에 노력한다. 우리는 여기에 경제적 참여의 확대 발전을 위한 단초가 있다고 본다.

⇒ **핵심사업 전체 독일의 미래**

우리는 동독의 단계적인 경제력 강화를 다음 시기의 중심적인 국가적 과제로 본다. 우리는 경제와 사회에서, 동과 서의 생활수준 평준화 과정을 적극적이고 지속적으로 지원하기 위해 노력을 다한다.

동독의 미래가 따라잡기 개발의 시각에서만 논의될 수는 없다. 우리는 동과 서가 가지고 있는 오늘날의 구조문제를 대비시킴으로써 새롭고 미래지향적인 발전의 길을 추구하려고 한다. 이것은 특히 경제적 생태적 혁신과 관련해서 그렇다. 우리는 서독에서 완전히 다른 조건 하에서 성공하였고 이제는 서독 스스로 무엇보다 교통체계와 에너지체계에서 개혁을 필요로 하는 그런 발전을 그대로 복사하는 것이 아닌 동독의 새로운 발전을 촉진할 것이다. 우리는 지역적 능력과 특수성을 동독에서의 독자적 개발의 기초로 설정할 것이다. 이것은 또한 우리가 무차별 지원원칙(Gießkannenprinzip)을 버릴 것을 의미한다 - 지역적 발전잠재력을 특별한 수준에서 고려하고 표절모델 대신 보조금을 주는 등 목표에 맞게 배려해야 할 것이다. 우리는 비효율과 남용을 막는 통제기제를 권장하고자 한다.

우리는 동독에 "지식 및 교육 영역과 연구지구" 건설에 특별한 가치를 둔다. 지식사회가 다가오고 있는 근본적인 변화의 배경 앞에서, 우리는 효율적인 과학적 기반시설의 확대가 과학적 발전, 나아가서 직업교육장소와 일자리 창출 및 유지의 전제라고 본다. 여기에는 또한 - "배우는 지역"의 의미에서 - 새로운 형태의 재교육과 서로 다른 교육기관의 협력, 지역 내의 연계 등도 포함된다.

우리의 목표는 동독에서의 대학설립과 연구를 위한 자금을 크게 늘리고, 투자기금 공급으로 지역적 발전핵심 형성을 촉진하는 것이다. 기회평등 의미에서 우리는 자체자본 확보와 자산형성을 지원할 것이다. 동독의 연방 주는 동유럽의 유럽연합 가입의 가교역할을 하고 있다. 우리는 그로부터 형성된 문화적 경제적 기회를 활용하고 촉진하기를 원한다. ⇐

II. 시장경제와 질서정책

사회적 시장경제에서 경제적 자유는 사회적 생태적 질서구조와 연결되어 있다. 시장접근의 자유, 법적 안정과 계약의 신뢰, 포괄적인 투명성, 독점의 제한과 제거는 국가가 보장해야 하는 시장의 기능을 위한 전제조건이다. 독점과 과점은, 지역 시장, 국내 시장, 유럽 시장에 대한 강력한 합병 통제와 카르텔 감시 그리고 실효적인 해체관련 법률이 존재할 때만, 제한되거나 제거될 수 있다. 우리는 소비자를 위해 효율적인 경쟁을 원한다. 자유 시장의 이론과 경제적 실재는 한 켤레의 장화다. 시장과 경쟁은 더욱이 스스로 생태적, 사회적, 전체 경제적으로 바람직한 결과로 귀결되지 않는다.

경쟁과 국가개입의 도식적인 이분법은 이미 오래 전에 낡은 것이 되어 버렸다. 경쟁, 특히 이것이 사회적 생태적으로 바람직한 결과로 귀결되어야 한다면, 국가적인 기본조건이 필요하다. 동시에 국가의 개입은 시장의 기능 특히 혁신능력이 유지되도록 주의해야 한다. 이러한 토대 위에서 어떤 정책수단이 경제정책 문제의 해결에 가장 적합한지 각각 검토되어야 한다. 우리는 시민의 참여에 초점을 맞추고 이를 권장하는 창의적인 국가를 원한다.

성과에 따른 세율, 단순하고 투명한 세금제도는 시민들의 납세 의지를 높여줄 것이다. 예외와 특별사정은 실제 납세를 왜곡하고 이해할 수 없을 정도로 조세제도를 복잡하게 만든다. 그래서 또한 민주주의 관점에서 단순화가 필요할 수밖에 없다. 세금덤핑은 불공정한 경쟁조건을 낳는다.

⇒ **핵심사업 소비자를 위한 투명성**

투명성과 정보 그리고 상품표기는 소비자의 선택자유와 기능지향적 시장경제를 위해 필요한 전제이다. 생산 방식, 내용물, 위험 가능성에 관해 포괄적으로 정보를 갖고 있는 계몽된 소비자만이, 생필품과 기타 상품 구매에서 책임질 수 있는 결정을 할 수 있다. 우리는 예를 들어 알러지(거부반응)가 있는 사람들이 어떤 식품을 먹어도 괜찮고 어떤 상품은 해가 되지 않는지 알 수 있기를 원한다. 우리는 상품의 질에 대한 생산자의 책임을 강화하는 제조물책임법의 확대를 원한다.

소비자들이 구매 및 수요 행태를 통해 건강하고, 질 높고 윤리적인 상품 생산에 영향을 줄 수 있도록 우리는 정보제공과 상품표기 의무제도를 개선하기를 원한다. 미래에 그들은 제품 원산지가 어디며, 어떤 환경기준과 동물보호기준 그리고 사회적 기준 하에서 생산되었는지 쉽게 인식할 수 있을 것이다. 여기서 소비자보호조직이 중요한 기여를 할 것이다. 우리는 행정기관이 권한과 동시에 책임을 가지고, 자신의 작업과 통제결과에 관해 정기적으로 공식적으로 보고하고, 법률규정 위반에 관한 정보를 제공하기를 원한다.

국내법은 유럽연합의 규범과 국제법의 구속을 받기 때문에, 우리는 국제적 수준에서 보호규범을 더욱 발전시키기를 원한다. ⇐

III. 생태적 재정개혁

국가 행위는 지속가능한 발전 이상(理想)을 일관되게 지향해야 한다. 이것은 특히 재정 및 예산정책에 해당한다. 환경세와 화물자동차의 고속도로 통행세 도입으로 우리는 우리 조세제도에서 자연과 환경을 고려하는 첫 번째 중요한 진전을 이룩했다. 이는 그러나 단지 시작에 불과하다.

전체적인 조세제도와 부담금제도는, 환경친화적인 생산자와 소비자에 대한 금전적으로 장려하고 환경부담을 줄이기 위해, 생태적 차원에 따라 개혁되어야 한다. 이는 생태적-사회적 시장경제로 가는 길에서 중요한 초석이다. 우리는 따라서 생태적 과세 원칙을 밀고나가면서 에너지소비 외 다른 분야로 확대할 것이다. 이것은 가령 항공교통과 선박교통에 대한 목적을 정한 이용료에 의해 시행될 수 있다. 생태적 재정개혁은 또한 농업의 토지이용과 생태적으로 유해한 생산방법에도 대응할 것이다. 조세정책과 재정정책은 생태친화적인 행위를 보상하고 환경에 유해한 행위에 대해서는 비싼 대가를 지불하게 해야 한다. 시민 전체부담은 이에 의해 늘어나지 않는다. 독일의 조세제도와 재정제도는 더욱이 많은 종류의 생태에 유해한 보조금, 무엇보다 석탄과 농업 그리고 교통 분야에서의 보조금을 포함하고 있다. 이것들을 폐지하거나 개선함으로써 환경보호와 지속가능한 재정 및 환경정책의 결합에 기여하게 된다. 생태적 재정개혁은 또한 더 많은 국제적 정의에 기여한다. 그래서 기후보호는 더 많은 조세정의, 효율적인 국가지출과 결부되어 있다. 우리는 또 연방 수준의 재정균형에서 생태적 측면의 통합을 원한다.

Ⅳ. 소비자보호

전문적인 시장참여자에 비해 소비자는 구조적으로 불이익을 받는다. 왜냐하면 그들은 각각의 특별한 제품 혹은 서비스를 가진 공급자만큼 모든 소비와 서비스 분야에서 충분한 정보를 전달받지 못하기 때문이다. 시장에서 소비자의 "당연한" 불이익을 조정하고 공정한 경쟁을 장려하기 위해, 조직된 소비자보호는 필요하다. 특히 이는 소비자의 안전과 건강 그리고 잠재적 부채와 관련되거나 혹은 새로운 시장구조가 발전하는 분야에서 그렇다. 여기서 소비자보호의 개념은 전향적으로 이해되어야 한다. 이 개념은 한편으로 기회 부족으로 충분히 정보를 전달받지 못하거나 적극적인 조언을 받지 못하는 사람들에 대한 "보호"가 되어야 하고, 다른 한편으로는 스스로 정보를 찾는 사람들에게 충분한 투명성을 보장하는 것이어야 한다. 전자의 경우에 소비자보호는 또한 사회적 차원을 갖는다.

Ⅴ. 지식경제

정보처리와 데이터 전송의 놀라운 가속화는 금융시장과 재화생산의 세계화를 새로운 단계로 올려놓았을 뿐만 아니라, 또한 노동과정과 경제구조를 변화시켰다. 연구, 개발, 정보처리와 통신에 기초한 가치 창출 비율이 점점 더 커지고 있다. 혁신주기가 매우 짧아졌다. 취업자의 자격수준도 상승하였다: 교육과 재교육이 직업적 성공을 위한 열쇠가 되었다. 이의 참여가 소득이나 사회적 출신 등에 좌우되어서는 안 된다.

동시에 노동관계도 변한다. 중앙집중적으로 조직된 대량생산의 포드주의의 시대도 갔다. 현대적 기업의 가치는 무엇보다 근로자의 지식에 있다. 확대된 노동자율성, 팀 작업, 자기주도와 수평적 조직질서가 새로운 경제의 특징이 되었다. 노동에서의 더 많은 자결이 현실적 기회가 되었다.

물론 이러한 발전은 이면을 갖고 있다: 실적 압박 증대, 경쟁 격화, 장기적으로는 기업과의 유대와 직업적 안정의 해소. 그렇지만 "신경제"가 집단적이고 사회적인 단체협상에 의한 안정된 제도를 불필요하게 만들지 않는다.

지식경제에서 "지적 재산"과 특허권 범주는, 기술적 진보에 장애가 되고 새로운 기업의 시장진입을 어렵게 하는 지식-독점 출현을 막기 위하여 재정의되어야 한다. 특히 큰 논란거리는 유전공학에 대한 문제이다. 우리는 생명체는 물론 식물 및 동물의 그리고 인간의 유전자나 유전자염기서열에 대한 물질특허 등록을 단호히 반대할 것을 약속한다. 새로운 정보 통신기술은 지속가능한 경제방식에 기여할 수 있다. 이는 생산과정과 운송망을 더욱 자원 효율적인 관리를 가능하게 해주어 현대적 순환경제에 이르는 길을 열 수 있다. 배출 제로 공장은 더 이상 유토피아가 아니다. 장비와 기계의 최소화는 에너지와 원료를 절약해준다. 화상회의와 온라인소통은 불필요한 출장을 대체한다. 가치창출은 더욱 더 서비스로 옮겨진다. 이러한 경제의 "탈물질화"(Dematerialisierung)는 경제적 역동성을 죽이지 않고도 자연소모를 필요한 최소한으로 줄여준다.

VI. 지역경제

지역적 경제순환 강화는 세계화의 필요한 보완이다. 이것은 경제와 고용의 안정성을 높여준다. 명확한 생태친화적 시장경제에 의한 지역 경제순환의 의미는 커진다. 우리는 협력, 지도의 장점, 교환기능, 상호 수요를 통해 강화되는 도시와 지역 그리고 주 사이의 지역 경제순환을 지지한다. 혁신적 서비스와 생산 방식, 환경친화적 기술과 장소 특유의 지식 및 교육 특질은 지역 전체의 입지 요소와 이미지가치가 된다. 지역적 경제순환은 수공업, 중소 서비스기업, 소비자 지향의 농업에 장려할 만하다. 지역의 강력한 문화적 동일성은 이들의 지속가능한 발전을 유리하게 한다. 장기적인 지역정책은 투자자, 지자체 및 시민들을 위한 계획 안전성을 가능하게 해준다. 우리는 경제적, 생태적, 사회적, 문화적 목표를 서로 결합하는 지역개발계획을 위해 노력한다.

독일은 미래에도 매력적인 기업의 입지가 되어야 한다. 이때 이것은 조세부담과 교통기반시설은 물론 이른바 입지요소 강점에만 관련되는 것만이 아니다. 그래서 이른바 입지요소의 약점이 무엇보다도 현대적 경제영역에게는 더욱 중요해지고 있다. 때 묻지 않은 환경, 교육제도와 보육의 질, 노동력의 질, 문화, 관용과 개방성 등은 오늘날 자주, 기업활동이 어디서 받아들여지고 어디서 받아들여지지 않는지를 결정한다. 이런 관련성을 무시하는 현대화 정책 목표 달성은 불가능하다. 이를 존중하는 지역은 성공할 수 있다.

우리의 경제정책은 특별한 방식으로 중소기업에 정성을 쏟고 있다. 중소기업은 거대 기업과는 달리, 새로운 상황과 도전에 빨리 적응하고 유연하게 친근한 대답을 줄 수 있다. 여기서 일자리의 거의 대부분이 창출된다. 제품의 질과 고객접근성은 우선 중소기업에서 일어난다. 창업자와 자영업자는 혁신적 제품과 서비스를 가지고 구조변동을 추진하고 미래지향적인 새로운 일자리를 창출한다. 우리는 이와 관련하여 창업자를 위한 최적 조건을 마련하려고 한다.

⇒ **핵심사업 새로운 농업**

농업의 개혁은 우리에게 중심적인 사회적, 정치적 과제이다. 녹색의 농업 전환은 또한 과잉생산을 없앰으로써 유럽연합의 수출보조금 폐지에 결정적으로 기여할 것이다. 생태지향적이고 지속가능한 농업은 건강에 무해하고 맛있는 양질의 식량을 최고로 보장할 것이다. 우리는 따라서 토지의 경작을 전적으로 환경보호와 동물보호에 맞추려고 한다.

소비자는 건강에 무해한 양질의 농산물을 신뢰할 수 있다. 이런 신뢰가 없다면 농민은 경제적 안정을 갖지 못할 것이다. 항생제와 호르몬과 같은 건강에 유해한 물질이 식량에 있어서는 안 된다. 확실한 품질인증과 빈틈없는 표기 그리고 전체 식량생산과정에 대한 관리는, 마구간에서부터 진열대에 이르기까지, 첫눈에도 투명하게 보장되어야 한다. 로컬 푸드가 우리에게 첫 번째 선택이다. 핵심사업: 새로운 농업을 통해 우리는 또한 농촌 지역을 강화하고자 한다. 우리는 소비자보호와 농업의 동맹을 추진할 것이다.

전통적인 농업은 환경친화적으로 바뀌어야 한다. 국가와 유럽연합 농업 지원자금은 소비자지향적이고 환경친화적인 질적 생산을 위한 공정한 경쟁조건 조성에 맞추어져야 한다. 우리는 품종에 적합한 축산을 장려한다. 우리는 도축 육류 운송기한을 4시간으로 제한하기 위해 도축장을 지자체가 운영할 것을 지지하고 권장한다. 농업과 자연보호는 공동의 미래를 갖고 있다. 포괄적인 농업은 수백 년 동안 경작해온 전통적인 문화경관을 보전하고, 종 다양성을 보호하고 있다. 농민의 환경 및 자연보호 성과에 대해서는 적절하게 보상되어야 한다.

기반시설과 상업 및 주거지에 의한 계속되는 토지개발은 자연살림으로부터 가치 있는 토지의 자연적 균형과 따라서 무엇보다 인구밀집지역에서 생산기반을 파괴하였다. 여기서 우리는 복원 불가능한 파괴로부터 농업을 더욱 강력하게 보호하여 농업의 경제성을 유지함으로써 양자에게 유익한 녹색당의 녹색 환경정책과 농업정책을 결합할 것이다.

생태적 농업은 미래지향적이다. 왜냐하면 건강한 식품 생산은 자연자원의 보호와 동물친화적인 축산과 결합되어 있기 때문이다. 농업생산에서 생태농업의 비율은 2020년까지 획기적으로 20% 이상 높아져야 한다. 이때 소비자정보가 중요한 역할을 할 것이다. 건강하고 높은 가치의 자연식품은 그 만한 가격을 가질 것이다.

식품생산 이외에도 바로 환경친화적으로 경작하는 농업기업에 새로운 경제성이 있을 것이다. 재생 원자재, 에너지용 작물, 풍력, 바이오가스, 안락한 여행, 경관보호, 계약에 의한 자연보호 등은 미래에 중요한 수입원으로 발전할 것이다.

우리의 정책은 앞으로도 유전기술 없이 생산할 수 있는 농업이다. 농업에서의 유전공학은 농업 관련 기업에 대한 농민의 의존도를 높이고 종 다양성을 줄인다. 유전공학-종자-독점은 특히 개발도상국의 농업구조 파괴를 위협한다. 동시에 유전공학기술이 적용된 동물 및 식물생산의 생태적 위험과 건강위협은 오랫동안 조명되지 않았다. 유전공학에 의하지 않고 생산되는 식품이 우선이고 생산이 보장되어야 한다. 유전공학으로부터 자유로운 생산에 대한 농민의 권리와 유전공학으로부터 자유로운 식품에 대한 소비자의 권리는 모든 분야에서, 생산에서 가공을 넘어 진열대에 이르기까지 보호되어야 한다. 모든 유전자변형 식품 및 사료에 대한 투명한 표시와 빈틈없는 추적가능성은 절대 필요하다. ⇐

VII. 지속가능한 재정정책

우리의 재정정책은 지속가능한 개발 이상(理想)에 맞추는 것이다. 정의를 위하여 과세는 성과에 근거하여야 한다. 단순한 소득세 체계는 공정한 조세제도의 전제다. 급여와 자본수익에 대한 소득세와 상속세와 같은 재산 관련세금은 정의의 세금이다. 왜냐하면 이것은 모든 개인이 각자 능력에 따라 공동체를 위한 분담금을 할당하기 때문이다. 우리는 소득종류와 소득원에 따라 구별되지 않는 능력에 따른 공정한 과세를 원한다. 재정정책의 자기제한은 오늘과 내일의 자유를 위한 필요한 전제다. 우리는 미래에 대한 어떤 백지수표도 만들지 않는다. 과세특례와 특별규칙은 더욱 줄어들어야 하고 재정체계는 투명해져야 한다. 보조금은 공개적으로 지정되고, 정기적으로 점검되어야 하며, 시장 진입에 대한 지원은 한시적이어야 한다.

자녀 양육 지원 강화를 위해서는, 세법과 사회정책적 구성요소가 일치되어야 한다. 여기에는 혼인증명서 보조금 지급 대신에 아동을 위한 더 많은 재정 지원도 포함된다.

우리의 목표는 세대 간 정의가 보장되는 지속가능한 재정정책이다. 부채의 덫에 빠지지 않고, 정책 운용 폭을 유지하면서, 연방 수준에서 수지균형을 유지하기 위해서 과도한 부채는 줄여야 한다. 동시에 미래를 위해 중요한 투자는 가능한 한 유지되어야 한다. 절약과 투자 사이의 올바른 균형점을 찾기 위해서, 지속가능성 관점에서 투자개념이 재정의되어야 하며 교육과 과학 그리고 예방적 환경보호를 위한 지출이 여기에 포함되어야 한다.

우리는 지방자치단체의 역할을 강화하는 적극적인 연방주의를 지지한다. 우리 연방체제의 민주적 정당성을 위해, 국가 차원의 다양한 권한 중 전체를 조망할 수 없는 권한은 연방 주와 지자체에 더 많은 재량권을 줄 수 있도록 조정되어야 한다. 여기에는 지방세법 형식으로 지자체의 조세 재량권 확대도 포함된다.

헌법에 규정된 연방 주의 연방국가적 연대성을 우리는 견지한다. 우리는 새로운 주(구 동독의 주)가, 따라잡기 정책을 계속할 수 있도록, 전체 국가의 재정에서 할당 받는 것을 보장할 것이다.

Ⅷ. 국제적 경제정책

세계시장에 대한 강력한 위상에서 우리는 경제적으로 허약한 나라와, 특히 개발협력과 관련하여, 연대할 의무가 있다. 우리는 다른 나라의 국민경제를 침해하지 않고 우리의 국민경제가 경쟁력을 유지하기를 원한다. 아프리카와 아시아 그리고 라틴아메리카의 가난한 나라에 대하여 선진국이 해야 하는 두 가지 기여는 그들의 상품에 대한 우리 시장 개방과 부유한 나라의 대규모 농업 보조금 폐지다. 가난한 나라에 대한 시장개방의 정책은 순전한 덤핑경쟁을 피하기 위해, 국제적으로 타당한 사회적, 생태적 그리고 양성 민주주주의적 최소기준 준수가 수반되어야 한다. 이러한 최소기준에는 파업권과 자유로운 노조 결성 권리도 포함한다.

우리는 이러한 인간적으로 그리고 생태적으로 받아들일 수 있는 조건 하에서 생산된다는 것을 보증하기 위해, 상품에 대한 공정한 가격을 보장하는 연대적 행동-네트워크의 건설을 지지한다.

그것을 넘어 우리는 국제기구와, 금융거래, 상업과 무역 그리고 투자를 위한 구속력 있는 법령과 기준의 확대 발전을 지지한다. 세계를 돌아다니면서 단기적으로 투기하는 자본의 증가는 광범위한 사회적 결과를 낳는 통화 및 재정위기의 위험을 높인다. 이에 대해 금융시장의 투명성이 커져야 하고, 중앙은행의 조정이 강화되어야 한다. 돈세탁과 조세피난처로의 자본도피의 가능성은 제도적으로 저지되어야 한다. 우리는 예를 들어 토빈세와 같이 투기적 자본거래에 대한 과세를 지지한다.

우리는 국제노동기구, 유엔환경계획, 유엔산업개발기구와 같은 국제기구의 세계경제에 대한 영향이 강화되기를 원한다. 세계무역기구, 세계은행, 국제통화기금의 규약과 계획은 지속가능한 개발 목표를 명문화해야 한다.

유럽연합은 생태사회적 시장경제의 지속가능한 모델로 등장하기 위해, 유럽의 경제 및 재정 정책의 강력한 통합에서 기회와 책임을 가진다. 우리는 무역위기의 위험을 초래하고 저개발국의 경제를 보호장벽으로써 배제하는, 시장의 재국가화에 반대하고 또 유럽의 보호주의에 반대한다. 우리는 각각의 사회제도와 환경에 부담이 되지 않는다면, 산업입지 경쟁을 긍정한다.

해방적 사회정책으로 출발

우리는 아무도 배제되지 않는 사회, 모두가 자신의 능력을 개발할 수 있는 기회를 가진 사회, 아동이 환영받고 노령자가 나이 때문에 배제되지 않고 장애인이 차별 받지 않는 사회, 빈곤이 과거지사가 된 사회, 미래가 잘못 계획되지 않고 적극적으로 설계되는 사회가 만들어지기를 원한다. 우리는 존경과 배려, 약자를 위한 도움과 행동이 당연시되는 연대의 정치문화가 발전되기를 원한다. 우리는 인간과 자연에 대한 착취와 종속이 없는 공정한 세계사회를 위해 지원하고 기여하는 정의로운 시민사회를 원한다.

I. 우리 사회정책의 기본방향

사회정책과 정의. 우리는 사회보장을 지지하고, 바로 그 때문에 변화를 위한 용기를 지지한다. 사회보장은 변화를 필요로 한다. 그리고 변화는 그것대로의 새로운 형태의 보장을 필요로 한다. 하나는 다른 하나 없이 나아갈 수 없다. 중요한 사회적 재화의 공정한 분배는 동맹/녹색당 정책의 핵심구성부분이다. 사회정의와 연대에 관한 우리의 생각은 고전적인 재분배정책을 넘어 더 나아간다. 우리 정책의 우선 목표는 빈곤과 사회적 배제를 없애고 가장 열악한 계층의 사회적 상황을 개선하는 것이다. 우리는 모든 시민들에게 교육과 노동, 정치적 참여 등 가장 중요한 사회적 분야에 대한 접근을 개방하는 참여의 정의를 이루기를 원한다. 대량실업은 받아들일 수 없으며, 여전히 우리사회의 해결되지 않은 정의문제이다. 사회정의는 그러나 오랫동안 상층과 하층 사이의 형평으로서만 개념화되었다. 우리에게는 여성과 남성 사이의 기회평등과 남녀 시민의 동등한 참여권리는 우리나라에서 노령자와 젊은이 사이의 세대 간 정의와 마찬가지로 정의문제의 핵심에 속한다. 또한 우리는 자녀와 함께 생활하는 사람들을 위한 형평을 원한다. 정치적 명제는 어떤 전제조건이든 간에 모든 사람들이 평등하게 참여할 수 있는 사회적 생활관계를 구성하는 것이다.

사회정책과 자결. 우리의 사회보장국가 개념에는 사람이 정책의 중심에 있다. 공정하고 사회적인 시민사회에서 국가는 모두에게 자신의 능력과 재능을 발전시킬 수 있는 기회를 개방하는 조건을 조성한다. 아동과 청소년은 의무적으로 나이에 맞게 계획수립 과정에 참여시켜야 한다. 동시에 자신의 운명을 스스로 결정할 수 있도록 어려운 생활상태를 극복하기 위해, 시민은 신뢰할 만한 사회보장과 사회결합을 필요로 한다. 동맹/녹색당 사회정책의 핵심은 다른 사람에게 금치산 선고를 내리는 보호가 아니라, 모든 사람이 스스로 결정한 개발을 고무하고 연대적 행동을 장려하는 사회정책적 기반구조의 창출이다. 사회정책은 자결의 생활을 위해 형평에 맞는 기회와 조건을 가능하도록 만드는 과제를 갖고 있다.

사회정책과 지속가능성. 우리는 사회보장을 미래지향적으로 만든다. 또한 젊은 사람과 미래 세대의 이해는 사회보장체계 내에 충분히 고려되어야 한다. 지속가능한 사회정책의 목표는 이것을 넘어, 예방적 지원을 통해 건강의 위험과 사회적 위험을 가능한 한 멀리 피하도록 하는 것이다.

사회정책을 위한 새로운 도전. 최근 사람이 살아가는 조건이, 노동하고 배우는 조건이 결정적으로 변하였다. 이러한 변화는 더욱 진행되고 더 빨라졌다. 따라서 사회보장국가는 자신의 책임을 설정하고 자신의 이행능력을 증명해야 한다. 사회보장국가는 자신의 통합능력을 보장하고, 모두를 위한 사회적 형평과 기회평등을 자유로운 시장에 넘기지 않도록 현대화되어야 한다.

세계화는 경제를 변화시켰고 노동세계를 변형시켰다. 세계화는 또한 기회를 가져왔지만, 인간의 고차원의 사회적 변화의지를 요구하고 있다. 여기서 동맹/녹색당의 정책은 가족과 직업의 양립, 시민사회에 대한 적극적 참여의 필요성을 우선적으로 고려한다. 더 많은 시민이 실업과 빈곤 앞에서 두려운 생활을 하고 있다. 이러한 경험은 사회의 중산층에게까지 미치고 있다. 정책은 새로운 전망을 열어서 이런 사회적 추락에 대한 정당한 공포에 대처해야 한다. 사회의 개인화의 심화는 가족 및 기업, 도시와 농촌에서 물려받은 사회구조와 전통적 유대를 해소하고, 다양한 새로운 생활형태를 낳는다. 현대적 사회보장국가는 다양한 생활형식과 위험에 적절하게 대응해야 한다.

수십 년 전부터 인구의 연령구조가 급격히 변화하고 있다. 사회보장제도의 개혁, 가족친화적 정책, 노인노동 문화와 이민 정책은 미래의 인구변화의 요구를 해결하기 위한 중요한 대답이다. 이민은 전체 사회의 사회적 통합 의지에 새로운 도전이다. 우리 사회가 경제적 사회적으로 유지되고 더욱 발전하려면, 우리는 또한 이민자들의 능력과 참여, 경험을 필요로 한다.

II. 인권: 빈곤을 극복

빈곤은 배제를 의미한다. 아동에게 빈곤은 특히 경험 및 개발과 배움의 기회 제한을 의미하고, 또 미래를 향한 자결의 발전을 위한 공정한 출발조건을 없애버린다. 빈곤은 당사자를 경제활동과 소비사회뿐만 아니라 나아가 공동체의 민주적 조직으로부터도 배제함을 의미한다. 빈곤지역에는 빈약한 학교교육, 높은 질병위험과 약물중독과 같은 사회적 문제가 증가한다. 실업과 빈곤으로부터의 탈출은 출발조건으로서 안정적인 사회기초보장을 필요로 한다.

신뢰할 만한 사회보장체계와 좋은 교육기회는 사회적 배제를 제거하고 위험을 받아들일 각오와 변화능력을 격려하고 정치적 안정을 보장하기 위한 전제이다.

높은 빈곤위험은 아이가 있는 젊은 가족에게 치명적이다. 왜냐하면 그들에게 금전의 수요는 크지만, 소득은 낮고, 아직 이용할 재산이 없기 때문이다. 이때 특히 혼자서 아이를 키우는 사람 – 대부분 여성 – 의 상황이 불안정하고, 따라서 아이의 상황 역시 불안하다. 아동은 사회부조 수령자 아래에 있는 거대한 집단이다.

빈곤은 돈의 부족을 보여주는 것이지만, 그러나 빈곤은 흔히 자신의 능력을 개발하고 활용할 수 있는 사회적 관계와 기회의 부족에서 발생한다. 사람이 더 좋은 관계를 맺을수록, 그 만큼 더 노동과 교육 그리고 건강에서 더 좋은 기회를 갖게 된다는 것은 분명하다. 그래서 현대의 빈곤 정책은 물질적 이전(지원)보다 더 많은 것을 포함해야 한다. 정책은 또한 빈곤의 사회적 전제와 싸워야 하고, 도시와 지역에서 사회적 자본을 증가시키고 사람의 개발과 네트워크를 모두 지원해야 한다.

⇒ **핵심사업 기초보장**

보조적 지원으로 정의되는 사회부조는 오늘날의 사회기초보장에 대한 요구를 더 이상 충족시키지 못한다. 오늘날 여전히 지배적인 빈곤과의 싸움을 위해서는, 부조와 관련된 물질적 상황의 개선은 물론 사회적 배제에 대응하는 적극적인 지원을 결합한 일괄정책이 필요하다. 여기에는 사실상 빈곤을 방지하는 수요에 맞춘 기초보장의 도입이 해당된다.

급부는 높아진 생계비에 맞추어 정해진 체계(통계모델)에 따라 새롭게 산정되어야 한다. 이때 문화와 정치 생활에 참여하기 위해 사람에게 필요한 것도 고려되어야 한다.

오늘날의 변화된 노동세계는 유연성과 이동성에 대한 의지의 강화를 요구한다 - 이는 그러나 빈곤으로부터 보호 받는 동시에 사회적으로 안전을 보장받을 때만 사람들로부터 기대할 수 있다. 맞춤형 기초보장의 도입은 사람들이 빈곤에서, 실업에서, 기타 위급한 상황에서, 그리고 다양한 노동형태와 직업교육 사이의 변동에서 비관료적인 부조를 제공받을 수 있다는 사실을 확실하게 해준다. 기초보장은 사회부조와 실업부조를 보완해준다 - 기초보장을 받는 것은 하나의 권리이지 결코 시혜가 아니다. 실업자에 대한 생계비 지원을 더욱 축소하기 위하여 실업부조를 사회부조로 사실상 전환하는 것에 대하여 우리는 반대한다.[7]

기초보장은 대체로 일괄적으로 지급될 것이다. 이는 더 많은 법적 안정성과 투명성에 기여할 것이다. 시민은 빠르고 간단하게 자신의 권리에 관한 정보를 전달받을 수 있고, 자신의 책임으로 지출을 결정할 수 있고 결정해야 한다. 공무원은 관료적인 과제에서 벗어날 것이다. 그래서 공무원은 시민에 대한 자문에 집중할 수 있고, 네트워크와 서비스기업으로 이루어진 지역적 연합에서 대등한 동반자로 참여하

---

7) 하르츠개혁을 의미한다 - 편자 주 7)

게 된다. 예를 들어 주거비와 같은 일반적 생활비의 지역적 차이도 여기서 고려된다. 기초보장은 세금을 재정기반으로 하여 지자체의 재정적 부담을 덜어준다. 우리는 재산과 기업활동으로부터의 소득에 대한 과세 강화를 통해 연대공동체를 위한 분담금을 마련하는 것이 필요하다고 본다.

모든 권리자는 차별 없이 사회보호를 받는다. 노동시장 접근은 개선된다. 모든 구직자는 적극적 노동시장 정책에 참여할 자격이 있다. 그들을 위해 개별적 편입계획이 제공된다. 자기주도가 권장되고 요망된다. 이때 구직, 창업, 직업교육 및 재교육, 가족노동, 돌봄과 자원봉사 참여가 고려된다. 여기서 적합한 활동을 주선할 때 지원 제공이 보장되어야 한다. 기본수요 보장이 침해되어서는 안 된다. 장애나 나이에 근거하여 지원 받는 사람은 기초보장 금액이 증액된다. 아동의 기초보장은 저소득 부모나 한 부모가 빈곤선 아래로 떨어지지 않도록 확실히 보장한다. 이들의 개인적 재량권은 – 노동시장에서도 – 이와 함께 늘어난다. ⇐

III. 시민권: 동반자로서 사회보장국가 – 시민의 참여

시민들은 국가에 의해 후견 받는 것을 원하지도 않고 그래서도 안 된다. 많은 사람들은 그들에게 이에 필요한 자금을 입수한다면 스스로 도울 수 있다. 부조가 필요한 사람은 연대적인 도움을 받아야 한다. 이들은 수혜신청자가 아니라, 자신의 권리와 책임을 가진 평등한 동반자들이다. 좋은 출발기회를 받고 어려운 상황에서 외부로부터의 도움을 경험한 사람들만이, 다양한 삶의 세계에서 자신의 길을 개척할 수 있다.

자력구제를 할 수 없는 사람들은 연대적으로 도와주어야 한다. 사회보장국가는 시민 집단을 협력동반자로서 파악하고 후원하여야 한다. 여기에는 이웃관계 강화와 소규모 사회적 네트워크와 자조기구, 협회 및 사회단체의 활동 지원도 포함된다. 이는 "위로부터의" 지원보다 지역적 개인적 상황과 더 잘 연계될 수 있다. 이런 구조에서는 종종 창의적인 사회적 지원과 작업방식이 발전한다. 이때 무급 자원봉사가 전문적인 부조를 대체할 수는 없다.

다양한 시민의 활발한 참여는 연대 사회를 위한 필수적인 전제이다. 스스로에 대한 책임과 사회에 대한 책임은 살아 있는 사회문화를 위한 중요한 구성부분이다. 사회생활에 참여하는 사람만이 사회생활에 영향을 미칠 수 있다. 시민의 참여는 국가에 의해 뒷받침되어야 한다. 자원봉사도 권리가 필요하다.

시민참여와 자기실현은 전혀 대립적이지 않다. 여전히 많은 사람은 자원봉사 활동에 참여하려고 하지만, 원하는 형식과 동기는 변했다: 사람은 참여하고 적극적으로 협력하려고 하며, 의미를 얻고, 무엇보다 여기서 즐거움과 기쁨을 누리려고 한다. 현대인과 변화된 동기에 맞추어 사람들이 자신을 개발하는 동시에 다른 사람을 위해 무엇인가를 할 수 있는 적절한 제안과 기회를 마련해주는 것이 지자체 정책의 과제다. 연대성의 전통적인 원천이 매우 약해진 시대에, 이런 사회적 시민적 참여의 새로운 형식은 특별한 의미를 갖는다. 이는 연대성을 배우고 익힐 수 있는 사회의 뿌리가 되는 장소다.

IV. 공정한 접근: 노동시장으로의 다리

경제활동은 단순히 빵을 얻는 것 이상이다. 생계노동은 통합의 수단이고, 많은 사람에게 자기확인과 개인적 발전의 수단이다. 장기간의 실업은 빈곤을 낳고 실업자와 그 가족을 고립시킨다. 장기간의 대량 실업은 어떤 상황에서도 받아들일 수 없다. 실업의 축소는 그래서 우리의 정책적 의제에서 맨 위에 위치한다.

노동은 고전적인 생계노동 이상이다. 미래의 생태적-사회적 시장경제는 노동의 모든 형태를 인정하고 가치를 매겨야 하고, 남녀 사이의 공정한 분배를 위한 조건을 창출해야 한다. 가사노동, 양육노동, 공동체노동, 이웃에 대한 도움 등은 사회적으로 구성된 시민사회의 토대이다. 이것 없이는 연대성과 사회적 네트워크도 기회를 가질 수 없을 것이다. 따라서 우리는 생계노동에 대한 접근공정성을 창출할 뿐만 아니라 다양한 생활형태와 생계노동 및 비생계노동 사이의 결합을 가능하게 하고 사회적으로 보장하는 기본조건을 창출하고 그 수단을 발전시키려고 한다. 모든 구직자들에게 접근공정성과 공정한 기회는 동맹/녹색당의 노동시장정책의 중심 과제이다. 우리는 배제 대신에 통합을 원한다.

성 주류화(Gender Mainstreaming)는 노동에 대한 양성민주주의 요구를 공식화한다. 이것은 우선 무급 생식노동, 여성의 자격 및 노동의 저평가, 생계노동에서의 차별에 해당한다.

모든 취업 기회가 오래 전부터 다 소진된 것은 아니다. 환경정책은 일자리를 창출한다. 이를 우리는 오래 전부터 입증해왔다. 동맹/녹색당의 건강보험제도 개혁, 농업에서의 전환, 에너지정책 전환과 생태적 교통정책은 추가적인 일자리를 창출할 수 있는 노동집약적 미래사업이다. 서비스 분야와 새로운 정보기술은 상당한 미래잠재력을 가진다. 그래서 중요한 것은, 일자리 창출을 목표로 하는 생태적-사회적 경제정책에 의해 자영업자의 수많은 혁신적 창업을 장려하기도 하는 이런 기회를 개발하는 것이다.

이에 더하여 공공재정에 의해 사회적 생태적으로 의미 있고 생존을 보장해주는 일자리가 창출되어야 한다. 우리는 지역경제에서 나타나고 있는 일자리에 대한 기존의 단초를 더욱 발전시킬 것이다.

그리고 중요한 것은 생계노동에 대한 접근성을 공정하게 만들고, 지능적 노동시간모델을 개발하며, 모두가 평생교육이 가능하도록 만들고, 여성에 대한 차별과 불이익을 제도적으로 없애고, 노인과 이민자를 배제가 아니라 통합하는 것이다.

노동사회는 더욱 변화될 것이다. 새로운 미디어와 새로운 직업분야의 발전으로 노동의 구조 또한 더욱 변화될 것이다. 그래서 미래의 노동사회가 공동생활이 노동시장 유연화에 종속되는 완전히 소외된 사회로 이르지 않게 하기 위한 기본조건을 창출하는 것이 필요하다. 때문에 동맹/녹색당의 노동정책은 혁신과 유연성 그리고 사회보장을 결합한다. 우리는 노동빈민(Working Poor)이 전혀 사회적 해결책일 수 없기 때문에, 제한 없는 유연화의 길을 가지 않을 것이다. 마찬가지로 우리는 노동시장 밖에 서 있는 사람들에 대한 장벽을 제거할 것이다. 우리에게 중요한 것은, 유연화와 사회보장을 결합하고 그래서 다양하고 효과적인 해결책에 이르는 노동시장정책에서의 새로운 길을 여는 것이다. 그럴 때만이 우리는 구조적인 실업을 줄이고 실업자에게 변화를 위한 용기와 능력을 높여줄 수 있다.

우리는 취업의 다리를 건설할 것이다. 우리는 무급노동과 생계노동 사이의 원활한 전환을 지원하는 자금을 필요로 한다. 실업보다는 노동에 자금을 투입하는 것이 더 낫다. 우리는 실업과 취업 사이에, 시간제고용과 전일제고용 사이에, 자영업과 취업 사이에, 교육과 취업 사이에, 양육과 경제활동, 무급 자원봉사와 돌봄 노동 사이에, 경제활동과 연금생활 사이에 취업의 다리를 필요로 한다. 또한 무급 노동에서도 사회복지 수급 자격 취득은 그래서 중요한 기본조건이다.

청년실업을 줄이는 것은 중요한 과제로 남아 있다. 우리는 기업이 다시 자신의 책임을 강화하여 청년들을 직업 교육시켜야 한다고 확신한다. 학교졸업장이나 직업교육자리가 없는 청년들은 특별한 지원을 필요로 한다. 목표에 맞는 지원이 더욱 개발되어야 하고, 개별 지원과 함께 확대된 직업교육지원과 자격화 지원 역시 청년부조에 포함되어야 한다.

경제활동 경험을 가진 노령자는 활용될 것이다. 연금생활과 경제활동의 명확한 구분 대신 장기적으로 능력을 가진 노령자 노동 문화가 나타나야 한다. 이를 위하여 기업 내의 노령 근로자 평생교육에 대한 특별한 노력이 장려되어야 한다.

평생교육 개념은 대량실업과의 싸움의 관건이다. 능력 향상과 재교육은 실업자의 개인적 능력과 필요에 기초하여야 하며, 모든 시민이 접근할 수 있도록 해야 한다.

노동시간정책은 고용안정을 보장하고 기존의 노동을 더 많은 사람들에게 분배하기 위한 결정적 수단이다. 따라서 우리는 개인에게 선택 기회를 주는 유연하고 사회적으로 적절한 노동시간정책으로의 길로 나아가는 정책을 원한다. 미래에는 시간제노동을 발전시켜 여성의 영역이 또한 남성에게도 기회가 개방되도록 하는 것이 중요하다. 현대적 고용정책은 노동시간구좌(계산)를 넘는 초과시간이나 휴가보상을 안식일, 능력향상, 양육노동, 휴식으로 활용할 수 있도록 만들어야 한다. 유연한 노동시간모델이 노령기 빈곤의 원인이 되어서는 안 된다. 노동시간단축에는 사회보장 개선이 수반되어야 한다. 우리는 고용을 장려하는 노동시간단축을 위한 새로운 길을 찾도록 기업과 단체협약 당사자를 격려할 것이다.

우리는 임금 외 비용을 낮추기를 원한다. 또한 이를 위해 사회보장제도의 개혁이 시급히 필요하다. 높은 임금 외 비용은 시간제노동과 저소득 경우에도 구조적 고용장애로서 작용하고, 불법노동을 조장한다. 임금 외 비용의 축소는 노동의 공급과 수요에 적극적으로 영향을 미쳐서 고용촉진에 효과적으로 기여할 것이다. 또한 직업전환, 직업재교육, 노령근로자 지원, 공공자금을 지원 받는 고용, 신규 자영업의 추가지원 등이 지역적으로 의미 있게 서로 결합될 수 있을 것이다.

V. 아동에게 공정한 – 모두의 더 좋은 삶의 질!

21세기 첫 번째 세대를 위한 아동친화적인 사회

우리는 아동친화적인 사회로의 출발을 통해서 우리나라의 모든 사람의 생활의 질을 개선하려고 한다. "우리는 단지 우리 자식으로부터 대지를 빌렸을 뿐이다!"라는 구호는 여전히 우리의 원칙이다. 동맹/녹색당의 정책은 사회와 그 자식들의 관계를 근본적으로 재평가하기 위해 투쟁한다. 아동은 편안하게 살기 위해 부모뿐만 아니라 공동체 전체를 필요로 한다.

생태적 사회적 정의의 정당으로서 우리는 지속가능성의 사회적 이행을 추진하고자 한다. 생태적 자원의 보호는 일반 정치적 목표가 되었다. 지속가능성은 또한 다른 사회분야에도 적용되어야 한다. 지속가능성, 참여정의, 여성과 남성 사이의 정의의 원칙은 우리가 만들려고 하는 사회의 기본토대에 속한다. 이는 아동친화적인 나라를 위한 전제이다.

우리는 사회에서 아동친화적인 문화가 발전되는 데 기여하려고 한다. 우리는 아동과 함께 좋은 생활을 보장하려고 하며, 모두가 향유하는 더 좋은 생활의 질을 보장하려고 한다. 우리는 아동이든 성인이든 서로 다른 모든 사람을 받아들이는 다양성의 문화를 원한다. 지속가능한 사회에서는 아동의 생활조건에 투자한다. 아동 없이는 우리나라에 미래가 전혀 없기 때문이다.

아동이 중요하다

우리는 국적이나 문화적 종교적 출신 혹은 가족구조에 상관없이 미래 세대를 위한 기초를 구축할 현대적 사회정책을 원한다. 전형적인 부부로 살든, 결혼하지 않은 동반자관계로 살든, 한 부모 혹은 혼합가족(Patchwork-Familien) 가족으로 살든, 재혼한 부부 혹은 동성커플로 살든 상관없이, 중요한 것은 아동이다.

우리는 아동을 위한 결정이 경제적 고려에 구애됨이 없는 진정 자유로운 선택이기를 원한다. 아동과 함께 좋은 생활을 위해서는 무엇보다 어머니가 이제까지 필요한 전제였다. 유연한 노동시간규정, 더 많은 시간제일자리, 확대된 상점 및 유치원 개방시간 혹은 유치원과 학교에서의 건강한 점심식사는 아동과 함께 하는 생활을 단순하게 만들었다.

또한 아동에게 알맞은 보호, 취학 전 교육과 가치교육에 대한 요구를 충족시키는 장기적인 품질주도 교육(Qualitätsoffensive)이 필요하다. 아동과의 생활은 또한 부모 한편의 직업생활로부터의 퇴출을 자동적으로 요구하지 않는다. 우리는 1살에서 12살의 모든 아동에게 양질의 무상 전일제보호를 제공하고자 한다. 우리는 장애가 있든 없든 모든 아동을 위한 통합교육을 지지한다.

아동친화적인 사회의 구축에는 모든 사회적 집단을 포함한 사회 전체의 노력이 필요하다. 예를 들어 부모의 시간제노동과 유연한 노동시간의 제공으로 아동보호를 도와주는, 이런 과제를 받아들여서 협력하는 기업도 여기에 속한다. 그렇지만 아동보호뿐만 아니라 누가 보더라도 아동친화적인 기업구조가 더 필요한데, 이는 과거에서보다 더 강력하게 단체협상의 주제가 되어야 한다.

미래를 위한 교육개혁

아동에게 공정한 사회는 근본적인 교육개혁 없이는 생각할 수 없다. 학교와 유치원은 아동의 요구에 더 잘 맞추기 위해 더 많은 자유를 필요로 한다. 우리는 전국적인 종일제학교 제공을 원한다. 현행 교과과정을 넘어서 청소년의 학습과 개발 기회 지원은 사회정치적으로 필요하다. 이민자 자녀의 특별지원은 참여의 권리 보장에 큰 의미를 가진다. 우리는 학교의 더 많은 자율을 원한다. 아동을 위한 높은 질, 다양성과 자율, 또한 최고의 학교 경쟁은 부모의 선택자유를 필요로 하며, 이는 가능하고 장려되어야 한다. 문제 지역의 학교도 학생들에게 부응할 수 있는 다양하고 개별적인 기회를 필요로 한다. 그리고 나서 우리는 두 번째 단계의 양육보장 정책을 도입할 것이다. 기반시설이 충분할 때까지는 여전히 부모의 기여가 있어야 한다.

매일같이 아동친화적인

모두의 더 높은 삶의 질은, 일상이 아동과 그 부모의 필요를 더 강력하게 지향한다면, 이루어질 것이다. 우리는 이를 위해, 차이를 받아들이고 이를 고려하는 문화를 필요로 한다. 아동 눈높이 정책은 우리의 규범이다. 자동차 교통의 축소, 생태적 건축, 충분한 개방공간에 의해 아동친화적인 주거환경은 모두의 건강과 삶의 질을 개선해줄 것이다. 21세기의 첫 번째 세대를 위해 이동과 삶의 질에 관한 완전히 새로운 개념이 있어야 한다. 이런 이동은 사고를 감소시키고, 공공의 공간을 사람들에게 돌려주고 아동의 놀이공간을 제공할 수 있을 것이다.

아동은 오염에 더 예민하게 반응한다. 따라서 한계치는 일관되게 영유아에게서 기대될 수 있는 것에 맞추어야 한다. 즉 성인이 아니라 아동 눈높이에 맞춰 계산되어야 한다. 오래 전부터 알려진 환경오염과 잘못된 영양습관에서 기인하는 질병과 연관성에 비추어 볼 때, 무엇보다 우리에게 중요한 것은 끝까지 일관성 있게 나아가야 한다는 것이다.

아동에게 좋은 식량을 생산하고 가공하는 것은 우리의 몫이다. 다음 시기는 농업의 급진적 변혁에 의해서 특징지어질 것이다. 우리는 아동이 건강한 식품을 이용하고 식량 생산 관계를 이해하기를 원한다. 이를 위해 우리는 건강한 식량, 자연보호, 재생 에너지용 원료 활용을 위해서 농업의 전환을 일관되게 추진할 것이다.

사회적 생태적으로 지속가능한 세대 간 정의

기후와 환경의 보호는 오늘과 미래 세대 사이의 정의의 문제이다. 우리에게 이에 대한 특별한 책임이 있다: 오늘 우리의 행위가 미래 세대의 생활조건을 결정한다. 따라서 우리는 현대적이고 환경친화적인 기술을 유산으로 남기기를 원한다. 신재생 에너지, 재활용, 에너지절약, 또한 정체 대신 이동을 가능하게 해주는 운송체계가 우리 아동에게 장기간 삶의 질을 보장해주는 기술이다. 이것은 독일을 넘어서 세계적인 노력이 필요한 과제이다.

지난 50년대에 사람들은 원자력발전소가 위험하지 않을 것이고 사람은 어차피 계속 자녀를 가질 것 이라고 생각했다. 오늘날 우리는, 기본조건이 출산에 결정적으로 영향을 미쳤다는 사실을 알고 있다. 기본조건은 정책을 통해 아동친화적으로 설계될 수 있다 – 그러면 또 다시 더 많은 사람이 자녀를 가지기로 결정하게 될 것이다.

우리의 사회보장제도의 기능은 세대 간 계약이 미래에도 역시 충족될 것이라는 전제 위에 기초하고 있다. 아동의 "가치"는 당연히 사회화되었지만, 사회가 부담하는 생활과 양육비는 부분적이고 불충분하다. 우리는 사회보장제도를 모든 세대를 위해 지속가능하게 만드는 것을 우리의 과제라고 본다.

아동에게 공정하게

많은 가족형태에 개방된 사회에서 사회의 모든 아동은 평등한 기회를 가져야 한다. 한 부모 가정이든 혹은 부부가족이든 재정 지원에서 혜택을 받거나 불이익을 당해서는 안 된다. 그래서 젊은 어머니와 아버지의 사회보장은 아동 양육 자체에 못지않은 사회적 과제에 속한다. 아동에 대한 재정적 지원은 투명하고 비관료적으로 이루어져야 한다. 우리의 아동수당 모델은 이제까지 여러 가지로 나뉘어져 있던 모든 재정적, 가족정책적, 사회보장이전(Sozialtransfers) 비용을 지자체 안에서 투명하고 효율적으로 하나로 통합해야 한다는 것이다. 이에는 실업보험, 출산수당과 양육수당, 소득이 불안정한 가족 아동의 기초보장, 아동수당, 아동주택수당(Baukindergeld), 세법상 양육비 환급액이 포함된다.

실업이 초래한 21세기 초의 큰 위험은 재교육, 출산과 양육의 부족이다. 인구변화에 비추어볼 때 이는 미래의 노동시장에 주된 문제로 나타날 것이다. 우리는 따라서 출산수당과 양육수당 이상의 임금 대체 보상 지급이든, 노령기뿐만 아니라 또한 양육기간 중 시간제 일자리 지원이나 아동 기초보장 확대에 의한 것이든 간에 젊은 부모에게 공정한 지원을 제공해야 한다. 가족에 대한 우리 사회보장 급부는 상향되어야 하고, 아동 대상 급부 조정으로 젊은 세대를 위해 우리 사회보장제도의 긍정적 수용도 제고 기반을 만들어야 한다.

⇒ 핵심사업: 아동 눈높이 정책

아동친화에 의한 더 높은 삶의 질은 우리에게는 우리나라의 현대화를 위한 주도이념이다. 생태적 현대화는 환경오염을 줄이고, 지속가능한 자원이용을 발전시키고, 아동친화적 이동성을 배려하는 것이다. 이것은 21세기 첫 번째 세대를 위한 정책이다. 이것이 우리의 지속가능성 전략의 평가기준이다.

우리는 모두를 위해 아동과의 생활을 위한 실제적 선택자유를 만들어낼 것이다. 부모가 자식의 보호를 어떻게 해야 할지 결정할 수 있어야 한다. 따라서 우리 노력의 중점은 출생 시부터 보육을 보장하여 모든 수요를 충족시키는 것이다. 지속가능하고 아동 및 부모친화적인 사회를 위한 행동계획은 양육과 종일학교의 질적 및 양적 확대 보장이다. 다양하고 질적으로 높은 지원책을 만들어 내는 지방자치단체, 부모 모임, 교회와 기업 등이 여기에 필요한 자금을 제공받을 것이다. 어떤 형태의 그리고 어떤 규모의 아동보호가 좋을지를 결정하는 것은 부모 자신이다.

아동기초보장의 도입으로 우리는, 아동이 가족 특히 여성에게 빈곤 위험으로 되는 것을 예방한다. 이는 예방적 사회정책이다. 그래서 아동기초보장은 가족을 위해서도 지원 개선이다. 이것은 다름 아닌 부모에게 자극을 주고 게다가 취업하게끔 하는 사회부조이기 때문이다.

우리의 사회보장제도 자금의 흐름을 아동에게 유리하게 재분배하는 것은 장기적으로 이의 유지를 보장하기 때문에 당연히 필요하다. 아동에게 혜택이 가는 모든 급부를 우리는 아동금고로 통합하려고 한다. 이것은 투명성을 만들어내고 공정한 분배를 위한 전제다.

아동과 청소년의 능력과 능력 향상을 적극 지원하여야 한다. 지원과 조언은 아동과 청소년으로 하여금 사회에 평등하게 참여할 수 있도록 후원하고 더욱 발전시키는 데 기여해야 한다.

우리의 확대된 정의개념은 아동의 참여를 우리가 동등하게 지원한다는 것이다. 이민자의 아동 통합 시의 문제점과 여전히 남아 있는 장애아동의 생활 장벽을 우리는 없앨 것이다. 아동이 적극적으로 결정에 참여하는 것은 건축설계 방향, 오염배출 제한, 아동의 수요에 맞춘 예산 확보 등 아동친화적 사회 창출의 전제다.

아동친화적이고 지속가능한 사회로의 출발은 정부 부처 간의 협력이 있어야 실현될 수 있다. 아동돌봄과 직업의 양립이 이의 첫 번째 전제이지만, 예를 들어 어머니와 아버지를 위한 직장에서의 가족친화정책 등 시민과 기업의 참여가 요구된다. 우리는 또 아동금고 모델로 관료주의를 축소하고 부조가 필요한 사람들에게 투명성을 더 제공함으로써 아동과의 생활이 실제나 금전 면에서 더 쉽게 만들려고 한다. 우리는 특히 젊은 가족으로 하여금 확실히 더 많이 보장받을 수 있도록 하고, 양육 기간 중 부모의 기능저하를 예방하도록 할 것이다. 지속가능성과 세대 간 정의는 아동친화적인 정책과 사회의 원칙이 되어야 한다. ⇐

VI. 청소년 정의: 내일을 위한 정책

젊은 사람은 오늘 그리고 내일 개인화, 세계화, 인구변화에 의한 특별한 도전 앞에서 있다. 젊은이는 더 이상 명확하게 미리 결정된 인생행로 앞에 서 있지 않다. 다양한 생활형태와 전망이 열려 있는 동시에 선택한 길의 불확실성은 커지고 있다. 젊은 사람은 이러한 도전을 받아들일 수 있어야 한다. 따라서 기초보장과 네트워크 창출을 보장해 주어야 한다. 그래서 우리는 젊은 사람을 위한 생활공간을 개선해야 한다. 우리는 다양한 생활형태와 생활양식에 대한 관용을 필요로 한다. 우리의 목표는 실적압박과 충성강요를 스스로 의식하여 대처할 수 있는 성인으로 만드는 것이다. 젊은 사람은 경험, 지원과 조언을 찾을 수 있는 장소와 자유로운 환경을 필요로 한다. 동맹90/녹색당은 선거연령 인하를 위해 노력한다.

사회의 연령구조 변화는 젊은 사람의 생활에 큰 영향을 미치게 된다. 젊은 사람과 미래 세대의 이익이 사회보장제도에 적절하게 고려되어야 한다. 세대 간에 공정한 사회는 다음 세대가 설계할 수 있는 여지가 있도록 생태 및 재정 자원을 넘겨주어야 한다. 사회의 연령구성 변화에 따라 세대 간 정의의 문제가 특히 노령보장을 위해 새로이 정의되어야 한다.

우리 사회는 양성관계의 변화를 요구한다. 젊은 여성은 다양한 전망을 원한다. 이점이 젊은 여성에 대한 특별한 사회적 압박으로 귀결되지 않도록, 우리 사회는 이에 상응하여 더욱 변해야 한다. 젊은 여성에 대한 것을 포함하여 폭넓은 직업전망의 개방은 계속되어야 한다. 가족과 직업의 양립이 어렵다는 것이 이들 특히 젊은 남녀의 경력에 심각한 장애물이다. 독일에는 경제활동을 하는 젊은 어머니와 아버지에 대한 문화적 수용과 사회적 지원이 결여되어 있다. 두 분야가 양성에게 개방될수록, 그 만큼 더 젊은 사람들은 변화된 세계에서 좋은 기회를 갖게 될 것이다.

Ⅶ. 양성평등: 평등한 생활

양성관계의 변화는 우리 사회를 변모시키는 데 영향을 미쳤다. 여성은, 비록 지도적 지위에 진출한 경우가 너무 적지만, 그 동안 경제활동 참여를 당연시 하도록 만들기 위해 투쟁해왔다. 여성은 평균적으로 남성보다 훨씬 적게 벌고, 승진 기회가 적었다. 가족과 직업의 양립이 어렵다는 것이 경력에 심각한 장애물이다. 중요한 사회적 과제로서 육아 노동은 더 많이 인정되어야 한다. 양육기간은 특히 여성에게 직업-죽이기였다. 우리는 육아로 인한 불이익을 보상하려고 한다. 동시에 서로 다른 생활형태의 다양성이 증가하고 있다. 전통적인 핵가족은 드물게 되었고, 이혼율도 증가하였다. 새로운 생활공동체가 형성되었다. 또한 1인가구의 수가 증가하였다. 우리는 연대적이고 동반자적인 공동생활의 다양한 형태를 지지하고, 그것의 사회적 통합성과의 가치를 인정한다.

우리는 노동시장 접근을 여성과 남성에게 평등하게 개방하기를 원한다. 이것은 또한 구 동독 주에서 노동시장으로부터 여성을 퇴출시킴으로써 실업통계를 완화하려는 경향에 반대하는 것이다. 경제에서 양성 사이의 정의는 모든 형태의 차별의 금지를 요구하고, 국가가 그 자체는 물론 경제계에서 추구하는 여성지원정책을 요구한다. 여성과 남성에게 가족과 직업의 양립은 경제적 역동성과 마찬가지로 정의의 문제이다. 동등한 가치를 가진 사회적 과제로서 육아노동은 재정적으로 그리고 사회적으로 더욱 많이 인정받아야 한다. 우리는 여성과 남성의 육아기간을 둘 모두에게 매력적인 것으로 만들려고 한다. 우리의 정책은 따라서 가족친화적 노동시간, 직장 근처의 아동보육시설, 육아기간 후 부모의 재취업 지원시설 및 여성의 취업 현실에 맞춘 조세정책을 권장한다. 여성을 지원하고 양성정의를 실행하는 기업만이 미래에 경제적으로 성공할 것이다.

평등한 생활은 또한 현대적 가족정책의 중요한 전제이다. 여성의 경제활동 참여가 문화적으로 용인되고 당연시되는 모든 곳에서, 아동이 원하고 부모가 원하는 것이 크게 실현될 것이다. 경제활동을 하는 어머니가 이에 관한 합리화 압력을 받을수록, 그 만큼 더 빨리 아이를 포기할 것이다. 독일에는 경제활동을 하는 젊은 어머니와 아버지에 대한 문화적 수용과 사회적 지원이 결여되어 있다. 두 분야가 양성에게 개방될수록, 그 만큼 더 아동과 가족은 변화된 세계에서 좋은 기회를 가질 것이다

Ⅷ. 공정한 보장: 사회보장제도의 개조

사회보장제도를 미래지향적으로 만드는 것은 사회 전체의 과제다. 그래서 모든 종류의 소득이 사회보장제도의 재원(財源)에 포함되어야 한다. 자산가와 기업이 사회보장제도의 재정과 비영리 공공 분야 설립에 참여하는 것은 연대공동체를 위해 필요한 기여다. 실적에 따른 모든 시민의 참여는 모두에게 이익이 되는 사회정의의 요구이다. 바로 그렇기 때문에 사회보장제도의 개혁을 통해 미래의 연대공동체를 위한 수용 확대가 중요하다.

사회보장제도는 넓은 재정기반과 힘 있는 사람, 건강한 사람, 젊은이, 경제활동에 참여한 사람 모두 인정하는 부담 가능한 연대공동체를 필요로 한다. 그럴 때만이 필요하고 신뢰할 만한 사회보장이 생활의 모든 상황에 급부를 제공할 수 있고, 모두에게 시혜가 아니라 당연한 것이 될 수 있다. 모두가 기여하고 – 모두 자신의 능력에 따라 – 모두가 이에 대한 권리를 가지는 사회보장.

우리는 분담금(보험료)이 재원(財源)인 질병, 노령, 돌봄을 위한 현대적인 시민보험을 추구한다. 우리의 목표는 분담금 기반을 확대하고, 사회기금Sozialkassen에 대한 세금 보조금을 장기적으로 최소화하며, 보편적 사회기초보장만은 세금을 재원으로 하는 것이다. 모두 자신의 능력에 따라 연대체제를 위해 기여해야 한다. 모든 형태의 소득은 사회보장보험 가입 대상이다. 공무원, 자영업자, 고소득자를 위한 특별규정은 폐지되어야 한다. 자율적이고 분담금을 재원으로 하는 사회보장은 면세기준을 상향조정하고 소득의 누락을 없앰으로써 역동적이고 재정적으로 생존가능한 효율성 높은 사회보장체계를 확립할 것이다.

자본지향적인 모델에 의한 사적 급부 형태와 협동조합과 자력구제 결합 방식의 사회적 급부는 그에 상응하여 보호받을 것이다. 이들은 국가적 부조체계를 의미 있게 보완할 것이다. 우리는 분담금을 재정으로 하는 실업보험을 지지한다.

IX. 남녀 환자에게 공정한: 미래를 위한 보건정책

동맹/녹색당의 보건정책의 목표는 독일에 살고 있는 모든 사람이 자신의 건강 유지와 회복에 필요한 서비스에 자유롭게 접근할 수 있는 보건제도다. 우리는 법적인 건강보험을 모든 시민의 현대적 보험으로 발전시키기를 원한다.

여기서 재정은 성과기반 원칙(Prinzip der Leistungsfähigkeit)을 통해, 또한 수요기반 원칙(Prinzip der Bedarfsgerechtigkeit) 원칙을 통해 모든 사회적 상황에서 높은 수준의 서비스를 제공할 것이다.

보장에서는 오늘날 균형감이 없다. 기존의 미보장, 저보장, 초과보장은 부족한 참여와 질을 표현하고 있다. 인구변화와 과학 및 정보기술의 발전은 또 다른 도전을 제기하고 있다.

우리는 기존의 보장구조를 더 발전시키고 보장의 틈을 메울 것이다. 이 경우 새로운 혹은 더 많은 보호를 요하는 장애인 환자나 만성 질환자의 특별한 사정이 고려되어야 한다.

의학의 진보는 우리에게 기술적으로 가능한 것인가, 혹은 도덕적으로 신뢰할 만한 것인가, 사회적으로 옳은 것인가 하는 문제를 제기한다. 질병과 죽음은 인간 생명에 관한 것이다. 모든 발전은 인간존엄, 남녀 시민들의 권리, 인간생활의 다양성을 지향해야 한다. 모든 가장 허약한 구성원이 윤리적 선의 판단 기준이다.

건강은 질병이 없다는 것 이상이다. 지속가능한 보건정책을 위해서 건강을 장려하는 전체 정책이 필요하다. 환경오염, 작업장에서의 건강위험, 분망한 행동과 영양실조에 의한 건강위협, 심리적 스트레스, 사회적 불이익과 차별 등은 개인적으로는 어쩔 수 없는 발병 원인이다. 따라서 건강을 장려하는 정책은 특정 진료과목을 넘어서는 보다 더 강력한 과제로 자리 잡아야 한다. 체계는 단순하게 치유만을 지향한다. 서비스 구조에서 건강증진과 예방, 회복의 높은 의미는 마찬가지로 변화되어야 한다.

환자와 보호자의 이해가 우선시되어야 한다. 의료체계는 다양한 보험과 서비스 제공자가 지배하고 있다. 보건제도의 계획과 설계, 통제에 환자와 보호자의 더 많은 참여가 필요하다. 그들은 눈높이에서 동반자가 된다. 그들이 건강 관련 직업군과 기금과 함께 이루는 동등한 "삼각형"만이 보건제도를 장기적으로 안정화시킨다. 이는 정책 수립에서 다른 참여자와 진실한 동반자관계에 필요한 재정적, 제도적, 개인적 전제조선을 확립하고 개선할 것을 요구한다. 예를 들어 자력구제운동 속에 있는 것처럼, 자조조직에 대한 기존의 접근방식은 강화되어야 한다. 환자의 권리는 더 발전되고 보호법으로 종합되어야 한다. 환자는 독립적으로 제도화된 자문을 통해 관련법을 쉽게 이용할 수 있어야 한다.

지역 민주주의의 강화라는 의미에서, 과제가 지역 수준으로 더욱 더 위임되어야 한다. 이러한 과제의 중심에 시민을 지향하는 공공 보건서비스와 독립적인 건강센터가(세계보건기구WHO에 따라) 있다.

보건제도에서 위계, 분파, 종속은 없어져야 하고, 동반자관계의 친숙함과 이해가 서로를 위해 개선되어야 한다. 비의료적 건강 관련 직업은 내용과 재정에서 엄격한 자율성을 통해 가치를 높여야 한다.

우리는 인간적 수요에 상응하고, 필요에 기반하며, 지원능력이 있고, 효과적인 보장을 통합하고 협력적인, 전문과목을 포괄하는 서비스 제공을 통해 보건제도가 이루어지기를 원한다. 서비스 제공자에 대한 보상은 성과 및 결과에 따라서, 그리고 환자와 보호자를 위해 이루어져야 한다. 집 근처의 외래 및 입원 진료는 확실하게 뒷받침되어야 한다. 정신질환자나 신체질환자 모두 공평하게 처리되어야 한다. 정신질환자에게는 정신의학-설문조사의 의미에서 포괄적인 지역의 정신의학적 서비스가 당연시되어야 한다. 우리는 상응하는 의학의 본질적인 강화를 원한다. 건강보장의 핵심은 "사람으로부터 사람에게로von Mensch zu Mensch"라는 인간적 교감에 있어야 한다. 특히 간호분야에서의 개선도 필요하다. 우리는 특수요양시설의 서비스 또한 연대적으로 재정이 지원되도록 노력할 것이다.

여기서 핵심은, 당사자의 자기결정과 자기책임을 강화하기 위해, 아동에 대한 건강교육과 건강조언 및 공공 건강정보서비스의 건설에 있다. 건강증진에서 중요한 것은 질병을 유발하는 요인을 줄이고 건강을 증진하는 요인을 강화하는 것이다 - 그리고 이와 함께 장기적으로는 비용인하. 이러한 의미에서 예방은 지속가능한 보건정책의 핵심으로서 전체 사회적으로 포괄적인 과제이다.

보건정책을 공동의 건강목표로 강력하게 지향하는 것은 아직 늦지 않았다. 거기에 더해 지원과 도움이 개별 목표집단의(예를 들어 노인과 만성질환자, 어린이와 청소년, 이민자) 필요에 맞추어져야 한다. 사회적 약자, 특히 어린이와 청소년에 대한 부정적인 건강상의 영향은, 무엇보다 사회적-공간적으로 제공되는 건강지원과 가족지원에서는 물론 학교와 아동보육시설에서 예방하고 장려하기 위한 전문분야별 종합적인 지원으로 대응해야 할 것이다.

체육은 건강을 유지하고 질병을 예방하는 데 결정적으로 기여한다. 따라서 종합적인 체육 장려는 큰 의미를 가진다. 건강예방을 위한 지원은 건강투자이다.

중요한 것은 기업의 건강정책인데, 노동보호와 건강상의 위험에 대한 구체적인 역학적인 연구 성과가 고려되어야 한다. 예방적인 노동보호는 강화해야 할 필요가 있고, 건강상의 위험에 대한 요인을 없애줄 것이다.

양성정의는 모든 사람에게 알맞은 건강제도에 필요한 전제이다. 이것은 "성 주류화" 맥락에서 이제까지의 모든 규범과 가치를 점검하고 근본적으로 새롭게 지향한다는 것을 의미한다. 나아가 성별로 특화된 접근이 필요하다.

약물중독과 의존은 건강상의 문제만은 아니다. 중독은 복잡한 원인을 갖고 있고, 예를 들어 자발적인 치료의 제공을 통해 받아들여질 만한 인간적인 교감을 요구한다. 다양한 약물중독형태는 다양하게 차별화된 치료방법을 필요로 한다. 특별한 목표집단은 생존의 도움과 출구의 도움을 필요로 한다. 우리는 처벌 대신에 치료와 도움이라는 원칙을 지지한다. 기존의 지원체계를 우리는 더욱 확대하려고 한다. 이를 넘어서 발생 가능성이 있는 경우, 사전 예방을 위하여 초기예방에 투자되어야 한다. 약물중독의 문제는 모든 것에 관련되어 있다; 왜냐하면 중독은 청년실업이나 아동 및 청소년의 감정적인 무방비상태와 같은 사회적 요인에서 비롯되며 그 영향 범위가 넓기 때문이다. 중독을 초래하는 사회의 잘못된 발전이 먼저 교정되어야 하고, 중독의 치료는 모두가 부담하고 비용을 지급하여야 한다. 마찬가지로 중독성이 없는 약물(weiche Droge)에 대한 의학적인 새로운 평가를 통해 현실에 대한 그 결과를 끌어내는 것도 중요한 목표가 되어야 한다.

우리는 우리의 보건제도의 미래능력을 보장하기를 원한다: 소득과 사회적 지위 그리고 주거지에 관계없이 모든 남녀 시민들을 위해 높은 수준의 의료 및 보건 서비스가 보장되어야 한다. 그래서 우리는 주민의 보건 서비스 보장을 위해 필요한 지원을 연대적 재정으로부터 분리하려는 어떤 시도에도 반대한다. 오히려 우리는 기존의 서비스구조를 더욱 발전시키고 그 틈새를 메우려고 한다. 연대적 재정이 위험한 노동상황이나 사회적 요인으로 인해 병에 걸리거나 일찍 죽을 수도 있는 위험에 처한 사람들과 집단이 자신의 진료비 부담 능력에 관계없이 좋은 의료 서비스를 받는 것을 보장하고 차별을 없애는 데 도움이 될 것이다: 건강과 관련된 서비스에 대한 접근은 모두에게 열려 있어야 한다. 포괄적인 시민보험이 연대적 형평성을 통해 이를 보장할 것이다. 이러한 보험의 연대성원칙은 환자에 대한 건강한 사람의, 가족에 대한 독신 피보험자의, 노인 피보험자에 대한 젊은이의, 적은 소득을 가진 사람에 대한 높은 소득을 가진 사람의 자발적 재분배에 기초한다.

우리는 구조를 점검하고 관리를 유연화하고 비용을 절감함으로써 질과 경제성 제고로 유도하는 건강보험 간 그리고 서비스 공급자 간의 경쟁을 환영한다. 경쟁은 환자의 선별이 아니라 질과 경제성에 기초해야 한다. 우리는 질과 경제를 결합한 발전하는 국민건강제도를 위해 노력한다. 결합된 질적 관리(내적인 그리고 외적인)는 모든 보장과 비용을 부담하고 지원하는 사람들에게 투명성과 지속적 발전, 경제적인 행동을 장려한다. 낡은 자치구조를 필요한 개혁으로 대응한다면, 더 많은 개선이 이루어질 것이다.

국민보건제도에서의 선택은 우리에게는, 아플 경우에 피보험자가 질이 보장되는 여러 시설과 진료방법을 결정할 수 있다는 것을 의미한다. 환자에게는 시설 중에서 자유롭게 선택하고, 객관적이고 포괄적인 정보에 기초하여 치료방법을 결정할 수 있는 기회가 주어져야 한다. 이를 위해 진료 서비스 및 이 서비스를 제공하는 사람의 질에 관한 자유롭게 접근할 수 있고 신뢰할 만한 정보가 필요하다.

우리는 인공수정에서 장애가 있는 생명의 선택제한을 위한 방법으로서 착상 전 유전진단Präimplantationsdiagnostik(PID)을, 비록 해당되는 개별 부부에게 추가적인 결정선택권이 있더라도, 거부한다.

과제를 이행하기 위하여 법정 건강보험Gesetzliche Krankenversicherung (GKV)은 굳건한 토대 위에 서 있어야 한다. 피보험자 부담의 GKV의 개별 서비스에 대한 단기적인 조세에 의한 재정지원 정책 외에, 공무원과 자영업자(가입 의무화) 그리고 고소득자(의무적 가입 제한 폐지)에 대한 예외규정을 점진적으로 없애고 나아가 모든 시민의 보험으로 발전되어야 할 것이다. 이와 관련하여 남녀 사회부조 수급자는 물론 이민자 역시 포함되도록 해야 한다.

의료에서 유전공학과의 관계. 녹색 정책에서도 건강과 육체적 정신적 완전함에 대한 인간의 소망은 높은 가치를 차지한다. 병을 치료하고 예방할 수 있는 현실적 기회가 있는 경우, 다른 혹은 기본가치를 가지는 생명이해가 그것과 배치되지 않고 확실한 후속평가가 있는 한, 우리는 해당자를 위하여 이러한 기회를 이용할 책임이 있다.

우리는 사람의 치료를 위한 실제적 기회를 이용하고 장려하기를 원한다. 그러나 우리는 유전공학기술로 "완전한 인간"을 창조하려는 목표설정을 거부한다. 우리의 기준은 모든 사람의 개별성이지, 이른바 육체적인 "건강함", "훌륭한 몸상태" 혹은 "아름다움"이라는 자칭 규범에 따르는 것이 아니다.

유전공학기술에 대한 모든 형태의 연구와 활용을 우리는, 인간의 생명이 처음부터 보호할 만한 가치가 있고 도구화되어서는 안 된다는, 기본법의 인간존엄개념에서 평가한다. 우리는 소모되는 배아연구를 거부한다.

건강연구와 생명공학은 유전공학기술을 넘어 훨씬 나아가고, 유전기술 밖에서 이용해야 할 커다란 기회를 제공하고 있다. 다양한 접근방법을 활용하는 것은, 확실히 특정 기술에 대한 일방적 의존을 낳지 않게 만들 것이다. 그래서 연구의 다양성은 그 자체로서 하나의 가치다. 이는 또한 연구 지원에 포함되어야 한다.

유전공학의 위험을 제한하고 그 주창자들을 자기들의 행위에 책임지도록 하기 위해, 우리는 녹색 및 적색 유전공학기술을[8] 추구하는 기업과 연구소의 손해보증금예치(Deckungsvorsorge)의무와 효과적인 손해배상 법령을 요구한다. 개인의 유전 관련 정보는 보호되어야 한다. 자신 유전정보를 보유하려는 욕구는 환자의 모를 권리(Recht auf Nichtwissen)와 부합되어야 한다. 유전분석의 자발성과 신뢰성의 보호는 어떤 경제적 이해보다도 우선시되어야 한다.

유전자 유산의 사유화와 상업화도 엄격한 한계가 정해져야 한다. 우리는 유전자, 유전자변형 식물과 동물, 나아가 인간 육체의 일부에 대한 특허권을 거부한다. 특허는 오직 유전공학의 연구방식과 그 활용과 관련된 유전기술에만 주어져야 한다. 노동계약상의 관계든 보험계약상의 관계든 어떤 경우에도 유전자실험은 실행될 수 없고, 이미 실행된 실험으로부터 얻은 지식도 이용될 수 없다.

X. 장애인권리: 다양하게 존재하는 것이 정상이다.

육체적, 정신적, 영적 장애를 가진 사람이 공동체 생활에 평등하게 참여하는 것, 장애를 가진 사람과 그 가족이 기회평등과 자결권을 가지는 것은 동맹/녹색당 장애인정책의 기본원칙이다. 장애인 평등에 따라 지속적으로 발전시키면서 변화되는 요구에 적응해야 하는 효율적인 장애인재활법 이외에, 무엇보다 연방 및 주 수준에서 평등법률에

---

8) 녹색 유전공학: 농업 관련 유전공학.
  적색 유전공학: 질병과 의료에 관심을 두는 유전공학 - 편자 주

의해 자결과 참여가 발전될 수 있는 법적 틀이 개선되어야 한다. 사회의 모든 생활분야는, 장애인도 접근할 수 있고 이용할 수 있도록, 점진적으로 장벽이 없도록 개방되어야 한다. 장벽으로부터의 자유를 우리가 이해하는 바로는, 장애의 종류와 특징에 관계없이 장애를 가졌든 안 가졌든 모든 사람에게 이용가능성이 제공되어야 한다는 것이다.

전통적 장애인정책에서 장애인의 배제를 우리는 모든 수준에서 반대한다. 기본적으로 배제에 대응하기 위하여 입원 진료보다 외래진료 우선이 정착되고 더욱 효과적으로 이행되어야 한다. 요양제도는 시험 중이다. 장애를 가진 사람도 실제 집에서 생활할 수 있는 있는 결정을 스스로 할 수 있어야 한다.

생활과 육체적 온전함에 대한 권리는 장애인에게도 제한 없이 해당한다. 현대적 생물 및 유전공학기술, 조직이식수술, "연구대상이 되는 사람"의 유효한 동의 없이 이루어지는 연구기준을 둘러싼 논쟁 등에서 이러한 권리는 언제나 더 위험하게 된다. 이러한 권리가 일반적 연구이해와 이용가능성 검토에 앞서 우선시되어야 한다.

장애인의 노동생활에 대한 평등한 접근은 더욱 강화되어야 한다. 새로운 정보기술은 또한 새로운 직업활동 기회를 장애인에게 제공한다. 이것은 일관되게 활용되어야 한다.

다양한 형태의 간병과 활동보조, 돌봄은 – 전문적 도움이나 통상적 도움 혹은 자원봉사의 도움 – 또한 부분적으로 새롭게 조정하거나 서로 긴밀하게 연계시키는 것이 중요하다. 이제까지 돌봄정책에서 무시되었던 사람들에 대한 그런 관심도 역시 고려되어야 한다. 우리는 사람의 개별성과 자결에서 공정하고, 관례적인 개념에 대해 대안을 여는 간병정책을 지지한다.

XI. 나이에 공정한: 노인의 적극적 참여

노령층의 비율이 계속 높아지는 사회에서 우리는 새로운 세대 간 계약을 필요로 한다. 이것은 사회보장제도를 포괄할 뿐만 아니라, 사회생활의 모든 분야에 노령자가 적극적으로 참여할 수 있도록 만드는 것이다. 이것은 사회정책, 주거정책, 교통정책은 물론 도시계획에까지 포함되어야 한다. 노령자는 미래설계에 생산적으로 기여한다. 노동과 사회에서의 경험을 가진 노령자는 필요하다. 우리는 노령자가 자신의 생활에서 얻은 지식을 더 잘 전달하고, 새로운 지식, 특히 미디어 관련 능력을 습득할 수 있기를 원한다. 우리는 다양화되고 크게 차별화된 생활상황에 알맞은 주거, 간병, 돌봄 및 도움제공 시설을 만들고자 한다. 우리가 볼 때 여기에는 젊은 층과 노년층의 이해를 개선하는 중요한 토대로서 세대를 포괄하는 공동생활은 물론, 전통적인 대가구보다 노인의 생활욕구에 더욱 알맞은 주택공동체나 취락공동체와 같은 "새로운 주거형태"도 포함된다. 정책은 다양한 문화기원을 갖는 노인의 이해에 맞추어야 한다.

연금보험. 사회의 변화된 연령구조는 세대 간 정의의 문제를 특별히 노인보호를 위해 새롭게 구성하도록 만든다. 법정연금보험과 사적보험의 결합만이 재정기반 안정과 동시에 생활수준을 유지할 수 있는 노인보장을 확보할 수 있다. 장기적으로는 모든 직업집단과 소득종류별 법정연금보험이 시민보험Bürgerversicherung의 형태로 발전되어야 한다. 노령자 기초보장은 그런 체계 안에 통합될 수 있다.

XII. 간호보장

인간존엄의 간병을 위한 전제는 자결과 기본권 보장과 기존 개인적 자원의 장려다. 여전히 자주 나이 들고 도움이 필요한 사람들이 멋대로 취급되고, 그들의 인권이 폭력행위에 의해서 무시된다. 근본적 원인 중 하나는 여러 곳에서, 보호가 필요한 사람과 그 가족에게 과도한 부담이 되는 열악한 억압적인 돌봄과 개인적 어려움에서 찾아야 할 것이다. 질적 수준 개선과 조언, 활동보조가 그것을 저지해야 한다. 인간적인 보호를 위해서는 병들게 만드는 사정을 종합적으로 조사하고, 개인적으로 어려운 상황과 보호의 어려운 상황을 없애고, 개인과 가족에 대한 교육이 시급히 필요하다.

우리는 간호가 필요한 사람과 그 가족의 개인적 필요에 알맞은 새로운 시설과 보호구조를 지원하기를 원한다. 간호개념은 전체 간호와 관련하여 확대되어야 한다. 차별적 형태의 다양한 간호가 더욱 발전되고 서로 강력하게 결합되어야 한다 – 전문적 지원과 자원봉사는 물론 가족을 통한 간호까지. 전문적 간호노동과 가내간호에서는 주로 여성이 담당한다. 여성의 노동조건은 결정적으로 개선되어야 한다. 다양한 직업영역과 자격을 통한 공통의 직업상 "간호"는 결정적 진보이다. 간호를 위한 재정기반은 더욱 확대되어야 하고, 그래서 인간존엄의 간호의 요구에 공정하게 되어야 한다. 왜냐하면 간호는 육체적 기본필요의 보장 이상이기 때문이다. 또한 다른 법적 지원분야와 간호보장을 더 잘 결합함으로써 우리는 사회복귀와 치료, 간호와 사회적 동행, 그리고 집에서의 간호를 위해 필요한 수단을 더 잘 보장하기를 원한다.

지식사회로 출발

지식사회로의 출발은 우리에게는, 모든 사람을 급속히 변화하고 있는 사회에 사회적, 문화적, 경제적으로 참여할 수 있도록 하는 것을 의미한다. 교육은 수단적인, 가치평가를 지향하는 지식 이상의 것이다. 교육은 인격과 세계에 대한 비판적 입장 개발의 열쇠이다.

산업사회에서 지식사회로의 이행과 함께 심오한 사회변동이 이루어졌다. 그러한 이행은 노동세계와 직업, 사회생활, 정치문화 등을 포괄하고, 따라서 정치참여의 기회를 포함한다. 이행은 정보관계와 의사소통관계의 엄청난 변동을 수반한다. 지식의 재고는 증가하고, 동시에 "지식의 붕괴시간"은 계속 짧아진다. 교육의 전제조건과 사회적 지위에 따라 각각 사람들은 이러한 변동을 계승한 안정에 대한 기회로서, 아니면 위협으로서 더 강하게 경험하게 된다.

지식은 현대경제의 결정적 생산력이 된다. 지식은 21세기의 원자재다. 새로운 지식을 생산하는 것과 이에 관한 구속력 있는 규칙과 한계를 설정하는 것은 하나이다. 후자는 기존 지식을 움켜쥐는 것이다. 현대사회는 크게 차별화되고 효율적인 양자를 위한 기반구조에 의존하고 있다. 이를 위해 우리는 국가의 참여와 민간 참여의 상호작용의 새로운 길을 찾아야 한다. 왜냐하면 민간 영역은 지식의 생산과 유통에서 공적인 사전지원에 의해서보다 더 많은 이윤을 내기 때문이다. 이것은 기업은 물론 개인에게도 타당하다.

역동적인, 서비스를 지향하는 경제는 노동관계를 더욱 차별화한다.

권위주의적 구조 대신에 과정지향적이고 분산되고 유연한 절차가 기업과 행정에 등장할 수 있다. 교육, 연구, 개발은 국민경제의 발전을 위한 중요한 의미를 유지한다. 산업사회에서 지식사회로의 이행과 함께 경제활동과 배움 사이의 경계가 사라진다.

미래의 노동사회에서 지식노동자는 특별한 역할을 수행하게 된다. 그래서 노동조직과 노동관계 속에서 심오한 변동이 결합된다. 노동세계는 차별화되고 개인화된다. 기업단체, 노동조합, 국가 사이의 과거의 관계는 낡게 되고 새로운 협력형태를 통해 보완된다. 그래서 실적 압박 증가와 이력상의 불안정이 결합된다. 다른 측면에서는 그러나 새로운 지식경제가 소통과 참여, 창의와 집단적이고 독창적인 활동에 대한 인간의 준비태도를 강화하고, 개인화를 통해 위험해지는 가치 또한 강화한다.

고도의 산업사회에서는 지식사회와 인구발전의 연관이 또한 큰 의미를 가진다. 연방공화국의 사람들은 평균연령은 더 높아지겠지만, 지식과 배움 능력에서는 미래에도 도태되지 않을 것이다. 배움은 모든 생활영역에서 더 중요해질 것이다. 생활과 동행하는 배움은, 엄청난 발전에 참여할 수 있도록 해주는 거대한 기회이다. 생활과 동반하는 배움은 지식사회의 혁신능력을 위한 열쇠가 될 것이다.

I. 지식사회에서 우리 정책의 기본지향

지식사회에서 자결. 지식사회는 자기결정과 자기조절, 자기조직을 위해 인간의 의지에 결정적으로 달려 있는 사회적 전망을 열었다. 지식은 이성적 행동을 위한 전제고, "어떤 것을 작동시킬" 가능성을 열었다. 인상과 정보, 이념, 규범, 가치관념의 가공은 지식을 찾아낸다.

부단한 배움은 직업에서, 국가시민으로서, 소비자로서, 가족에서 – 언제 어디서나 – 존재할 수 있기 위한 본질적 전제조건이 된다. 교육과 직업은 빠른 결과로 서로 교차되거나 바뀐다. 첫 번째 직업교육과 재교육, 첫 번째 배움단계와 두 번째 배움단계는 생활과의 동행에서 새롭게 통합된 형태와 개념으로 해소된다.

지식사회에서는 실험적이고 위험이 많고 오류친화적인 생각과 행동이 시민에게 중심적 핵심자격이 된다. 그들의 기회는 그들이 방식을 개발하고 경험에서 배우는 데 있다. 지식이 무지, 불안, 모험에 대해 더 많은 것을 생산한다는 통찰은 이성의 퇴위를 의미하는 게 아니라, 더 많은 지식을 통한 안정과 부의 증가에 대한 믿음에 대한 비판적 합리성의 증가다.

지식사회에서 정의. 우리 사회에서 지식이 취업기회와 사회참여의 열쇠가 되는 만큼, 교육과 직업교육, 재교육은 의미를 가지게 된다. 따라서 교육에 대한 접근과 폭발하는 지식과 무제한적 접촉은 취업기회와 생활기회의 분배에 중심적이다.

사회정의를 위한 정책은 따라서 교육기회의 불평등한 분배에 주목해야 한다. 선진국 중에서 우리나라보다 더 사회적 불평등이 강화된 나라가 없다는 사실은 우리 교육제도에 대한 확실한 증거다. 이것은 특히 대부분 자격증 없이 머물고 있는 이민자의 자녀에게 해당된다. 민주적인 교육정책은 차별을 지속해서는 안 되고, 오히려 가능한 최대의 공평을 추구해야 할 것이다.

유치원과 학교에서 대학과 재교육기관에 이르기까지 우리 교육제도의 혁신은 그래서 미래의 기회정의를 위한 열쇠이다.

"지식경제Wissensökonomie"로의 이행은 지식의 사적 가치평가와 지식에 대한 공개적 접근성 문제를 새롭고도 날카롭게 던진다. 오늘날 사회적으로 이제까지 없었던 규모와 속도로 영향을 주는 지식이 기업에 의해 생산되고 재정지원을 받고 돈벌이를 위해 시장에 나온다. 그에 반해 정책은 우리 시대의 지식이 모두에게 접근할 수 있도록 보장해야 한다.

접근정의는 특허에 의한 민간경제에서의 이용에 한계를 설정한다. 공공자금의 지원을 받거나 더욱이 공공기관에서 생산되는 지식은 사회에 속한다. 공적으로 재정지원을 받는 대학이나 연구소는 그 연구결과와 학습교재를 모두가 자유롭게 이용할 수 있도록 하여야 한다. 월드 와이드 웹(World Wide Web)은 이것을 위해 예정된 것이다.

무료 소프트웨어의 사용 확대 역시 새로운 미디어의 가능성에 대한 자유로운 접근에 속한다. 우리는 그래서 교육시설이나 적절한 공공행정에서 오픈 소스 체계를 활용할 것을 요구한다.

세계적 정의를 지향하는, 미래지향적 정책은 강력한 연구와 정보기술로 무장한 사회와 세계적 지식사회의 주변부 및 빈곤한 지역 사이에 증가하는 지식격차와 복지격차를 타파하는 과제 앞에 서 있다. 번영하는 지역과 경제적으로 쇠락한 지역의 분열은 연구능력, 교육, 기술 기반구조의 불평등한 분배를 통해 더욱 강화되고 심화된다; 인터넷은 세계를 모두가 모두와 결합하는 하나의 "지구촌"으로 결코 변화시키지 못했다.

지식사회에서 지속가능성. 교육은 "지속가능한 발전"의 이상을 지향해야 한다. 교육은 사람으로 하여금 직업활동과 개인적 생활양식을 생태적 영향, 사회적 위험평가 그리고 세계적 정의의 측면에서 비판적으로 반영하도록 해야 한다.

지식재고가 빠르게 시대에 뒤떨어진 것이 되고 새로운 행동영역이 나타나는 역동적인 사회에서는 예측할 수 있는 행동이 이전보다 더 중요해진다. 이러한 능력은 사회변동에 대한 "적응" 능력을 우선 목표로 하지 않고, 다른 사람과 협력하는 개인을 통해 미래를 설계하는 능력을 목표로 한다.

경제와 사회를 지속가능한 발전으로 전환하기 위해서는, 인간과 자연 사이의 상호관계에 관한 깊은 지식이 필요하다. 새로운 기술과 물질, 교통기획, 에너지 및 무역 정책의 방향설정의 확정 등 생태적 영향이 점검되고 중심적인 판단기준으로서 고려되어야 한다. 생태지식은 여러 분야를 가로지르는 복합능력으로서 학교의 학습기안이나 대학의 학습프로그램 안에 무조건 들어가야 한다.

지식사회에서 민주주의. 교육은 모든 개별 인간의 사회적, 정치적, 경제적 참여를 위한 토대를 놓는다. 교육은 그 자체의 이해를 정식화하고, 사회적 연관을 인식하고 자기 의식적으로 사회와 민주주의에 개입할 수 있도록 만든다. 이러한 능력을 모든 사람은 새롭게 획득하고 배워야 한다. 교육기관, 무엇보다 학교와 대학은 따라서, 자신의 내부 규범을 통해 스스로 책임지는 행동과 사회적 행동을 고무하는 민주적 생활과 배움의 장소가 되어야 한다.

II. 지식사회에서 교육

교육은 우리에게는 무엇보다 개인의 인격형성이다. 교육은 사람이 스스로와, 다른 사람과, 주위 환경과 책임 있는 관계를 맺기 위한 토대이다. 그러한 교육은 판단력과 비판력, 공감과 연대를 가능하게 해준다. 교육은 현상에 대한 사회적 정치적 대안을 위한 관점을 형성해

주고, 개인 각자의 창조적 혁신적 잠재력을 육성시킨다. 동맹/녹색당의 교육정책은 탐구하고 자율적인 배움을 지지한다. 어린이는 배우기를 원한다. 이러한 배움의 즐거움을 장려하고, 사람이 평생 동안 새로운 도전에 대한 기쁨을 유지하는 것은, 모든 교육제도의 사명이다.

새로운 교육개혁

독일 교육제도에 대한 국제적 비교연구가 보여주는 비극적인 결과는 다음의 결론을 강조한다: 즉 독일은 새로운 교육개혁, 교육과 교육정책의 부흥을 필요로 한다는 것이다. 60년대 및 70년대에 교육개혁은 사회정책적 혁신의 중심 동력이었다. 이러한 개혁국면의 적극적 자극은 그러나 제대로 계승되지 못했다. 새로운 교육개혁은 그 전의 개혁과는 달리 거대한 국가적 계획과 개입에서 우선적인 위치에 있을 수 없었다. 그래서 분권화된 통일성을 강화하고, 특히 현지의 행위자에게 자체적으로 개혁을 추진할 수 있도록 옮겼어야 했다. 개혁은 독립적이고 지속적이어야 했고, 모든 사회영역에서의 역동적인 변동에 일관되게 맞추어야 했다. 개혁은 그러나 지식사회의 발전에 대응해야 할 뿐만 아니라, 이것을 스스로 설계해야 한다. 여기서 사립학교는 교육적으로 가치 있는 교육 시설의 확대다; 우리는 이런 학교의 존재를 장려할 것이다.[9]

독일에 지배적인 학교구조는 성적을 재능 탓으로 돌리지, 노력의 결과나 학습과정의 결과로 간주하지 않는 사회의 학습구조의 표현이다. 따라서 학교구조의 변화는 변화된 학습구조와 함께 손을 잡고 나

---

9) 독일 기본법 제7조 4항에 사립학교는 국가의 인가에 의해 주법에 따라 설립할 수 있다고 규정하고 있다. 4항은 사립초등학교 설립에 관해 규정하고 있다 - 편자 주

란히 나아가야 한다. 동맹90/녹색당은 더 이상 낡은 구조논쟁이 아니라 개별 학교의 내적 변화를 위해 노력할 것이다. 물론 이러한 내적 변화는 구조적으로 발전되고 변화될 수 있어야 한다. 이를 위해 정책은 상응하는 기본조건을 창출해야 한다. 어린이에 대한 초기의 선별에 기초한 학교구조를 변화시키려는 많은 연방주의 모든 노력은 거부되었다. 그 대신 우리는 장기적인 공통의 초등학교시간을 위한 노력과 다양한 교육과정을 한 학교에서 통합하려는 모든 노력을 지지한다. 미래의 학교는 새로운 사회적 장벽을 만들지 않고 늘어나고 있는 학생들의 이질성을 고려해야 한다. 영재육성과 열등생 배려는 서로 배척되는 것이 아니라 의존관계에 있다. 최고의 성과를 원한다면 모든 학생들을 장려해야 한다. 또한 이것이 국제적인 교육연구가 경험적으로 보장하는 결과이다.

연방 수준의 상황과 개별 주에서 다양하게 설치된 학교제도를 고려하면서 각각의 주는 다양한 길을 모색해야 한다. "오래 함께 배우고 서로에 대해서 배운다." 이것이 개별 학교는 물론 전체 체계를 위한 이상으로 되어야 한다. 초등학교 통합교육 시간을 늘이는 것이 예를 들어 올바른 방향으로의 조치이다.

자결과 책임이 학교조직의 중심 원칙이 되어야 한다. 이것은 내용의 구성은 물론 학습의 조직에도 해당한다. 커다란 자율성을 가진 학교만이 선생과 학생, 부모 모두가 책임을 지고 장기적으로 좋은 학교를 만들 수 있다. 여기에는 또한 선생 스스로의 목표와, 학교의 예산 재량권도 포함된다. 학생과 부모는 또 다른 정당한 이해의 틀 내에서 결정에 적극적으로 참여할 수 있어야 한다. 사회적으로 초점이 되는 지역의 학교는 더 많은 기초재원을 보유할 수 있어야 한다. 질적으로 최고의 학습제공을 둘러싼 더 많은 경쟁과 다양한 학교의 인지도는 당연히 있어야 하고, 학교 사이에 투명하게 성적이 비교되어야 한다. 교육 기관 간의 이동 개방을 유지하기 위해서는, 다양한 교육시설의 수료증이 서로 인정될 수 있어야 한다.

지식사회로의 출발은 남성은 물론이고 여성의 교육잠재력 없이는 불가능하다. 비록 여성이 전통적인 졸업장에서 상대적으로 훌륭한 성적을 많이 거두지만, 그러나 많은 직업분야와 지도적 위치에서 여전히 여성은 배제된다. 양성정의의 실현은 따라서 교육제도로서 교육개혁의 질적 특징이 되어야 한다. 여성에게 불이익을 주는 교육제도의 결함은 지양되어야 한다. 모든 교육과정, 행정행위, 제도는 성 주류화 방식을 따라야 할 것이다.

종일학교

열린 학교에서는 수업이 학교에서만 이루어지는 것이 아니다. 그래서 학교는 주변 환경과 기초단체에 개방되어야 한다. 우리는 모든 종류의 학교에서 종일학교의 포괄적인 학습이 제공되기를 원한다. 그래서 모든 부모가 자식들을 위한 종일학교를 선택할 수 있는 기회를 갖기를 원한다. 그 시대의 수업의 틀을 넘는 젊은 사람들의 학습 및 개발가능성을 장려하는 것은 사회정책적으로 필요한 사안이다. 종일학교는 동시에 부모의 직업과 가족 간 양립의 전제조건이며, 학교의 질적 개선을 위한 기여다. 따라서 우리는, 어린이와 청소년에게 다양한 학습경험과 자극, 사회적 접촉을 가능하게 해주는, 학습과 만남의 열린 장소로서 종일학교를 원한다.

배제에 반대하는 교육정책

장애인의 사회적 평등은 유치원과 학교에서 시작된다. 장애가 있건 없건 어린이와 청소년은 통합교육에서, 서로가 다른 존재라는 것이 정상이라는 사실을 배우게 된다. 장애 어린이와 청소년은 집 근처 정규학교에서 다른 학생들과 함께 배우면서, 동시에 특수교육학적으로 배려되어야 한다.

자유롭고 열린사회에서 교육기관은 다양한 사회적 문화적 배경과 다양한 교육 조건을 가진 사람들의 통합 장소다. 좋은 학교에서 청소년은 이 사회가 연관되어 있는 모든 것을 경험하고, 공정한 공동생활에 노력하는 것이 이익이 된다는 사실을 경험한다.

질적 목표와 평가

우리는 오늘날의 핵심 자격을 전달하는 교육제도를 원한다: 즉 자기책임, 자기주도, 사회적 능력, 비판력, 소통능력, 감성적 지성, 매개 능력. 유치원에서 대학까지의 교육시설은 교육의 질적 목표를 설정해야 하고, 투명한 질적 통제를 받아야 한다. 공개적으로 요구되는 교육 및 재교육시설에 대한 평가는 당연시되어야 한다. 교과과정과 교수법은 성별 유불리와 관련해 평가되어야 한다. 이것은 특히 자연과학 분야에 해당된다. 우리는 모든 교육기관에서 확고한 구성요소로서 평화교육이 정착되기를 원한다.

유치원의 교육적 임무

우리는 유치원의 교육적 임무를 강조하고, 이것이 강화되기를 원한다. 취학전 교육은 사회적 기회균등에 중요한 기여를 한다. 어린이는 자신의 자연스런 호기심에서 보호받을 권리가 있다. 이것은 어린이가 발견하고, 무엇인가를 시험하고, 독립적으로 행동할 수 있도록 고무하는 배움환경의 문제이지, 학교의 선호문제가 아니다. 단지 보육기관으로서 이해되고 있는 유치원은 어린이의 배움의 욕구와 이해를 진지하게 받아들이지 않는다. 지적인 학습, 또 다른 문화적 전통에 대한 존중과 이해는 유치원에서부터 시작되어야 한다.

이민자사회에서 교육정책

이민자의 통합과 그들의 사회에 대한 민주적 참여는 그들이 교육, 직업교육과 재교육에 더 강력하게 편입될 때만 성공할 수 있다. 교육은 바로 이민자들에게 직업적 성공과 사회통합을 위한 열쇠다. 이를 위해 유치원에서 대학까지 우리의 교육기관을 다문화적인 배움터로 바꾸는 것이 필요하다. 이것은 또한 선생들 사이에 이민자 출신의 대표성 강화가 필요하다. 특별히 초기 단계에서 언어능력의 획득과 독일어의 발전이 나중에 학교에서의 성공을 위한 기초가 된다.

생활과 동반하는 배움에 대한 접근

배우는 사회에서는 사람들이 자신의 교육이력을 개인적으로 설계한다. 기본적으로 배움의 시간이 오늘날과 다르게 이력에 구성될 것이다. 최초 직업교육[10] 기간은 짧아질 것이지만, 그 후 단계에서 직업교육의 의미는 커질 것이다. 이러한 상이한 교육기간을 오늘날보다 더 잘 서로 연결하기 위해서, 우리는 최초 직업교육과 이후의 교육을 더 잘 연결하고 교육기관 사이를 연결하는 융통성을 위해 노력할 것

---

10) 최초 직업교육(Erstausbildung): 소득세 공제 등과 관련하여 소득세법 상의 개념으로 독일 소득세법(Einkommensteuergesetz: EStG) 제9조의 필요경비 항에 자세히 규정되어 있다 - 편자 주

이다.

직업교육 또한 항상 변하고 있는 요구와 직업상(像)이라는 변화하는 조건에 맞추어야 한다. 따라서 직업교육은 미래적으로 "블록조립방식Baukastensystem"으로서 건설되어야 한다. 그래서 그 요소가 첫 번째 단계에서는 직업적 기초교육을, 재교육 단계에서는 자격증교육이 될 수 있도록 해야 하고, 기능장시험까지 새롭게 조직되어야 한다.

최초 직업교육은 지속가능성을 가지고 핵심자격에 집중하도록 해야 한다. 다시 말해 전문적 그리고 여러 전문직에 겹치는 능력이, 독자적으로 일자리로 가는 길을 찾아내고, 활동과 이의 사회적 결과를 생각하면서, 획득한 지식을 전달하고 계속 향상시킬 수 있도록 하기 위한, 토대를 창출하는 것을 보장해야 한다. 구체적인 경영의 일반 업무를 위한 업무지침을 만드는 것은 기업의 과제이다.

직업교육을 받는 사람들과 생활과 함께 가는 평생교육에 대한 그들의 권리를 위하여 미래에는 주어진 기간에 이수한 직업적 자격과 연결될 수 있도록 일과는 분리된 장기간 동안 전문능력을 취득할 수 있는 기회도 주어져야 한다. 이를 위해 최초 직업교육과 후속 재교육은 주의 깊게 서로 조율되어야 할 것이다.

지식사회에서 대학

대학의 위치는 지식사회에서는 높아진다. 대학은 창조적인 학제간 연구가 이루어지고 가르치고 배우는 장소이며, 일방적인 가치평가 없이 심사숙고하는 장소다. 이것을 위해 우리는 대학에 필요한 재량권을 보장하고, 국제적 시설을 지원하고 무엇보다 학생들과 과학자들의 자율적인 영역을 강화할 것이다. 자율성과 이력형성 그리고 실험친화성이 우리가 바라는 새로운 대학의 본질적 특징이다.

대학에서의 연구와 교수는 언제나 국제적 맥락 안에 서 있다. 독일의 대학이 지금보다 더 외국의 학생과 과학자들에게 개방하려면 그러한 측면이 더욱 살아 있어야 한다. 동시에 독일 학생들의 이동을 더욱 장려하고 요구해야 한다. 기본전제는 졸업장의 국제적 인정이다.

지식사회에서는 직장에서 과학자의 일자리 비율이 더욱 증가될 것이다. 따라서 대학은 능력 있고 매력적인 교육시설로서의 대학의 질을 증명해야 하고, 미래지향적인 교육과정을 개발하여야 한다. 미래지향적인 교육과정은 문제지향적이고 학제간 과정이다. 이것은 학생들에게 복잡한 사실내용을 깊게 조망하고 혁신적인 해결책을 만들도록 한다. 대학교육을 개별 직업 교육으로 축소시키는 것은 이것에 반한다. 교과과정의 모듈화 강화는 유연한 학습과정 구성을 허용하고, 직업교육에 대한 학제간 단절을 완화하며, 재교육의 입지로서 대학을 강화할 것이다.

직업재교육과 자격 향상

현재의 직업재교육은 계층 특유의 자격 격차를 줄이기보다는 오히려 크게 만들고 있다. 학교교육 및 전문적 자격이 더 높을수록, 그 만큼 더 재교육 참여도 높아질 것이다. 낮은 자격을 가진 사람은 직업재교육에도 낮게 참여할 것이고, 이것은 기업 내 재교육이나 자유로운 교육시설의 학습과정에도 그대로 적용된다.

일정한 수준의 나이든 사람은 새로운 아이디어에 대한 호기심과 열린 태도가 낮아지듯이 직업교육과 재교육에 대한 능력도 마찬가지이다. 우리는 그래서 재교육과정에 나이든 사람들의 지속적인 편입을 위해 노력할 것이다.

일반적인 재교육과 직업적 재교육은 동일한 가치를 가진다. 재교육 과정에 대한 참여는 폭넓게 보장되어야 한다. 공공 교육기관과 사설 기관, 기업, 기초단체 사이의 지역적 네트워크가 기존의 역량을 연계하고 서로 유연하게 결합되어야 한다.

획득된 결과가 유럽 차원에서 통용되고 인정되어야 한다. 우리는 직업재교육과정에 대한 전 유럽 인정 자격화를 지지한다. 그래서 사람들의 이동이 인위적으로 제한되지 않는 유럽통합의 중요한 초석이 되어야 한다.

우리는 바로 정치적, 문화적, 가치지향적인 성인교육에 커다란 비중을 부여한다.

우리는 미래지향적 재교육기관으로서 대학을 평가한다. 대학은 사회적 지식의 관련성과 유용성을 가장 잘 평가할 수 있는 장소이다. 대학은 차별화된 재교육과정을 학문적 수준에서 제공할 수 있는 가능성을 가지고 있다. 이를 위한 전제조건은 충분하다. 왜냐하면 대학은 한편으로 넓은 분야의 과학적 내용에 관해 다룰 수 있고, 다른 한편으로 노하우와 필요한 기술적 시설을 갖고 있기 때문이다. 이것을 넘어 대학은 재교육과정을 통해 추가적인 수입을 거둘 수 있게 되고, 그와 함께 대학은 자신의 시설을 확장하고 자체 인지도를 높일 수 있게 된다.

자격향상은 노동시장정책과 경제개발 정책에서 필수불가결한 구성부분이 된다. 여기서 중요한 것은 사람들이 자신의 취업능력과 직업능력을 스스로 발전시킬 수 있고, 구체적 과제에 대한 가능한 한 실제적 경험을 획득하도록 하는 것이다. 그래서 가능한 한 많은 사람들을 각 정책에 수용하지 않는 것이다. 따라서 우리는 일하면서 배우는 기회의 확대를 위해 노력한다.

높은 자격자의 활동에 유리한 구조의 해체는 무엇보다도 낮은 자격을 가진 사람들과 미숙련자의 능력 향상을 목표로 하는 노력을 요구한다. 국가적인 재정지원에도 불구하고 직업적 재교육은 기업과 종업원 자신의 우선적 과제에 머물러 있다. 여기서 자율적 단체협상에서 기준합의를 넘어 약한 쪽에 혜택을 주는 교섭상의 핸디캡(Vorgaben)을 개발하여야 할 것이다.

노인의 비율이 사회에서 증가하고 있다. 노인들이 사회생활에 적극적으로 참여하지 않고서는 사회도 성과를 낼 수 없다. 재교육과정에 대한 노인들의 지속적인 참여 이외에도, 우리는 이제까지 재교육과정에 나타나지 않았던 모든 집단이 목표집단으로서 강하게 참여하게 되기를 바란다. 여기에는 위에서 얘기한 집단 이외에 또한 이민자와 장애인도 포함된다.

지식사회에서 교육재정지원

미래의 교육제도는 교육재정지원에서 개혁되고 받아들일 수 있는 체계를 필요로 한다. 재정의 효율적이고 경제적이며 투명한 운영과 회계 공개는 모든 교육기관에게 당연한 사안이 될 것이다.

교육재정지원에서 민간 자금과 공공 자금 사이의 새로운 균형이 필요하다. 교육재정지원의 현재 체계는 불공정하고 비효율적이고, 기회균등과 참여정의를 발전시키는 데서 너무나 멀리 떨어져 있다. 오늘날 다양한 사회-문화적 전제조건과 무엇보다 부모의 재정상태가 교육이력의 과정을 본질적으로 결정한다. 교육출발상태에 대한 연구가 보여주듯이, 학교는 불평등을 조장한다. 다른 분야에서보다 취학 전 교육분야에서 높은 개인적 부담이 요구된다는 것은 사회적 견지에서 용납할 수 없다. 직업교육은 다른 교육에 비해 불이익을 받아서는 안 된다.

예산정책에서 미래에 대한 투자로서 교육비 지출은 우선권을 가진다. 공공 예산에서 교육비 지출 비율은 점진적으로 높아져야 한다. 그러나 개혁은 공공 재정지출의 확대를 통해서만 이룰 수 없다. 국가적 재정지원과 자체 조달이라는 혼합된 새로운 재정 모델이 개발되어야 한다. 이것은 자신의 성공과 변화가능성이 실제로 기대된다면, 실행에 이를 수 있다. 예를 들어 졸업생이 자신의 학교와 대학에 무엇인가를 돌려주는 식으로 표현되는 "주고 받는" 문화는 독일에서도 발전되어야 한다.

지속가능한 교육재정은 사회적 출신에 관계없이 교육에 대한 기본권을 확실히 보장하고, 또 교육과 재교육에 대한 평생의 접근을 보장한다. 초기 유아 교육을 지금보다 개선하는 것은 정의의 명령이다. 자금의 공정한 분배의 목표는 불이익을 형평에 맞추는 것이다. 사회적인 어려움이나 심리적 육체적 장애가 사람들로 하여금 교육과정에서 어떤 이득을 이끌어내지 못하도록 만든다면, 보상 대책이나 자금의 집중투입이 필요할 것이다.

교육재정의 새로운 체계를 둘러싼 노력의 중심에는 배우고자 하는 사람들에게 최적의 교육제공이 있어야 한다. 이러한 목표는 새로운 방향의 출발점이고 중심이다. 이를 위해서는 국가 교육재정 개혁은 물론, 교육을 넓은 인구층에게 접근 가능하도록 만들고 기존 교육체계에서의 사회적 선별(도태)을 없애기 위해서, 배우고자 하는 사람들의 생계를 지원하는 모델이 필요하다. 교육재정 수단은 교육기관을 위한 혁신지연을 해소하고 사회적 장벽을 없애는 것이어야 한다.

III. 지식사회에서 학문과 연구

학문과 연구의 자유는 민주적 헌법의 중심 가치이다. 오늘날 기초연구와 응용연구 그리고 지식의 기술-경제적 활용 사이의 경계는 더욱 사라지고 있다. 새로운 인식과 새로운 기술 그리고 새로운 적용 사이의 기간도 더욱 짧아지고 있다. 그래서 잠재적 후속영향에 대한 비판적 반성이 이미 새로운 연구방향에 관한 시작에서 일어나야 한다. 이것을 위해 전문가 세계를 뛰어넘는 공개적 토론이 필요하다.

연구와 과학에 대한 제한은, 가령 인간 생명에 대한 실험이나 인간의 생식의 경우와 같이 인간존엄이 침해될 수 있는 것과 관련해서 이루어져야 한다. 연구활동이 높은 환경위험을 낳거나 동물-윤리의 원칙을 침해한다면, 마찬가지로 한계가 설정되어야 한다.

인권이 세계화된 연구세계에서 어떻게 관철되고 통제될 수 있는지 하는 문제가 새로운 도전으로서 제기된다. 이를 위해 국제적으로 연계될 수 있는 규범과 협약이 필요하다. 유럽연합은 이러한 길을 선도해야 하고, 세계 교육 및 문화기구인 유네스코를 강화해야 한다.

여성의 평등한 지식사회 참여는 단순한 사회정의 이상을 의미한다. 여성의 배려와 여성연구는 서로 긴밀하게 결합되어 있다. 여성주의적 과학비판은, 교수와 연구로부터 남성 중심의 전통적인 과학과 대학 구조, 교수와 연구로부터 여성적인 생활연관의 배제와 이론 및 연구 결과의 소위 성별중립성에 문제를 제기하고 있다. 여성주의적 과학비판은 양성이라는 범주를 학문의 대상으로 만들었고, 그래서 사회관계의 반영을 위해 중요한 기여를 이루었다.

여성의 연구는 대학에서 여전히 후순위의 의미밖에는 갖지 못한다. 우리는 대학과 과학에서 여성의 연구와 여성전공을 지속적으로 강화할 것이다.

연구와 개발의 혁명적 역동성과 관련하여 국가와 사회 그리고 과학 사이의 관계가 새롭게 규정되어야 한다. 국가는 과학의 법적 규범과 기본조건을 정해야 한다. 사회는 그 결과가 사회적 개인적 생활에 깊이 작용하는 연구의 투명성에 대한 권리와, 학문 활동의 결과에 자유롭게 접근할 수 있는 권리를 가져야 한다. 학문과 연구는 법적 규범 내에서 검열과 감시로부터 자유로워야 한다. 국가적 연구장려가 학문과 연구의 내용을 규정할 수 있는 월권으로 귀결되어서는 안 된다.

학술기관은 높은 정도의 자율성을 향유해야 한다. 대학 내부에 영향을 주는 수많은 결정을 현장의 구체적인 상황을 모르는 멀리 떨어져 있는 교육부처가 내리고 있다. 국가 권한의 대학에 대한 지출은 대학의 민주화와 연계되어야 한다. 대부분의 대학구성원의 공동결정과 참여 기회가 매우 적다면, 이를 떠나서 민주적으로 정당성을 가진 주의회의 통제권과 운영 방향설정의 권한 폐지는 민주주의의 상실을 의미할 것이다.

학문은 이미 이전부터 국가적 경계와 관련이 없었다. 이것은 다가오는 세계화된 지식사회와 관련해서는 더욱 더 그렇다. 대학과 연구기관은 지적인 교수와 배움의 장소여야 한다. 외국의 학생들과 과학자도 독일 연구시설에 대해 더 쉽게 접근할 수 있어야 할 것이다.

특별한 도전은 젊은 남녀 학자들 지원이다. 이제까지 대학에서의 인사정책은 충분히 유연하지 못했고 융통성이 없었다. 이제까지 도입된 개혁은 자격 있는 후진학자로 하여금 독립적 교수나 연구에 접근하도록 개방하는 데 충분하지 못했다. 이것은 특히 여성 학자들에게 해당된다. 학계의 상층부에 여성 학자들의 대표성이 부족한 한, 여성 지원계획은 계속 필요하다. 성 주류화는 장기적인 구조적 기회평등을 마련하기 위해 필요하다.

미래지향적 사회는 매우 다양한, 이용 가능한 기술적 선택지에 중점을 두어야 한다. 우리는 더 많은 창의와 발명정신을 필요로 한다. 우리는 장기적으로 생태적 사회적 위험을 야기하지 않고 인간의 다양한 생활욕구를 만족시킬 수 있는 새로운 기술적 사회적 해결책을 필요로 한다. 독일이 세계의 환경보호제품 시장에서 주도적 위치를 차지하고 있다는 사실은 수많은 과학자와 기술자의 창의와 참여에 근거한다. 우리는 독일이 이 분야에서 앞으로도 계속 선도적 역할을 수행하기를 원한다.

그러나 일방적 기술지원정책은, 지원 받은 개발이 문제가 있고 경제성도 떨어지는 것으로 드러날 위험이 있다. 우리는 또한 미래에도 기술개발에 비판적 성찰을 요구하는 정책을 위해 노력할 것이다.

과학과 경제 사이의 지식흐름을 개선하고, 다른 조직과 여론을 개선하기 위해서는 대학과 연구기관이 더욱 강력하게 개방되어야 한다. 기술을 이전하고 창업을 하고 신생기업과 협력하는 것은 노동조합이나 환경단체와 협력하는 것과 같이 강화되어야 한다.

Ⅳ. 지식사회에서 정보

정보 및 통신기술은 새로운 참여기회와 국경을 넘어서는 새로운 소통기회를 창조한다 – 물론 이의 이용을 배웠을 때만 그렇다. 모든 사람에게 새로운 기술의 기회가 개방되어야 한다; 사회의 정보격차는 없어져야 한다. 그래서 미디어능력의 전달이 교육제도의 중요한 과제가 된다. 기존의 교과과정과 전달형태가 성차별적 장벽을 세웠다면, 그것은 없어져야 한다.

정보에 대한 접근과 정보의 생산 및 보급은 사회의 모든 구성원들에게 가능해야 한다. 우리는 새로운 디지털 통신(소통)미디어에 모든 사회계층이 참여할 수 있기를 원한다. 따라서 우리는 모두를 위한 미디어능력의 습득을 원한다.

이것은 기술적 지식의 필요한 습득 이외에 주로 "질적인 미디어능력", 즉 정보의 내용 분류와 가치평가 능력을 포함한다. 새로운 미디어 이용 교육은 따라서 학교와 학교 외 교육의 필수적 구성요소가 되어야 한다.

정보자유의 분야에서 중요한 것은, 헌법에 보장된 정보에 대한 자결의 권리를 효과적으로 보장하는 것이다. 시민의 인격권은 인터넷 서핑에서 무시되어서는 안 된다. 그래서 우리는 개인정보의 수집과 유포가 네트이용자의 동의가 있어야만 가능하다는 사실에 주의한다. 정보에 대한 자결의 원칙은 더욱 발전되어야 한다. 이 원칙은 국가와 정보산업에 의한 통제되지 않은 개인정보 이용으로부터 보호에만 관련되는 것이 아니라, 정보적으로 대비하여 지식사회의 기회에 참여할 수 있는 적극적인 권리에도 관련되는 것이다.

또한 정책은 모든 사람이 다양한 미디어에 접근하는 것을 보장해야 한다. 우리는 열린, 다양한 미디어구조 및 소통구조의 발전과 출판의 다양성을 위해 노력한다. 여기에는 첫 번째 축으로서 공영 라디오와 민영 상업 라디오 외에 세 번째 축으로서 비상업적 라디오도 해당된다. 전자미디어와 출판(인쇄)미디어의 우려스런 집중에 대해서는 법적으로 대응해야 할 것이다. 미디어독점은 의사표현의 자유와 정보의 권리를 위협한다.

⇒ **핵심기획: 시민권으로서 지식에 대한 접근**

교육과 지식이 직업적 성공과 사회적 참여를 위한 결정적 요소가 되는 사회에서는, 지식에 대한 접근이 사회문제의 중심에 놓이게 된다. 사회가 새로운 "정보격차"에 따라 분열되고, 현대적 "지식노동자"Wissensarbeiter가 필요한 교육과 새로운 기술에 대해서 전혀 접근하지 못하는 사람들로부터 분리되어 있다는 사실은 모순적인 현상으로 막아야 한다. 일반적 의무교육을 넘어서 국가는 우리나라의 모든 시민들을 위해 우리 시대의 지식에 대한 접근을 가능하도록 해야 한다. 이러한 과제가 일단 유럽 수준에서 해결될 수 있다면, 유럽연합은 이것을 이행해야 한다; 이것이 국제협약과 규정을 요구한다면, 유엔이 이러한 과제를 떠맡아야 한다.

무한히 다양한 정보와 자료원(源)을 무한정 이용할 수 있다면, 학교는 방향설정과 방법을 교육하는 것을 목표로 해야 한다.

공공의 지원을 받은 연구결과와 교재 역시 공개적으로 접근할 수 있어야 한다. 우리는 전자 정보서비스와 소통서비스를 모든 사람이 접근할 수 있도록 보장하는 전국적인 공공도서관과 인터넷-포탈Portal의 제공을 확보하기 위해 노력한다. 여기에는 각급 행정단위의 모든 정책정보를 전자적으로 처리하는 시민정보체계도 포함된다.

우리는 투명하고, 모든 이해집단의 참여에 기초한 인터넷의 계속적 발전을 원한다; 여기서 인터넷은 공개적이고, 모두가 접근할 수 있는 네트워크가 되어야 한다는 것이 보장되어야 한다 – 가령 기술표준의 확정과 도메인-이름의 부여.

나아가 지식에 대한 자유롭고 공정한 접근이 국제적으로 보장되어야 한다. 북부의 부유한 사회는 남부의 국가에게 현대적이고 모두가 접근할 수 있는 교육체계와 정보 및 통신체계를 건설하도록 재정적 기술적으로 지원할 책임이 있다. 동시에 우리는 엄격한 국제적 카르텔법을 통해 세계적인 미디어독점의 형성을 저지하고, 구속력 있는 국제적 협약을 통해 세계적 정보다양성을 보장해야 한다. ⇐

V. 문 화

문화는 인생의 선약仙藥이다. 문화는 바로 증가하는 미래에 대한 불확실성Unübersichtlichkeit의 세계에서 중요한 의미를 가진다. 문화는 인간의 환경, 역사, 현재와 미래에 대한 대립에서 생긴다. 문화는 다양한 표현형태에서, 인간이 스스로와 그리고 자연 및 사회와 만드는 경험을 반영한다. 문화는 개인의 생활과 사회생활을 위한 규범적이고 미학적인 지향을 제공한다.

문화와 자결

문화다양성, 예술의 자유, 문화교육에 대한 접근은 자유와 자결을 위한 중심적 전제이다. 문화개념은 확대되어야 한다. 문화적 축적 Sparten의 다양성과 다양한 문화의 상호침투는 현대 사회의 생활형태와 생활양식에 반영된다. 세계화의 필수적인 구성부분으로서 문화의 침투와 혼합은 모든 개인의 생활설계에, 모든 도시와 모든 홈페이지에 충격을 준다. 문화개념은 열려 있고, 국가의 장악과 획일화로부터 보호되어야 한다. 문화의 정의는 - 예술가 자신들만이 아니라 - 예전부터 논란이 되어왔다. 이러한 논쟁은 열려 있어야 하고, 정치적으로 결정될 수 없는 것이다.

문화적 기술적 혁신은 현대사회에서 다양한 방식으로 얽혀 있다. 문화적 개방성은 전자적 미디어에서의 새로운 문화기술에 대한 개방적이고 신중한 접근을 요구한다. 문화와 예술은 또한 이런 새로운 사회적 발전을 표현하고 해석한다.

문화와 민주주의

문화의 창작과 표현은 자유롭고 민주적인 사회에 강력한 추동력을 제공한다. 예술의 형식을 추구하고 형식을 제시하는 역동성은 살아있는 민주주의의 필수적인 구성요소이다.

상호 존중, 다른 사람의 인격적 품위의 인정, 지적 미학적 윤리적 재능의 계발, 이탈자와 주변인 그리고 무능력자를 위한 개방 등은 동맹/녹색당 문화정책의 본질적 요소이다. 정책은 생활양식의 다양성을 위해 열려 있어야 하고, 다른 문화에 부담을 주는 생활양식과 이른바 주류문화의 일반화는 제한되어야 한다.

자라나고 있는 세대를 위해 문화와 예술과 이른 시기부터 집중적인 만남, 각자의 창의성에 대한 관용과 호기심 그리고 자신감은 중요한 의미를 가진다.

젊은 사람들이 문화정책을 수용한다는 것은, 그들이 정책에서 생활형태와 생활양식을 다시 발견한다는 사실을 전제한다.

우리가 어떻게 살고 어떻게 살고 싶은지의 문제는 무엇보다 역시 문화의 문제이기 때문에, 생태적으로 책임지는 생활방식으로의 전환 역시 예술과 문화, 문화정책의 문제이다. 우리 미래에 대한 문제는 문화와 지속가능성과 결합되어 있다.

공공의 사명으로서 문화지원

공공 문화정책의 과제는 문화와 예술 활동을 모든 사람에게 가능하도록 하는 것이다. 여기서 민주적 문화정책은 독일에서의 다양한 인구집단과 민족의 상이한 문화욕구의 형평성으로부터 출발하고, 또한 전통문화유산과 새로운 혁신적 문화형식 그리고 자유로운 사회문화 기획의 등가성에서 출발한다. 또한 우리가 주의를 기울여야 할 것은 예를 들어 소르비아인(벤트족 Sorben)과 같은 소수민족의 토박이 언어와 문화 후원이다.

독일연방공화국은 무엇보다 지자체와 연방주가 재정 지원하는 문화지원정책을 가진 연방 구조에 의해 세계적으로 주목할 만한 다양한 문화경관을 창조하였다. 이에 더하여 문화정책에서 연방의 바람직한 강력한 역할은, 이를 통해 넓은 기반에서 문화와 예술을 지원하고 국제적 인식을 높이는 것이다. 따라서 우리는 주의 문화주권을 분명히 인정하면서, 문화정책을 연방 수준에서 평가하고, 문화의 증가하는 의미에 맞추어 문화를 공동체의 과제로서 기본법에 규정할 것을 옹호한다.

예술과 창작의 자유로운 활동공간을 확보하고 지원하는 것이 우리 정책의 중심 과제이다. 문화와 예술은 국가가 아니라 사람으로부터 출발한다. 국가는 문화와 예술을 사회의 의제로 만들고, 자유롭게 발전할 수 있도록 기본조건을 창출하는 과제를 갖고 있다. 기존의 문화정책과 함께 정책은 개인과 사회의 정체성 개발을 지원한다. 청년문화는 만나고 소통하기 위한 공간을 필요로 한다. 청년문화는 청년센터, 실험공간, 공연장, 클럽, 극장과 기타 많은 것을 필요로 한다.

동맹/녹색당의 정책은 모든 사회계층과 사회집단으로 하여금 예술과 문화에 자유롭게 접근할 수 있도록 만드는 데 관심을 갖는다.

문화 분야 자체를 다루는 것에서 문화정책은, 예를 들어 예술인에 대한 사회보장과 기금과 세제 혜택을 통해 활동을 후원할 수 있는 기본조건 마련에도 관심을 가져야 한다. 공적으로 운영되고 재정지원 되는 문화시설은, 민간 부문의 문화 및 예술분야와, 최근 크게 증가하고 있는 자유롭게 공동으로 이용되는 문화영역과 함께, 연방공화국 문화체계의 세 기둥을 형성한다. 열린 문화정책은 상업적 문화시설을 미리 위험한 것으로 보지 않는다. 자유롭고 민간경제적인 문화생산자와 문화매개자는 본질적으로 문화적 다양성에 기여한다. 문화적인 민간주도와 개인적인 문화실천 없이 예술과 문화는 살아남을 수 없다. 연방문화정책은 여기서 대부분의 문화재정지출을 부담하고 나누어주는 주와 지자체에 대한 지원보다는, 오히려 본보기가 되는 뛰어난 기획 지원을 통해 현장에 참여하여야 한다.

문화재로서 체육

체육은 우리 시대의 중요한 문화재Kulturgut다. 운동과 놀이, 공동의 체험, 성공과 실패의 과정 등은 사람들의 자기의식을 촉진한다. 이것은 또한 사회적 능력, 성취동기, 관용적이고 공정한 태도의 개발과 더 많은 시민적 참여에 기여한다. 이를 위한 기본조건이 더 개선되어야 한다. 체육에서 자원봉사자 참여는 높은 사회적 가치를 가지며, 그래서 특별히 강화되어야 한다. 체육은 건강하고 때 묻지 않은 환경에서만 실시될 수 있다. 환경친화적인 체육행사와 환경에 어울리는 체육 활동은 이의 표현이다. 국가는 모든 수준에서 상황에 알맞게 건강체육과 폭넓은 대중체육, 장애인체육은 물론 전문체육을 장려해야 한다. 체육에 대한 공공지원은, 체육과 훈련이 인간적인 원칙에 따라, 공정하고 약물 없이 추구될 때만 정당화된다. 체육인의 건강이 우선시되어야 한다.

도시 문화 - 지방 문화

동맹90/녹색당은 다양한 도시문화의 지원을 지지한다. 유럽의 도시는 민주주의의 요람이었고, 시민들을 통한 공공 업무의 자치였다. 우리가 의식하고 더욱 발전시키기를 원하는 도시의 전통에는, 새로운 이념과 이민자를 위한 그리고 생활양식과 문화의 다양성을 위한 도시의 개방성도 포함되며, 이와 밀접한 정치적 문화적 공론장과 다양한 사회적 출신 사람들의 공평한 공동생활도 포함된다. 도시는 교역과 문화 그리고 소통의 중심지로서 갖는 정체성을 유지하고 계속 발전시켜야 한다 - 살아 있는 도심과 도시부분, 바꿀 수 없는 건축문화, 도시 건축의 특징과 다양한 활용, 활기를 띠는 사회적 생활과 함께.

동맹90/녹색당은 지방의 문화적 표현과 생활형태를 유지하고 보호하려고 노력한다. 문화의 당연한 부분으로서 자연과의 지속가능하고 신중한 관계는 지방에서는 다양하게 표현되어 있다. 지역적 풍속과 언어적 특수성은 우리 문화적 뿌리의 중요한 부분이다. 지방에서 문화는 고유한 전통과 긴장관계 속에 있고, 현실적 발전과 마주하는 긴장관계 속에 있다. 문화가 자신의 고유한 특성을 잘 유지하고 역사 없는 "도시주변"으로 빠지지 않는다면, 지역의 중요한 정체성의 특징이 될 것이다. 그래서 지역의 문화경관을 강화하고 번성하게 하는 것이 우리의 과제다.

멀리 앞을 내다보는 사적(史蹟)보호는 과거의 건축적 증거를 보호하고 새로운 활용을 위해 개방하는 것이다. 그래서 건축문화의 역사는 다음 세대에게 계속 이어지게 된다. 우리는 그러나 지나간 것을 보호해야 할 뿐만 아니라, 마찬가지로 동시대적인 건축문화와 도시건축문화에 관한 대화를 장려하고자 한다.

문화유산

우리는 어디로 가야 하는지 알기 위해서, 어디서 우리가 왔는지 알아야 한다. 우리 역사와의 대립은 - 특히 민족사회주의(나치: Nationalsozialismus)와의 대립 - 우리 민주주의의 근간이다. 경고기념물, 박물관, 추모장소, 역사기록관, 도서관을 가진 역사적 장소는, 우리에게 미래 행동을 위해 과거의 경험을 의식하도록 만드는 생생한 기억문화를 배우는 중요한 장소다.

역사는 또한 각각의 이웃에게도 전해진다. 따라서 지역의 기억문화를 생생하게 유지하고 있는 작은 수많은 조직도 지자체와 주에 의해 보호되어야 한다. 나치-범죄와 사회주의통일당(SED)-체제의 불법에 관해 기억하고 있는 추모장소에 대한 연방의 지원도 필수적이다.

과거의 증거는 사회의 역사적 문화적 기억을 위한 기초다. 이것은 계속 다시 과거의 경험을 의식하게 만들고, 도시와 지방, 마을의 삶의 질에 기여한다. 건축유산은 질적으로 우수한 동시대적인 건축문화와 도시건축문화를 위한 토대다.

유럽의 문화 - 세계의 문화

동맹90/녹색당은 세계의 문화를 적극적으로 만나기를 원한다. 이것은 상호존중과 인정 그리고 배려에 기여한다. 문화적 영역에서는 다양한 출신과 종교, 생활관념을 가진 사람들의 이해와 대립이 특별한 방식으로 이루어질 수 있다. 협력하는 문화는 다른 문화를 지배하려고 하지 않는다. 문화교류는 배려하고 평화로운 공동생활을 위해 필수적이고, 교류되는 문화만이 발전할 수 있다. 문화정책은 평화정책이다.

우리는 문화적 이해를 함께 성장하는 유럽을 위한 열쇠로서 파악한다. 그것을 넘어서 국제적 문화교류가 적극적인 문화외교정책의 틀 내에서 더욱 발전되어야 한다.

이민자 나라의 문화에는 다른 문화, 인종, 종교를 가진 사람에 대한 개방성도 속한다. 이와 관련하여 특별히 주목할 것은 독일에 살고 있는 이민자의 문화를 만나고 그들의 예술과 문화를 지원하는 것이다. 그들의 창의는 사회적 혁신을 가져오는 문예부흥이 될 것이다. 지적인 대화는 인식의 성장을 가져오고 개인적 이해를 심화시켜주는 사회적 풍요로움이 될 것이다. 다름 아닌 바로 동등한 권리를 부여하는 것이, 고유한 문화를 인식하고 가치평가하는 전제조건이다.

민주주의의 혁신을 위해 출발

우리는 우리 사회의 민주적인 설계를 위해 용기와 힘을 일깨우는 출발을 원한다. 민주적 관여는 그냥 주어지는 것이 아니다 – 우리는 이것을 원하고 장려해야 한다. 여기서 우리는 민주적 결정의 기준으로서 결정과정에 대한 공정한 참여, 개인의 자결과 지속가능성이라는 이상을 지향한다. 중요한 것은 민주주의와 법치국가를 위한 새로운 사회적 요구에 대하여 대답하는 것이다. 우리의 목표는 자유권과 시민권의 진수로서, 시민참여의 강화, 다문화적인 민주주의의 설계, 민주주의 제도의 개혁, 연방주의의 회복, 경제와 사회에서 민주적 공동결정권의 새로운 길 등의 모범으로서 자유로운 법치국가의 강화다.

민주주의는 우리나라에서 최근 강한 뿌리를 내렸다. 우리 민주주의의 질은 여기서 무엇보다, 우리 당의 뿌리인 동독과 서독의 시민권운동과 민주화운동의 실천에 근거한다. 전체 독일의 민주주의에 관해 동독의 시민권운동은 커다란 몫을 가진다. 초기의 많은 녹색당원들은 이미 60년대와 70년대에 위험을 무릅쓰고 더 많은 민주주의를 쟁취하기 위해 운동에 뛰어들었고, 80년대의 시민주도운동에서 참여와 공동결정권을 강력히 요구하였다. 또한 미래에도 민주주의는, 사람들이 행동하고 민주적 공동결정권을 지지할 때 비로소 유지되고 성과 있게 더욱 발전될 것이다. 민주주의는 또한 미래에는 사람들의 자결의지가 어떻게 되느냐에 따라 달라질 것이다.

I. 우리 정책의 기본방향 – 시민권과 민주적 참여

민주주의와 정의. 우리는 민주적 참여를 위한 기회를 중심적 정의 문제로서 본다. 민주주의를 둘러싼 투쟁은 또한 정의를 둘러싼 투쟁이다. 정의는 소유에 대한 참여만이 아니라, 사회적 상태와 출신, 성별, 성적 정체성, 피부색, 종교 혹은 기타 특징에 상관없이 결정권에 참여하는 것을 목표로 한다. 참여 의지를 가지고 있는 자기의식적인 시민은 사회적 인정의 토대에만 머물지 않는다. 그래서 우리는 그들을 민주주의의 행위자로서 강화하고 그들의 참여권을 확대하려고 한다. 민주적 참여는, 우리가 모두를 위한 미디어와 정보, 공적 소통의 장소에 자유롭게 접근할 수 있을 때만 가능하다.

민주주의와 자결. 자결과 민주주의는 분리할 수 없이 결합되어 있다. 개인의 자결을 위한 권리는 민주주의의 규범적 토대고, 모든 부당한 정치적 사회적 권력관계와 위계질서의 폐지를 요구한다. 민주주의는 자신의 생활설계와 정치적 신념을 자기의식적으로 표현할 수 있는 자결의 개인을 가져온다. 개인적 욕구와 이해의 공적 정식화를 통해서만이 비로소 우리 사회의 모든 구성원이 공정하게 되는 결정이 가능하다. 민주주의는 따라서 시민들의 자유권을 심각하게 받아들인다. 우리는 이러한 자유권을 강화하고 침해로부터 수호하려고 한다. 현대적 시민권정당은 남녀 시민들의 권리를 국가의 침해로부터 수호하고 보호해야 할 뿐만 아니라, 또한 막강한 국가 이외의 경제 행위자로부터도 지켜야 한다.

민주주의와 지속가능성. 민주주의는 기한이 없는 지속적인 타당성을 갖는 공동생활의 기본방식이다. 그래서 우리는 내일의 민주적 결정의 여지가 근본적으로 제한되는 결정을 오늘 내릴 필요가 없다. 모든 사회는 공동생활의 형태를 스스로 구성할 권리가 있다. 따라서 미래 세대를 희생으로 한 정책은 민주적 시점 하에서 책임질 수 없다. 동시에 미래문제를 민주적으로 정당하지 않고 통제될 수 없는 위원회에 떠넘기는 대신에, 미래문제에 관해 민주적으로 이해하는 것은 사회와 의회의 의무이다.

민주주의와 법치국가를 위한 새로운 도전

21세기 초에 민주주의와 법칙국가를 실현하는 과제가 새롭게 제기되었다. 민주주의는 중심적 결정원칙을 유지하기 위해, 세계화와 기술혁명 그리고 개인화의 조건 아래 더욱 발전되어야 한다.

도전 세계화. 민주주의는 세계화 과정의 압력을 받게 되었다. 국경을 무너뜨린 시장과 경제물결을 통해 의회와 정부의 정치적 결정 여지는 줄어들었다. 동맹/녹색당의 정책은 세계화에 대한 정치적 대답을 제시하는 데 관심이 있다. 민주주의의 우선권을 수호하고 정치적으로 구성하기 위해, 우리는 새로운 조직형태와 수단을 필요로 한다. 세계화 과정 속에서 국민국가의 주권상실은 초국적 정치구조의 창출을 통해서만 억제될 수 있다. 이것은 발전하고 있는 민주적 유럽도 지지하여야 한다. 국민국가적 주권의 상실은 여기서 무조건적으로 공동결정권에 대한 상실을 의미하는 것이 아니라, 오히려 국제적이고 민주적인 행동능력을 위한 사실상의 전제이다. 그럴 때만이 자유화된 세계무역에서 사회적 생태적 투자행동이 시작된다.

도전 미디어사회. 정치적 주제의 속도가, 그렇지만 단명에 그치는 속도가 미디어사회에서 엄청나게 증가하고 있다. 우리는 지적인 선전과 연출의 필요성에 관해 알고 있다. 그러나 우리는 또한 정치의 질이 시간을 가지고 생각하는 개념과 입장에 의존한다는 것을 알고 있다. 민주주의는 내용적인 몰두를 위해, 개념의 개발과 책임 있는 결정을 위해 시간을 필요로 한다. 그럴 때만이 우리는 정당에 대한 회의와 정치불신에 대한 대답을 제시할 수 있다. 동맹/녹색당 정책의 핵심 관심사는 언론매체의 다양성과, 독립적이고 자유롭고 민주적인 미디어(매체)의 수호이다. 정치권력과 언론권력은 혼합되어서는 안 된다. 미디어기업의 소유관계는 전체 언론매체의 이용망을 고려하여 개방되어야 한다.

도전 정보기술. 새로운 정보기술은 민주주의 획득을 의미할 수 있다. 그러나 이것은 자동으로 진행하는 것이 아니라, 네트에 대한 모든 사람의 접근을 전제한다. 여기에 정보자유와 정보정의의 요소를 위해 지향해야 하는 정치적 구성과제가 놓여 있다. 인터넷의 분산된 소통구조는 새로운 형태의 참여를 가능하게 해준다. 시민들은 예를 들어 법안을 온라인상에서 볼 수 있다. 전자투표는 미래 민주주의의 가능한 요소이다. 여기서 중요한 것은 대의제 민주주의를 다른 것으로 대체하는 것이 아니다. 목표는 공공 여론형성과 정치적 결정 과정에 시민들이 적극적으로 참여하는 것이다.

도전 부패. 정실인사와 부패, 뇌물, 돈세탁, 인신매매, 무기거래, 마약밀매 등은 민주주의를 전복할 위험이 된다. 따라서 부패와 조직적 범죄에 대해서는 모든 영역에서 사전에 투쟁해야 한다.

도전 국제테러리즘. 우리 독일과 같은 개방되고 다원주의적인 높은 기술의 사회는 대규모 살상을 노리는 극단적 테러공격의 위험에 직면해 있다. 우리에게는 자유와 시민권이 중심이라는 바로 그 이유 때문에, 공공안전의 문제가 중요하다. 시민의 안전은 기본적인 자유권의 축소에 의해서 해결될 수 없다. 안전의 이름으로 자유를 무시하는 사람은 결국 안전과 자유 모두를 잃을 것이다. 그러나 테러에 의한 인간에 대한 위협은, 자유로 하여금 그 권리를 얻게 하도록 하기 위해 적극적인 안전보장을 필요로 한다.

현대 사회의 거대한 기술은 특별한 방식으로 테러의 무기가 되는 위협을 제기한다. 그래서 핵 시설의 폐지와 에너지공급의 분산이 공공안전을 높이는 데 중요한 기여를 할 것이다.

근본주의자들의 테러를 물리치는 것은 또한, 우리가 이 세계의 갈등지역에 대한 해결책을 개발하고 더 많은 국제적인 정의를 달성할 때만, 이룰 수 있다. 지역분쟁과 빈곤은 인명을 무시하는 테러의 이유도 아니고 테러의 근거도 아니다. 그러나 이것은 궁극적으로 정치적 종교적 극단주의와 테러가 자라나는 온상이다. 그래서 우리는 이러한 영역에 대해 대답을 제시해야 한다.

테러에 대한 투쟁은 문화 간의 투쟁이 아니라, 생명과 자유의 의미 없는 파괴에 대한 모든 문화의 투쟁이다. 인간의 존엄과 인간의 자유는 모든 위대한 문화와 종교의 핵심으로 거론된다. 그래서 이 지상의 나라는 인권과 법치국가, 민주주의, 다원주의로 가는 길을 강화해야 한다 - 이것이 동맹/녹색당 정책의 핵심 사안이다.

II. 국가와 사회

우리의 국가이해는 시민들이 공동체를 함께 설계하는 민주공화정이다. 이러한 설계과제를 인식하기 위해 국가는 본질적으로 입법과 행정 그리고 사법의 온전한 제도에 위임되어야 한다. 시민들의 제도로서 이것들은 공개적이고 투명해야 하고, 기존의 정보를 기본적으로 공개해야 한다. 이들은 자신의 정당성과 관계되는 사람들에 대해 장벽을 세워서는 안 된다. 우리가 국가에 대해 원하는 것처럼, 국가는 싸움의 상대가 아니라 열린사회의 표현이다. 우리는 충분히 강력한 국가가 시민들을 되찾기를 원한다. 우리는 경제적 사회적 문화적 자기활동을 허용하고 지원하는 국가를 원한다. 동시에 국가는 사회적 생태적 기본조건을 창출하는 데 힘써야 한다.

우리는 모든 형태의 폭력지배에 반대하는 반독재 민주 정당이다. 국민에 대한 국가의 독립성, 국가적으로 조직된 인간존엄과 인권에 대한 침해가 독일역사의 어두운 측면을 특징짓고 있다. 나치테러의 희생자의 고통을 우리는 다시는 보상할 수 없다. 그러나 우리는 기억을 간직하고, 기억은 우리를 일깨운다. 우리는 그러한 고통을 다시는 사람들에게 안기지 않겠다는 것을 오늘 우리의 행동을 통해 보장할 것이다. 따라서 우리는 반인종주의와 우익극단주의 반대에 참여한다. 여기서 시민의 용기가 필요하고, 앞으로도 요구된다. 또한 동독에서의 사회주의통일당 독재는 많은 희생자를 낳았고 많은 상처를 주었다. 순응에 반대하는 용기, 저항정신과 시민권을 가지고 1989년 가을에 실천된 반대운동은 오늘날 우리의 참여를 위한 전형이 되었다. 그래서 인권을 위한 참여는 우리 국내정치의 필수적인 구성부분이다.

신념과 양심의 자유를 보장함으로써 민주적 법치국가는 시민을 이념적으로 규정하는 것을 영구히 파기한다. 국가는 자신의 신앙에 따라 살고 국가의 간섭 없이 자기 신앙의 진리에 따라 자유롭게 자신의 종교적 실천을 행하는 종교공동체 구성원의 권리를 존중하고 보호한다. 민주적 법치국가는 종교공동체에 의한 민주주의적이고 공화주의적인 헌법의 인정을 보장한다. 국가는 동시에 어떤 신앙도 갖지 않을 권리, 공적 공간에서 어떤 신앙에도 복종하지 않을 권리를 존중하고 보호한다.

우리 동맹/녹색당은 교회와 국가의 분리를 지지한다. 교회와 국가의 분리는 시민사회의 주요한 세력으로서 교회 및 종교공동체의 적극적 역할을 위한 기본 전제다. 이것은 기독교교회는 물론, 이스라엘 문화공동체나 기타 종교공동체에도 해당한다. 우리 동맹/녹색당은 많은 문제에서 교회를 가치 있는 동맹파트너로서 경험했다. 여기에는 특히 평화와 정의, 피조물의 보호를 위한 전교회 통합운동도 포함된다. 여기에는 또한 외국인혐오에 반대하거나 국제적 정의를 위한 참여, 그리고 무엇보다 현대 유전공학기술의 윤리적 실천문제를 위한 참여도 포함한다.

바로 세계화와 관련하여 우리는 종교들 사이의 대화를 후원할 것이다. 우리는 종교공동체를 차별하거나 우리 문화의 종교적 다원주의를 넘어 종교공동체를 규정하려는 모든 시도에 대해 반대한다. 이것은 유럽의 유산을 보존하는 데 기여함으로써 유럽의 역사에 많은 영향을 준 이슬람에 대해서도 마찬가지이다.

Ⅲ. 다원주의의 당

우리의 민주주의 이해는 다양한 생활형태와 생활양식이 어울리는 다원주의 사회를 목표로 한다. 종속과 동화 대신에 우리는 자결과 문화적 자유를 위해 노력한다. 현대 사회의 문화 간 공존과 융합은 시민들을 위한 기회이다. 생활양식의 다원주의와 인간의 다양성에 대한 우리 인식은 모두를 위한 권리에서의 평등을 포함한다. 차별의 극복은 사회와 법치정책의 과제이다. 세계는 좁아지고 있다 - 그리고 이와 함께 다양한 문화와 전통과의 교류와 만남이 더욱 쉬워지고 있다. 국가적 경계는 의미를 잃고 있고, 새로운 문화적 지평이 열리고 있다. 도시의 중심은 세계를 향해 열린 공동생활을 위한 기반이 다양하게 펼쳐지는 기회를 제공하고 있다.

우리는 스스로 다양하게 선택한 생활형태를 법적으로 보호하고, 그것을 실제로 인정할 것이다. 이것은 인격의 자유로운 발전을 위한 본질적인 전제이다.

동성애자를 사회의 중앙에

누구도 그 남자의 혹은 그 여자의 성적 정체성으로 인해 무시되거나 배제되어서는 안 된다. 우리는 창당 때부터 남녀 동성애자들을 위한 많은 성과를 이루어왔다. 이것은 그들의 생활방식을 위한 동등한 권리에 대한 요구이며, 불평등한 대우와 차별 앞에서 그들을 효과적으로 보호하는 것과 관련된다. 여성동성애와 남성동성애의 동반자관계는, 또 아동이 있다면, 법적으로 완전히 동등하게 대우받아야 한다. 젊은 여성동성애자와 남성동성애자는 성적 정체성의 공개에서 특별히 보호받아야 하고, 특별히 배려되어야 한다. 배제와 추적의 역사는 빈틈없이 재생, 폭로되어야 한다. 박해는 여기서 보상의 원인이 되어야 한다.

장애인과 동등하게

장애인도 사회생활에 동등하게 참여할 수 있어야 한다. 장애인의 동등한 참여를 위한 근본적 전제는 모든 분야에서 장벽을 제거하는 것이다 – 무엇보다 먼저 우리의 머리 속에서.

⇒ **핵심기획 이민자사회**

독일연방공화국은 이민자의 나라다. 이민은 다음 시기의 중심적인 정책문제에 속한다 - 독일에서는 물론 유럽에서도.

노동력 이민의 경우 우리는 과거 외국인노동자정책의 오류를 피해야 한다. 동맹/녹색당의 정책개념은 고용하고 해고하는 이민 혹은 적기just-in-time 이민에 반대한다. 오히려 이주노동자에게는 장기적 체류의 전망이 열려야 한다. 주의할 것은, 이민 문제에서 이민이 특정한 지역으로부터의 주로 남성 엘리트의 이주에 대해서만 문제 삼는 것이 아니라는 점이다. 현대적 이주가 인도주의적 보호책임을 이용하여 이익을 얻는 것이 아니라는 것이 우리 정책의 중심 계기이다. 동맹90/녹색당은 우리 헌법의 망명권리를 보장한다. 우리는 미래에도 제네바 난민협정의[11] 유보 효력에 근거하여 독일은 물론 유럽의 망명정책을 지지할 것이다. 우리는 성차별적이고 비국가 조직에 의한 박해와 성적 정체성의 차별로 인한 박해를 보호의 근거로서 인정하기 위해 노력할 것이다. 이것은 우리의 역사적인 책임에 근거하고, 또한 우리의 국제적 연대의 표현이다: 한편으로 이것은 도망의 원인을 없애는 것을 의미하고, 다른 한편으로 도망 중인 사람을 우리가 보호한다는 의미이다 - 인권과 법치국가적으로 이의가 없는 조건 하에서.

우리는 언제나 유럽의 요새화에 반대한다. 유럽연합에서 많은 경우와 같이, 우리는 현대적이고 세계에 개방적이고 동시대의 가치를 지향하는 난민정책과 이민정책을 위한 해결책이 더 이상 국가적 수준이 아니라 유럽에서 찾아야 한다는 사실에서 출발한다.

---

11) 난민지위에 관한 협약(Convention relating to the Status of Refugees) - 편자 주

이것은 또한 미래지향적인 정책을 위해서도 타당하다. 이민자의 사회적 정치적 생활에서의 통합은 우리 민주주의의 아직 해결되지 않은 약속에 속한다. 이것을 변화시키는 것은 우리 정책의 핵심 관심사이다.

다문화 사회는, 모든 개인의 다양한 문화적 자유를 위해 싸우고, 예를 들어 순응과 종속에 책임이 있는 하나의 독일 주도문화의 차별에 반대하기 때문에, 적극적인 차원을 가진다. 문화다양성과 문화교류는 한 사회의 다양성의 표시이다. 동시에 공동생활을 위한 공동의 정치적 목표제시 역시 다원주의적, 다문화적 이민자사회의 사회적 전망에 속한다. 이것은 우리에게 인권선언과[12] 유럽의 헌법전통과 우리의 기본법의 중심 가치이다: 민주주의, 모든 사람들의 평등, 양성평등. 이민의 사회적 및 정치적 구성이라는 두 영역의 결합, 즉 민주주의와 다문화 사회라는 두 개념의 결합을 우리는 다문화 민주주의라고 부른다.

통합정책은 모든 정책적 분야와 수준에 관계되는 - 기초단체에서 유럽연합에 이르기까지 - 포괄적인 주제이다.

다수사회의 언어는 우리가 원하는 이민자의 통합과 학교 및 직업생활에서의 성공을 위한, 그리고 사회적 상승을 위한 핵심자격이다. 동시에 언어는 이민자의 잠재력을 활용하는 데에도 적용된다: 독일어와 같이 가정에서 두 번째 언어를 잘 습득한다면, 이것은 세계화된 사회에서 잠재력이 될 것으로 이는 지원할 만하다. 어린이는 아주 일찍부터 가능한 최고의 언어능력과 이해력, 문제해결능력을 배울 수 있다. 유치원은 여기서 시작기능에 해당한다. 그리고 학교 역시 바뀌어야 한다: 다문화 교육, 가능한 한 종일교육이 상례가 되어야 한다 - 더욱

---

12) 세계인권선언(Universal Declaration of Human Rights 1948) - 편자 주

이 이민의 배경을 가졌든 안 가졌든 어린이를 위해.

여성은 잘 알다시피 성공적인 통합과정의 주역이다. 따라서 우리는 통합개념을 여성에 알맞게 설정하고, 그에 상응하는 지원, 예를 들어 교육문제나 약물금지, 건강보호, 가정경제, 가정폭력의 방지 등을 위한 지원을 제공할 것이다.

통합은 아주 본질적으로 노동과정에서 진행된다. 그래서 우리는 무엇보다 이민자의 직업교육과 취업에서, 그리고 전체 인구의 상응하는 그들의 몫에서, 공공서비스가 선도적 역할을 맡게 하도록 노력할 것이다. 추가적으로 통합정책은 적극적인 반-차별입법을 통해 보완되어야 할 것이다. 이것은 또한 기초단체와 주, 국가와 유럽 수준에서의 선거권을 의미한다.

유럽 통일과정은 우리와 함께 살고 있는 이민자는 물론 난민의 권리에 대한 문제를 새롭게 제기했다. 우리는 유럽연합의 모든 주민을 위한 정치적 공동참여권을 보장하는 하나의 "유럽 시민"을 옹호한다.

이민의 통제와 효과적인 난민보호의 보장을 위한 모든 필요에도 불구하고, 동맹90/녹색당은 현실을 외면하지 않는다: 즉 법적 규정 밖에서 우리에게 와 보호를 요청하는 사람들이 언제나 있다는 현실이다. 이런 사람들에게도 기본적인 인권이 부여되어야 한다는 사실은 동맹90/녹색당에게는 당연한 것이다. ⇐

Ⅳ. 자유권과 시민권의 정당

동맹/녹색당의 정책은 자유권과 절차법을 우선으로 하는 법치국가적 자유주의의 전통에 서 있다. 자유권과 시민권은 국가에 대한 방어권으로서 남녀시민의 자결을 보장한다. 국가가 아무 도움이 안 되는 인격의 영역이 있다. 의사표현의 자유와 시위의 자유는 민주적 여론형성의 기본적 전제다. 일반적 인격자유와 일반적 행동자유는 생활형태를 자유롭게 선택할 수 있는 기반이다. 기본권은 사회변동에 따라 확대되어야 한다. 그러나 기본권은 그것의 이행을 위한 충분한 절차가 있을 때 비로소 시민들에게 가치 있는 어떤 것이 된다. 그래서 동등한 세 번째 국가권력으로서 사법권의 지위가 보장되어야 한다. 판사의 독립성은 검사의 수사작업과 마찬가지로 임명과 승진에 대한 정부의 영향력에 의해 침해되어서는 안 된다. 우리는 법치국가를 그 적들에 대항해 수호하며, 우익극단주의자들의 "국가적으로 자유로운 지대"는 물론 여타 "법치국가의 자유로운" 여지에 대해서도 받아들이지 않는다. 정치적 종교적 동기의 폭력에 대한 투쟁에서 사회적 대결이 추진 역할을 해야 한다. 공공안전의 보장은 – 특히 폭력으로부터의 보호는 – 법치국가의 가장 중요한 과제에 속한다. 따라서 폭력범죄, 경제범죄와 환경범죄에 대한 투쟁은 동맹/녹색당의 관심사다. 여기에는 또한 가정폭력, 아동학대, 아동포르노의 보급에 대응하는 효과적인 기준도 포함된다. 폭력방지의 정책에는 도시 내의 기반시설정책과 문화정책 변경에 의한 안전대책도 포함된다. 우리는 공공 공간을 되살리고, 만남과 문화적 교환의 장소를 강력하게 창출할 것이다.

생활의 질은 안전에 관한 감정이 없이는 생각할 수 없다. 하나의 범죄행위가 한 사람의 생활의 행복을 파괴할 수 있다. 어린이정책, 청소년정책, 사회정책과 같은 무수한 정책분야는 예방에 기여한다. 교육정책과 직업교육정책 그리고 경제활동 참여와 사회안전은 범죄를 막는데 중요하다. 성폭력을 막기 위해서는 사회적 역할 모델과 권력분배의 변화가 장기적인 예방의 본질적 측면이다. 경찰과 사법부는 범죄행위에 대한 신속한 진상규명과 조사 그리고 적절한 처벌을 통해 주민보호에 기여해야 한다. 시민들이 지자체와 시민 가까이 있는 경찰과 협력함으로써 안전과 안정감은 더 높아질 것이다. 희생자보호도 확대되어야 하고, 처벌과정은 인간존엄과 어울려야 하고 재사회화의 목표에 방향이 맞추어져야 한다.

사용자를 전반적으로 처벌하는 이제까지의 약물정책은 실패하였다. 그래서 이제 그만두어야 한다. 통제할 수 없는 지하 불법시장이 문제를 더욱 악화시킬 뿐이다. 약물중독 문제를 갖고 있는 사람은 처벌이 아니라 도움을 필요로 한다. 많은 다른 사람들, 대부분 대마초소비자는 금지에 의해 단지 고통만 받고 범죄화될 뿐이다. 그래서 우리는 당사자의 필요에 알맞고 자력부조를 지원하는 좋은 도움체계를 제안한다. 위험최소화와 모든 약물에 대한 의식적인 변화가 – 그리고 술과 담배 역시 – 여기서 결정적이다. 우리는 해쉬시나 마리화나와 같은 약한 약물의 합법화를 지지한다.

기본권의 보호는 형법과 형사소송에서 특히 의미를 가진다. 과거의 엄벌주의는 따라서 다시 검증되고 수정되어야 한다. 형사정책은 예방과 간섭, 억제의 균형 잡힌 공동 작업이어야 한다. 억제만 일방적으로 시행하는 것은 나라를 안전하게 만들지 못한다. 질서위반의 탈범죄화를 통해서 사법기관의 부담이 줄어들게 될 수 있다. 비밀정보기관의 권한은 없어져야 한다. 그들의 작업은 엄격한 법치국가의 통제 아래 놓여야 한다.

V. 민주주의의 네 기둥으로서 미디어

미디어는 살아 있는 민주주의를 위해 커다란 의미를 가진다. 미디어는 보장된 자유와 헌법적 과제에 따를 수 있는 보호대책을 필요로 한다. 미디어는 단순히 경제적 기업으로만 치부되어서는 안 된다. 동시에 정치권력이나 언론권력과 혼합되어서도 안 된다.

우리는 언론의 다양성을 위해 노력한다. 그것을 위해 필수적인 것은, 매우 집중된 상업적 미디어기업에 대한 균형추로서 재정적으로 안정되고 생존 가능한 공영 라디오 방송이다. 전자 및 인쇄미디어의 계속적인 집중은 국내 및 유럽 수준에서 카르텔법을 통해 제어되어야 한다.

미디어는 언제나 더욱 단순화된 시장전략을 추구한다. 미디어에 대한 주체적 접근이 가능하도록, 어린이 이용자의 미디어-능력이 요망된다. 어린이를 위해 비상업적 프로그램 제공이 모든 미디어에 법적으로 보장되어야 한다.

VI. 기술의 발전과 정보의 자결

기술적 발전과 함께, 특히 정보 및 생물공학기술의 분야에서 시민권과 인권에 대한 새로운 도전이 제기된다.

정보교환의 속도 증가와 기술발전의 진전은 어떤 자료가 생겨나고 분류되고 무자격자에 의해 열람될 수 있는지 조망하고 통제하기가 언제나 어려운 결과를 낳는다. 그래서 자료보호의 의미가 더욱 커지고 있다. 정보의 자결은 효과적인 법적 기술적 자료보호와 함께 보장되어야 한다. 여기에는 국가적 감시와 통제의 대책은 물론, 당사자의 자기보호 지원, 자료처리의 투명성 실현, 경제적 자료처리에서 남녀 소비자의 시장권력의 확립도 포함된다.

의학의 진보는 특별히 유전공학적 진단 분야에서 눈에 띈다. 질병의 조기 발견과 원인의 정확한 규명은 긍정적 발전으로 그에 알맞은 연구를 지원해야 한다. 미래지향적 유전자 실험은 그러나 양면성을 가진다; 예상되는 질병이 치료기회를 전혀 가질 수 없거나, 혹은 그 결과가 결국 개인의 미래에 관해 아무 것도 이야기해주지 못하는 단지 통계적 상관관계 언급에만 존재한다면 그렇다. 차별을 방지하기 위해 유전인자의 분석은 기본적으로 해당자의 동의에 의해서만 허락되어야 한다. 유전자 정보의 경우에서 정보의 자결은 포괄적인 조언의무와 모를 권리(Rechtes auf Nichtwissen) 허용 그리고 절대적인 자료 이용 목적 제한을 조건으로 허용되어야 한다. 이것은 또한 유전인자 정보에는 단지 개인 자신만 접근할 수 있도록 해야 함을 의미한다.

Ⅶ. 민주제도의 개혁

민주주의는 정치적 입장과 개념의 경쟁에 의해서 산다. 그래서 우리는 입장이 더 이상 공개적으로 도입되고 논쟁되지 않고 다만 거대한 이해관계 속에서 타협되는 것은 잘못이라고 본다. 우리는 정치적 여론형성과정과 결정과정에서 의회와 의원의 역할을 높이고자 한다. 민주주의는 논쟁적이어야 하고, 다양한 개념과 기획을 둘러싼 경쟁투쟁에 의해서 산다. 기본적으로 모든 사안의 접근과 과정의 투명함 그리고 결과의 공개가 보장되어야 한다. 여기서 우리가 주장하는 것은 바로, 어떤 강력한 사회적 로비에 의해 뒷받침될 수 없는 이해와 주장을 공개토론에 부치는 것이다. 정당의 영향은 민주적으로 정당화된 영역에 한정되어야 한다. 인사는 오직 당원명부에 따라서, 예를 들어 행정이나 미디어, 지자체기업 취업은 금지되어야 한다. 민주적 제도는 성 주류화 원칙에 따라 여성과 남성에 대한 영향이 검증되어야 한다. 우리는 여성과 남성이 정책의 모든 분야와 모든 수준에서 동등하게 대표하기를 원한다.

국가의 필연적 현대화는 시민친화적이고 효과적이고 투명한 행정 없이는 생각할 수 없다. 시대에 적합한 행정개혁은 돈을 절약할 뿐만 아니라, 공공행정이 시민지향적이 되도록 배려해준다. 현대적 인사정책은 직원의 더 많은 자기책임과 실적에 따른 승진기회로 당국자의 권력에 대한 맹종과 엄격한 위계질서를 대체해야 한다. 국가는 비록 공공서비스제공자보다 더 많은 모든 공공복리 서비스를 제공해서는 안 되지만, 그것을 보장은 해야 한다.

Ⅷ. 참여권리 강화

시민은 물론 비정부기구나 단체 및 협회의 참여는 사회의 미래지향적 설계를 위해 필수적이다. 사회적 대화를 촉진하기에 적합한 새로운 참여형태가 가능하고 확립되어야 한다. 대의제 민주주의를 보완하면서 우리는 지차체에서 연방 수준에까지 직접민주주의가 확대되기를 원한다. 직접민주주의 수단은 시민친화적으로 구성되고 생생한 민주주의의 실천에 알맞게 되어야 한다. 이것은 지속적으로 검증되고 개선되어야 한다. 우리는 의회의 인적 구성에 시민들의 영향력 증가와 의회의 비례대표제 유지를 원한다.

더 많은 민주주의를 위한 열쇠는, 정당이 시민들에게 개방하고 새로운 참여형태를 파악하고 그것을 정치적 결정과정에 포함시킬 수 있느냐에 달려 있다.

IX. 연방주의와 지방자치

연방체계는 유지되어야 한다. 이는 생활수준을 평준화하고, 지역적 특수성을 유지하고 연방과 지역의 이익을 대비시키는 데 기여한다. 연방주의는 연방과 주, 지자체 사이의 책임성의 명확한 분리를 통해서 정당화된다. 여기에는 또한 정치적 관할과 책임을 가지는 재정수단이 수준에 맞춰 배분되어야 하는 것도 포함된다. 국가적 과제의 분산과 문화적 경제적 고유성을 가진 지역의 역량, 그리고 시민참여의 강력한 배려는 공공 재화와 서비스의 생산에서 효율성을 높인다. 지역의 경쟁은, 비교할 수 있는 출발기회와 지속가능한 경쟁질서가 보장되는 한, 긍정적이다.

우리는 지방행정의 부흥을 필요로 한다. 지방의 재량권은 강화되어야 한다. 우리는 헌법이 보장한 지방자치권을 부활시키려 한다. 이를 위해 우리는 지방재정 평준화 개혁을 필요로 한다. 지방재정수입의 안정화가 세율의 개선을 통해 재정자율성을 강화하는 만큼 여기서 결정적인 지주다. 우리는 지방이 – 이와 함께 시민이 – 자율성을 강화하기를 원한다. 이를 위해 법적으로 지방의 융통성이 허용되고 실험친화성도 장려되어야 한다.

X. 사회와 경제에서 공동결정권의 새로운 길

우리는 사회적 민주화가 더욱 진행되기를 바란다. 민주주의와 참여는 국가적 영역에 제한되어서는 안 된다. 그것은 또한 우리 미래에 관하여 근본적인 결정을 하는 또 다른 분야에도 자리를 차지해야 한다.

투명성의 요구는 사회적으로 결정되는 경제제도에도 적용된다.

경제에서 공동결정권의 확대 발전과 주민의 생산자본 참여 강화는 경제적 문제에서 효과적인 공동설계를 성취할 수 있게 해준다. 이것은 개별 기업 수준의 종업원 참여를 통해 그리고 여러 기업에 걸쳐서는 적절한 투자펀드에 의해 가능하다. 따라서 기업의 운명을 공동 결정하는 종업원에게 허용되는 동반자관계의 기업구조에 대한 요구가 증가한다. 공동소유와 공동결정은 우리 생각에 따르면 보족적이다. 기업에서 공동결정권과 집단이해 인식의 보장은, 노동세계의 확대된 인간화와 민주적인 기업실재에 대한 참여이해를 정당화하기 위해서, 필요하다. 기업의 공동결정권은 변동하는 사회적 필요와 요구에 적절하게 맞추어야 한다. 공동결정의 요구는 노동세계에만 한정되지 않는다. 이제 막 형성되고 있는 참여의 실현은 학교와 대학 영역은 물론 주거공간 그리고 대규모 사업 설계와 시행에도 필요하다. 또 이러한 분야에는 반대되는 이해에 대해서도 비교할 수 있는 방식과 절차가 필요하다.

양성평등사회로 출발

동맹/녹색당의 정책은 모든 생활분야에서 양성평등을 지지한다. 여성주의와 여성운동 그리고 많은 여성들의 개인적 참여는 동맹/녹색당 정책의 본질적 원천이다. 우리의 정치활동에 여성과 남성의 동등한 참여는 우리의 정치적 이미지의 결정적 특징이다. 여성정책은 우리에게, 여성과 남성의 생활분야를 생활상태의 다양성에 상응하여 구성하려는 목표를 가진 넓은 주제이다. 여성정책은 권력구조를 양성평등정의의 관점에서 분석하고 변화시키는 사회정책이 된다. 우리의 여성정책은 여성 및 남성정책, 양성평등정책, 사회정책 등으로 이어지고 있다. 우리는 양성평등정의를, 오늘날 실현된 정도를 넘어서 인간의 민주주의와 자유 그리고 평등의 이상으로 삼는다.

I. 우리 양성평등정책의 기본방향

여성운동의 결과는 우리나라에서 거대한 사회변동을 가져왔다. 여성의 법적 평등은 대부분 달성되었다. 가족과 직업을 양립시키라는 현대적 삶의 설계 요구는 소녀와 여성에게 당연한 일이 되었다. 많은 소녀와 여성은 오늘날 매우 자의식적으로, 여성운동이 과거에 적극적으로 싸워왔던 개인적 직업적 선택을 이용한다. 많은 위치에서 여성은 정치와 사회에 적극적으로 영향을 준다. 여성의 해방은 우리 사회의 개인화와 생활양식의 다양화의 본질적 요소이다.

이러한 거대한 진보에도 불구하고 소녀와 여성에게는 아직 양성평등의 사회로 가는 길을 위해 해야 할 일이 많이 남아 있다. 성별 사이의 위계질서와 권력차이는 잔존하고 있다. 소녀와 여성의 변화된 의식에는 강고한 남성적으로 각인된 사회구조와 문화적 기준과 관념이 대립하고 있다. 정치와 경제생활은 성차별적 분업의 전래된 이상에 여전히 기초하고 있다. 이것은 여성들에게 자식과 가족형성, 직업 사이에서 선택을 강요하고, 계속 많은 부담을 받아들이도록 강제한다.

우리 사회에서 빈곤과 풍요, 토착민과 이주민, 청년과 노인 사이의 사회적 분열에 여성과 남성 사이의 사회적 불평등이 추가된다. 모든 규칙에서 여성에게 지우는 부담이 무거울수록, 그 만큼 더 일반적인 사회부담도 무겁게 된다.

동맹/녹색당 정책의 과제는 이러한 양성관계를 만드는 기본조건에, 여성과 남성이 평등하게 그들이 사는 사회를 서로 같이 구성할 수 있도록 영향을 미치는 것이다.

양성평등정책은 모든 다른 정책분야에 대해서도 영향을 미친다: 노동과 경제, 생활방식과 가족, 사회보장과 세금, 교육과 과학, 연구와 기술의 구성에서도. 모든 정책분야는 양성평등정의의 시험대 위에 올라야 한다.

양성관계에서 정의. 교육과 노동, 소득과 재산권에 대한 참여와, 사회적 정치적 공동구성에 대한 참여는 양성 사이에 동등하게 분배되어야 한다. 여기서 중요한 것은 사회적 재화에 대한 여성의 공정한 참여뿐만 아니라, 가족부양의 부담에 대한 남성의 공정한 참여이다.

또한 오늘날 양성 사이의 위계질서와 권력차이는 결코 없어지지 않았다. 소녀와 여성의 생활현실은 - 그리고 많은 남성의 생활현실도 -

계속 권리와 실재 사이의 괴리에 의해 규정된다. 그러나 정치적으로 힘 있는 자리, 결정권을 가진 자리, 지급노동과 미지급노동, 소득과 시간 등이 공정하게 분배되지 않는 한, 우리 사회는 양성평등일 수 없다. 우리는 이러한 정의의 격차를 메우려고 한다.

분배정의는 양성평등 정책의 중요한 토대이다. 전통적으로 남성이 담당했던 분야의 일자리는 여전히 더 많은 임금을 받는다. 동일 노동, 동일 임금에 대한 "오래된" 요구는 여전히 실행되지 못하고 있다. 여기서 호소가 약하기 때문에, 정책은 부양자 기준에 의해 불평등한 가부장적 구조를 타파할 것을 요구한다.

양성관계에서 자결. 자결은 남녀 모든 개인에 대한 동등한 권리, 동등한 자유, 동등한 책임을 전제하고, 전통적으로 남성 우위를 특징으로 하는 위계질서를 해소한다. 소녀와 여성의 의식이 환경에 선행한다. 현대 사회는 이러한 변화를 제시하고, 자결의 삶을 실제로 가능하게 만드는 사회적 네트워크를 창출해야 한다.

양성관계에서 민주주의. 민주사회는 여성과 남성에게 민주적 여론 형성과정과 선출직에 참여할 수 있는 평등한 기회를 제공하고 있다.

양성평등문제는 그래서 중심적인 민주주의의 핵심 문제다. 모든 사회분야에서 기본적인 평등의 형식적 인정을 넘어 다양성의 인정을 타당하게 만들기 때문이다. 여성문제는 모든 다른 사회적 분할을 넘어서서 사회의 민주주의와 시민적 성격을 위한 기초적인 연결고리이다.

남성과 여성이 동등하게 설계하고 결정할 수 있는 권력을 갖게 되었을 때 비로소 사회는 민주적이어야 한다는 요구를 충족시킬 수 있다. 이를 위한 전제는 시민들이 경제활동과 사회적 정치적 활동을 의미 있게 결합할 수 있는 생활조건이다. 민주주의를 구성할 수 있는 모든 개인들의 권리는, 이를 위해 필요한 자원에 대한 공평한 접근을 포함한다. 우리는 모든 기구에 모든 사회집단으로부터의 여성과 남성의 동등한 참여와 이익대변을 위해 노력한다. 이것은 또한 정당과 정치기구가 자신의 구조를 양성평등에 맞게 변화시켜야 한다는 사실을 의미한다.

II. 양성평등정책에 대한 요구

우리의 양성평등정책은 양성정의를 방해하는 곳에서 사회적으로 규정된 남성과 여성의 속성을 없애는 데 그 목표를 두고 있다. 우리 사회는 많은 생활형태와 가족형태에 의해서 특징지어진다. 이것이 현대 사회의 요구와 변화에 대한 대답이다.

경제활동 참여이력과 평생의 가족이력을 가진 고전적 가족모델은 이전보다 훨씬 영향력을 잃었다. 여전히 전통적 역할규범에 따른 생활을 위한 재정적 혜택을 주는 조세 관련법과 같이, 사회보장제도에서 벗어난 요구는 이러한 현실에 더 이상 맞지 않는다. 여성은 규정된 생활태도에 묶여 있지 않은 독립된 존재보장을 원한다. 여성의 독립된 경제상황은, 이것을 통해 여성의 가족적이고 동반자적인 그리고 사회적인 결정권력과 규정권력을 강화하기 위해 장려되어야 한다.

그와 함께 우리는 부모의 책임을 위하여 일터에서 풍요롭고 신뢰할 만한 보육 기회와 이해를 필요로 하며, 그래서 아이와 함께 생활하고 싶은 여성과 남성이 아이와 직업 혹은 경력 사이에서 선택할 수 없는 가능성을 없애야 한다. 이것은 양자를 하나로 결합할 수 있는 가능성을 필요로 한다.

직업과 노동에서는 물론 정치적 공직대표에서도 참여는 필요하다. 참여는 미지급노동, 양육, 다른 사람을 돌보거나 사회적 관계를 위해 실천하는 일에 참여하는 것도 중요하다. 우리는 여성정책을 새로운 남성정책, 양성평등정책, 사회정책으로 확대할 것이다. 그래서 여성과 남성 사이의 관계를 기본적으로 새롭게 규정할 것이다. 그러면 남성들의 생활기획을 위한 새로운 이상이 열릴 것이고, 미지급 돌봄 노동의 성과를 재평가하고 가족과 가족생활에 대한 이해가 확대되고 풍요롭게 될 것이다. 우리는 남성들도 배제와 몰이해에 부딪히지 않고 아버지로서의 역할로 살 수 있도록 할 것이다. 다른 나라의 경험으로 볼 때, 남성과 여성에게 물질적 보장이 개선된다면, 남성이 양육의 주된 책임을 떠맡을 수도 있다.

III. 남성과 여성 사이의 폭력으로부터 자유

동맹/녹색당 정책의 중요한 목표는 모든 형태의 성차별 특유의 폭력으로부터의 보호이다. 폭력은 희생자가 순종적이고 굴욕적인 취급을 당하는 곳에서부터 이미 시작된다. 그 희생자가 주로 여성과 아동이 되는 성적으로 연관된 폭력은 인간존엄에 대한 공격적인 침해를 표현한다. 무엇보다 가정의 영역에서 일어나는 이런 종류의 폭력을 공개적인 주제로 만든 것은 여성운동의 공적이다. 우리는 성적이고 육체적 심리적 폭력의 희생자 보호를 위해 필수적인 전문적 수준의 체계, 가령 여성의 집이나 도피가능성, 자문제공, 희생자 및 증인 보호 대책을 폭넓게 낮은 문턱의 지원으로서 확대할 것이다.

우리는 성차별과 관련해서 예방적인 반-폭력활동을, 남성적이고 특히 성적으로 연관된 폭력을 지속적으로 없애기 위해 모든 수준에서 청소년 및 교육 활동과 사회활동 등을 지원할 것이다. 청소년 및 남성 활동은 또한 동반자적인 교육 및 역할모델을 학습시키는 데 방향이 맞추어져야 한다. 그리고 바로 여기서 양성평등 사회를 위해 남성적인 이상이 얼마나 필요한지를 보게 된다.

우리는 일관된 형사처벌과 함께 행위자에 대한 치료 조치와 조언 제공 역시 요구한다. 우리는 폭력성향과 폭력행위의 정도에 따라 행위자에 대해 조언과 치료제공을 확대하고 장려하는 것을, 미래를 위해 가장 중요한 일이라고 간주한다.

우리는 여성밀매의 경우에서 인권에 맞춘 정책을 동맹/녹색당 정책의 틀로 만든다. 밀매여성도 전문적 수준의 자문, 치료, 정신적 외상 치료와 도피에 대한 권리를 가진다. 우리는 전문분야의 전문가의 도움을 지원할 것이다. 밀매여성과 그 아이도 법적인 자문과 활동보조, 교육과 직업교육, 노동시장과 건강보호 등에 접근할 수 있어야 한다. 우리는 밀매여성을 인권침해의 희생자로서 더 큰 모든 차별, 예를 들어 강제출국에 앞선 구류, 비자발적인 송환, 강제추방과 같은 차별로부터 보호할 것이다. 밀매여성의 보호와 그들의 안전은 우리 정책에서 우선이다. 모든 이민자와 마찬가지로 그들도 전체적인 통합지원 서비스를 받을 수 있어야 한다.

공공 분야에서의 폭력은 남성에게도 해당된다. 대중의 눈에 남성은 대부분 가해자로만 비친다. 남성도 많은 경우 이러한 폭력의 희생자가 된다는 사실은 계속 무시된다. 양성평등정책은 양성 모두에 대한 폭력에 눈길을 준다. 여기서 여성만이 희생자일 수 있고 성적 폭력을 남성의 탓으로만 돌리는 성차별 특유의 오해도 수정되어야 한다. 폭력을 미리 예방할 수 있는 효과적인 전략이 발전되어야만 할 것이다.

Ⅳ. 낙태, 생식의학 그리고 육체적 온전함

우리는 소녀와 여성의 자결적인 삶에 대한 권리를 보호하고 지원하려고 한다. 그래서 우리는 나아가 임신에 대하여 외부의 압력 없이 스스로 결정할 수 있는 권리를 보장하기 위해 노력할 것이다. 이것을 위한 중요한 진보는 아이와 함께 생활하기 위한 기본조건을 개선하는 것이다. 또한 낙태에 대한 형사처벌도 자녀와 함께 살기 위한 생활을 결정하는 데 적절한 길은 아니다. 어느 여성도 커다란 갈등 없이 낙태에 관해 결정할 수 없다. 어느 여성도 사회적 물질적 상황을 통해 그리고 외부로부터 행사된 압력을 통해 자유로운 결정을 침해받아서는 안 된다.

생식의학의 진보로부터 근본적인 윤리 문제와 갈등이 생겼다. 더욱 단순화된 진단방법과 태아에 대한 접근은 여성과 부모가 되길 바라는 부부에게 선택의 자유와 자결가능성을 가져다주었다.

출생 전 진단과 착상 전 유전자 진단 여성에게 임신상태를 유지할 것인지 말지에 관한 결정을 넘어설 수 있는 새로운 기회를 제공하였다. 임신상태를 그만 둘 권리는, 가능한 장애를 언제나 미리 진단하는 이러한 방식으로 인해 낙태에 대한 책임을 되돌리도록 위협한다. 현대적인 생식기술과 태아줄기세포에 대한 연구는 여성의 생식에 대한 자결권을 추가적으로 위협한다; 점점 더 난자 제공자로서 배아 기증자로서 여성은 의료적, 과학적, 경제적 이익의 노리갯감이 될 위험에 놓이게 된다. 동맹90/녹색당은 따라서 임신 유도 이외의 다른 목적으로 배아를 생산하려는 모든 기도에 대해 반대한다. 여성의 생식에 대한 자결권은 임신 중에 그리고 임신에 앞서 수술에 의한 유전자 검사를 거부할 권리와, 장애가 있는 아이에 대해 결정할 권리를 포괄한다. 육체적 온전함에 대한 인권 역시 여기에 포함된다.

여성의 자결적인 결정은, 이것이 여성에게 잘 알 수 없는 진단방식과 생식의료적 치료에 맡겨진다면, 그만큼 제한될 것이다. 출생 전 진단의 발전된 방법을 요구받는 것을 거절하는 여성은 이미 오늘날 사회에서 몰이해와 정당화 압력에 부딪힌다. 장애인이 사회생활에 공정하게 참여할 수 있는 사회적 과제를 의료적 진보의 구실 아래 여성 개인의 책임

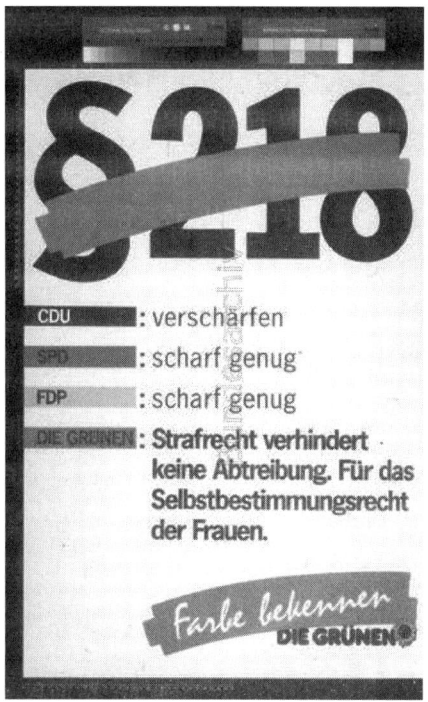

자기결정권으로서 낙태를 지지하는 녹색당 선거 포스터
출처: www.bild.bundesarchiv.de

으로 돌린다. 우리 녹색당은 미래에도 출생 전 진단에서의 모든 발전을, 인간 현존재의 개별성과 다양성을 지향하는 우리의 인간상과 일치하느냐의 여부에 따라 판단할 것이다.

V. 양성평등정책의 새로운 길

가령 여성 할당제, 여성단체의 정착, 여성지원정책과 같은 구조적으로 효과 있고 올바른 여성정책의 수단이 필요한 사회변동을 가져오지 못한다는 사실은 경험으로부터 알고 있다. 양성 사이의 정의를 만들기 위해서는 그것을 넘어 새로운 전략과 새로운 동맹파트너가 필요하다.

여성정책과 양성평등정책은 많은 분야를 포괄하는 정책이다. 우리는 모든 기준과 정치적 결정을, 이것이 더 많은 양성 간 정의와 더 많은 민주주의를 가져오느냐의 여부로 평가한다. 따라서 성차별 특유의 불평등을 검증하는 방법으로서 성 주류화 원칙은 모든 정치적 행동으로 들어가는 입구가 되어야 한다. 이것은 양성평등과 동등한 참여를 위한 발전잠재력을 활성화하고, 남성정책과 양성평등의 새로운 정책수단을 통해 여성지원 정책수단을 확대할 것이다. 이것은 또한 공공자금 분배에도 해당한다. 공공자금이 양성 중립적으로 분배되는 것처럼 보이지만, 사실 공공지출과 투자는 여성과 남성에게 차별적으로 적용된다고 연구는 밝히고 있다. 우리는 경제정책과 재정정책 역시 양성관계에 미치는 영향에서 검증되어야 한다고 주장한다. 이것을 통해 공공예산은 더욱 투명하고 더욱 분명해질 것이다. 공공자금이 어디로 흘러가고 누가 이의 혜택을 보는지가 분명해진 다음에 비로소, 예산정책 결정이 남녀평등에 기여했는지의 여부가 판단될 수 있을 것이다.

성 주류화 원칙은 새로운 사회계약으로서 양성평등계약을 글자 그대로 관철할 수 있게 해준다. 그래서 우리는 모든 조직 수준에서 성

성주류화가 처음으로 제창되었던 1985년 케냐 나이로비의 제3차 세계여성대회
출처: UN Photo/Milton Grant

주류화 원칙을 장려하고 실행할 것이다. 이것은 당의 모든 여성과 남성을 위한 공동체과제이다.

⇒ **핵심기획: 권력에 대한 여성**

여성은 인구의 절반을 넘는다. 여성은 권력의 절반을 원한다. 남성은 인구의 다른 절반이다. 남성은 책임의 절반을 떠맡아야 한다. 또한 비록 최근에 여성의 해방을 통해 많은 운동과 변화가 있었고, 많은 소녀와 여성이 오늘날 매우 자의식적으로 직업과 공공생활에서 자리를 차지하게 되었지만, 경제와 노동세계는 물론 정치와 사회가 여전히 매우 강하게 전통적인 성별관계에 의해 규정되고 있다: 남성은 지배적인 역할, 여성에게는 서비스 업무.

여성할당제와 최소동등권의 도입으로 우리 당은 중요한 진전을 이루었다. 여성은 모든 분야에서 우리와 함께 성공적으로 자리를 잡았다. 이러한 모범을 통해 여성할당제는 오늘날 어느 정당도 더 이상 빼놓고 생각할 수 없다.

우리는 여성이 우리 당 구조 자체 내에서 전면에 자리하기를 원한다. 우리는 정치와 사회 조직에서, 대학에서, 문화와 학문에서, 공공서비스와 민간경제에서 지도적 위치의 절반을 여성이 차지하기를 원한다.

모든 경제적 사회적 과제에 양성이 공정하게 참여하도록 추진하는 것은 동맹/녹색당 정책의 목표다. 우리는 일상생활에서 교육과 직업노동 그리고 가사노동이 여성과 남성 사이에 동등하게 분배될 수 있는 기본조건을 창출할 것이다.

우리는 법률과 대화, 선전작업을 통해 정치와 사회에서 여성적인 측면을 양성평등에 맞게 관철하려고 노력할 것이다. 우리는 소녀와 여성을 위해 승진의 길을 열고 이를 쉽게 만드는 모니터링 사업과 여성네트워크를 지지한다. ⇐

VI. 국제적인 여성권리

여성의 권리는 남성의 권리이다. 세계의 많은 부분에서 여성과 소녀는 여전히 심각하게 품위를 손상당하고 있다: 아프리카 일부에서의 생식기훼손, 근본주의 이슬람 나라에서의 강제혼인과 이와 결부된 냉대, 많은 곳에서 일반적인 아동 및 소녀노동, 매매춘 강제, 강제적 결혼과 소유대상으로의 부인의 사물화, 과부와 독신녀의 고립화와 굴욕 - 이 모든 것이 많은 소녀와 여성이 이 지상에서 내버려지고 있는 다양한 굴욕과 고통의 뚜렷한 증거이다. 성차별 특유의 박해는 많은 나라에서 당연한 관례이다.

따라서 인권의 관철 중심에는 여성권리의 강화가 있어야 한다. 무엇보다도 바로 여성이 많은 나라에서는 빈곤과 투쟁하고 있는 결정적 담당자로 지속가능한 발전을 담당하고 있기 때문이다. 생활 유지를 위한 활동에서, 물과 땅과 생필품 및 식량을 절약하고 생태적으로 책임 있는 관계에 서 있는 것은 언제나 여성이다. 여성은 많은 지역에서 생존을 보장하는 소경영을 담당하는 주도자이다. 종종 여성은 자신의 대가족의 주거와 위생, 교육을 돌보아야 한다. 여성은 전쟁과 피난상태, 아사상태와 환경재앙에서도 자신의 가족의 생존을 위해 싸운다.

국제정책과 개발협력은 여성권리의 실현과 모든 분야에서 적극적으로 소녀 및 여성지원 정책을 지원해야 한다. 여성권리의 강화 없이는 어떤 평화도 없다. 지속적인 발전을 위해 소녀와 여성의 경제적 생태적 사회적 능력이 인정받고 통합되어야 한다. 여성의 존엄은 침해될 수 없다. 교육의 권리와 노동의 권리와 같이 여성의 권리는 존중되어야 하고, 여성은 소득과 자원에 접근할 수 있어야 하고, 성차별 특유의 박해와 차별로부터 보호되어야 한다.

소녀와 여성은 세계의 많은 부분에서, 동시적으로 붕괴되고 있는 사회구조에서 그들에게 열악한 노동조건을 부담시키는 세계화의 패배자가 되고 있다. 한편으로 거의 세계적으로 강화되고 있는 여성네트워크가 관찰될 수 있다. 국제적 여성운동은 "보이지 않는" 여성의 상황을 이른바 개발도상국에서 보이도록 만들었다. 유엔에 설치된 여성과 양성평등문제를 위한 세계여성회의와 특별위원회가 이러한 길에 대한 성공사례일 것이다.

우리 동맹/녹색당의 여성들은 우리 스스로를 국제적 여성운동의 일부로서 이해하고, 여성운동의 강화를 위해 노력한다. 국제적 여성운동에 찬동하고 경청할 사람들을 창출하고, 세계적으로 여성의 권리를 실행하도록 장려하는 것이 우리의 정책이다.

유럽을 향하여 출발, 하나의 세계로 출발

국제상황은 지난 수십 년 동안 근본적으로 변하였다. 유럽은 자신의 역사적 분열을 극복할 수 있는 기회를 잘 활용하였다. 새로운 통합 유럽은 민족주의의 낡은 유럽을 뒤로 밀어냈다. 이러한 변화에 우리는 많은 희망을 관련시킨다. 그러나 유럽은 21세기에 새로운 기회와 거대한 도전 앞에 서 있는 것만이 아니다. 전체 국제관계는 극적인 속도로 변화되고 있다. 세계화는 외교정책의 거대한 주제가 되었다. 세계화는 세계적으로 전체사회적, 경제적, 사회적-생태적 문제상태와 연관되어 있고, 그래서 정책의 세계화를 요구한다. 국민국가 혼자서 세계화를 구상할 수 없다. 모든 국제적 행위자들이 변화된 기본조건을 구상해야 한다. 또한 유럽과 세계에서 독일의 역할이 새롭게 규정되어야 한다. 우리의 비전은 인권을 지향하고, 생태적, 사회적, 민주적, 평화적인, 그리고 자유로운 규범에 따라 구성되는 새로운 국제질서의 형성이다. 이를 위해 우리는 정치적 책임을 이용하려고 한다. 우리는 세계지역의 패권을 추구하거나 다른 나라를 배제하는 몇몇 국가의 집단을 추구하지 않을 것이다. 우리는 세계를 향해 열린 민주주의의 세계공동체를 위해 노력한다.

I. 우리 외교정책의 기본방향

동맹/녹색당의 외교정책은 평화운동과 세계의 남북-연대 그리고 인권운동의 전통에서 발전하였다. 냉전의 후기단계에 이미 우리는 장벽의 양진영에 대하여 고도의 핵무장, 사고의 군사화, 적대적 인상과 서로에 대한 매도 등에 반대를 표명하였다. 우리는 포괄적인 군축, 내적이고 외적인 평화, 무력 없는 분쟁해결을 위해 노력한다. 아프리카와 아시아 그리고 라틴아메리카의 넓은 지역에서 사람들의 생태적 위험, 굶주림, 종속, 저개발, 빈곤화에 대항하기 위해 우리는 공동으로 연대운동을 실천하였다. 인권의 보편성과 타당성을 우리는 언제나 다시 확고하게 지지한다.

동맹/녹색당의 외교정책은 생태적 책임, 자결, 국제정의, 민주주의와 평화에 책임을 다한다. 우리의 이상은 그래서 인권의 보편성과 불가분성이고, 국제관계에서 법의 타당성, 탈군사화, 국제정책의 민간화와 무력제거, 생태연대적 세계경제질서이다. 우리는 권력정치적인 특수한 길, 권력정치적 자기한계와 국제적 연계에 기초한 패권주의와 민족주의를 없애는 데 진력한다.

동맹/녹색당의 외교정책은 유럽통합 과정에 중점을 둔다. 유럽통합은 역사에서 처음으로 평화와 복지의 시대를 가져왔다. 마찬가지로 유럽에 대한 우리의 정책은, 미래에는 더 이상 국민국가와 민족사회라는 폐쇄되고 서로 구획된 공간에서 살 수 없고 행동할 수 없다는 사실에 근거한다. 우리가 추구하는 유럽은, 사회적으로 공정하고 생태적인 정책에 따라 안팎을 대표하는 민주주의와 지속가능성, 연대의 유럽이다. 유럽은 대륙에서 평화를 유지할 수 있고 세계평화에 의미 있는 기여를 할 수 있는 기회를 갖고 있다. 유럽연합은 이러한 과정에서 커다란 책임을 부여받았다. 우리는 유럽연합의 확대는 물론 내적 통합의 심화를 지지한다.

동맹/녹색당의 외교정책은 또한 세계화의 또 다른, 긍정적인 구상을 추구한다. "세계적으로 생각하고 지역적으로 행동한다"는 환경운동의 구호와 함께 우리는 일찍이 형성되고 있던 세계사회를 위해 적극적인 책임의 전망을 정식화했다. 새로운 국제질서구조를 창출하고, 공평한 경제적 생태적 사회적 인권적 측면을 고려하는 것이 필요하다. 이것을 위해 국제구조정책이 필요하다. 필요한 것은 국제적 수준에서 협력과 조정, 결정이다. 국제조직, 지역적 결합, 국가로 구성된 의회, 국제적 규칙으로부터, 그리고 무엇보다 세계적으로 연결된 사회운동과 시민사회를 통해서, 세계적 거버넌스(협치)가 구축될 것이다. 사회운동과 시민사회는 세계적 도전에 대처하기 위해 세계적 거버넌스를 강화할 것이다.

II. 세계사회를 위한 책임을 떠맡는다

세계화는 세계를 변화시켰다. 경제, 문화, 정보 체계는 전 세계를 넘어 연결되었다; 우리는 국민국가와 민족사회 안에서 점점 덜 생활하고 행동하며, 하나의 세계사회의 윤곽이 드러나고 있다. 세계화는 과거의 인도주의적 이념을 실현할 거대한 역사적 기회를 열었다: 인류는 세계적인 수준에서 서로를 위한 책임과 연대를 보고 있다 - 그리고 그렇게 행동하고 있다. 이러한 의미에서 녹색당 역시, 세계화 의식과 세계적인 생태적 사회적 문제를 둘러싼 고민으로부터 생겨나는 운동의 일부가 되었다.

그러나 오늘날의 세계화 방식은 더 좋은 세계를 창출하지 못했다. 성장과 이윤이라는 경제적 논리가 전반적으로 관철되고 있다. 난폭한 "경제 우선"은 세계 전체에 걸쳐 사회적 생태적 조건을 악화시켰다. 남쪽의 나라들에서는 문제가 해결되지 않고 오히려 빈곤화와 굶주림, 환경파괴, 재난, 다양한 사회적 문화적 뿌리의 박탈이 더욱 악화되고 있다. 80억의 사람들이 계속 만성적인 영양실조에 시달리고 나아가 20억의 사람들이 지속적으로 생계의 위협을 받고 있는 세계경제는 명백히 실패한 것이다.

정확히 말하면 세계화만이 세계의 모든 "죄악"을 가져온 것은 아니다. 그렇지만 세계화는 매우 심각한 경제적 사회적 실패로 귀결되었고, 부정적인 발전을 강화했다.

"남쪽"에서뿐만 아니라, 또한 선진국에서도 신자유주의적 세계화는 위협적인 그림자를 던졌다. 여기서도 빈부격차가 더 커졌고, 노동관계가 불안정하고 불안하게 되었으며, 더 많은 사람들, 특히 여성들이 경제적 사회적 참여로부터 배제되었고, 사회적 참여는 위험에 처해 있으며, 사회평화는 위협받고 있다.

우리는 세계적인 연대와 책임의 세계를 원하기 때문에, 상품을 위한 세계를 만드는 세계화에 대해서는 아니라고 말한다. 경제적 가치 우선과 성장이라는 단순한 논리가 틀림없이 장벽을 만들었다. 그래서 풍부한 영양과 건강한 물, 때 묻지 않은 환경조건에 대한 권리는 절대로 경제적 이윤의 논리에 종속되어서는 안 된다.

영향 받는 당사자와 그들의 환경의 긴요한 이해에 초점을 두는 데는, 비정부기구가 중요하고 결정적인 자극을 주었다. 세계화 구상에 비정부기구가 적극적으로 관여한 것을 우리는 환영하면서 미래에도 지지할 것이다.

조정을 위한 국민국가의 행위는 국경을 넘어 달리는 경제에 대해서는 더욱 더 실패하였다. 따라서 경제적 가치우선의 강제를 제어하고, 국제적 금융시장과 세계적으로 움직이는 기업의 권력에 한계를 설정하는 국제적인 기본조건을 창출해야 할 때이다. 고삐 풀린 세계화 경제는 제어되고 규제되어야 한다. 세계화에 대하여 민주적으로 정당화된 세계적인 규제를 관철하는 것이 정책의 주요한 과제 중 하나이다. 경제와 금융시장의 고삐 풀린 세계화에 대해 사회적, 생태적, 인간적으로 한계를 정하기 위해 유엔이 기준점이 된다. 환경 및 사회정책과 개발정책과 관련된 유엔환경계획(UNEP), 국제노동기구(ILO) 그리고 유엔개발계획(UNDP)와 같은 유엔기구는 국제협약을 개발하고, 유엔지속개발위원회(CSD)와 같은 기구를 창설하기 위해 강화되어야 한다. 유엔의 지붕 아래 개발도상국들은 세계화 과정의 설계에 동등한 권리를 갖고 참여하고, 시민사회는 알맞게 고려될 것이다.

국제적 국가공동체는 세계무역과 금융이전의 규칙을, 생태적 지속가능성, 사회정의, 부자와 가난한 사람 사이의 형평의 요구를 세계적으로는 물론 사회 안에서도 분명하게 우선하도록 조정해야 한다. 국제적 경쟁질서와 투자질서는 세계경제에서 "남쪽" 나라의 구조적인 불이익과 불공정한 상품교환관계를 타파하는 데 도움을 주어야 한다.

개발도상국의 부채는 더 탕감되어야 하고, 절약된 돈의 일부는 빈곤타파에 효과적이고 검증할 수 있게 쓰여야 할 것이다; 과거와 현재에 누적된 재정적 사회적 생태적 "부채"에 대한 북쪽 선진국의 책임을 인정하고 남쪽의 부채상환금을 덜 내도록 발전도상국으로부터의 사회적-생태적 부담을 나누어 가져야 한다.

공정한 세계경제질서에 대한 중요한 진전은 선진국의 관세장벽 철폐다. 세계화를 규제하기 위한 수단으로 투기적인 국제적 금융이전을 차단하기 위해 배당금 이전에 대한 과세제도(토빈세)를 도입하고, 이른바 조세피난처를 없애는 방법도 필요하다.

그것을 넘어 세계무역기구(WTO), 국제통화기금(IMF) 그리고 세계은행과 같은 국제적 기구를 더욱 발전시키고 새롭게 정비하는 것이 중요하다. 우리는 남쪽 나라의 더 많은 투명성과 개방성 그리고 개선된 영향력을 요구한다. 지속가능한 발전이라는 이상을 향한 세계화의 생태적 사회적 전환을 통해 우리는 의회와 시민사회에 대한 더 많은 양성평등정의, 민주화와 투명성을 이룰 것이다.

세계화와 정의

경제의 세계화는 경제의 비용과 이익이 세계적으로 무조건 동등하게 분배될 것임을 의미하지 않는다. 최근 점점 더 세계화의 이득과 이윤이 오로지 경제적으로 막강하고 정치적으로 권력이 있는 소수에게 집중되는 반면, 빈곤한 사람들의 상태는 더욱 어려워지고 있다. 세계화 과정에서 또한 정부와 지방정부에 대하여 사회보장을 축소하라는 압력이 커지고 있다. 그러나 세계적인 수준의 정의가 없이는 평화도 지속가능한 발전도 있을 수 없다. 경제적 요인은 전쟁을 일으키는 갈등의 원천이 될 수도 있고, 동시에 평화를 창출하는 수단이 될 수도 있다. 공정한 경제구조는 평화공존의 중요한 조건이 될 수 있다. 따라서 평화를 위해 노력한다는 것은 생태적-연대적 세계경제질서를 도입하는 것이다. 남쪽에 부담을 주는 세계경제의 일방적 자유화 대신에, 선진국의 보호장벽을 철폐해야 하고 동시에 비대칭적인 "보호"의 약점을 수정해야 한다.

국제적인 정의를 성공적으로 관철하기 위한 정책의 가장 중요한 기준은 그래서 빈곤에 대한 효과적인 투쟁이다. 우리는 우리의 정책을 통해서 2015년까지 극빈자 비율을 절반으로 줄이는 데 기여하려고 한다. 우리는 모든 사람의 생활기회를 지구의 생태적 부하 가능성에 주의하면서 가능한 한 높은 수준에서 균형을 맞추기 위해, 생태적이고 사회적인 세계경제질서를 위해 참여할 것이다.

세계화와 지속가능성

세계적 자유무역의 경쟁효과 아래에서, 지속가능한 경제로의 국가적 전환은 재빨리 탈규제화 압력을 받고 있다. 생태적 사회적 양성민주적 목표와 차원을 거대한 경제블록의 정책과 세계경제의 특정 기구, 즉 세계무역기구와 세계은행 그리고 국제통화기금의 규약 속에 관철할 수 있을 때, 비로소 우리는 환경에 대한 파괴적인 관계를 바꿀 수 있다. 우리는 국가적으로 이를 주도할 것이다. 국제환경회의, 특히 기후와 생물다양성에 대한 국제환경회의와 함께, 세계경제의 발전을 생태적으로 덜 위험한 궤도에 놓기 위한 시도가 이루어졌다. 지금까지의 국제협약은 자연적 생활조건의 악화를 세계적 차원에서 막는 데 충분치 못했다. 에너지원의 고갈, 더욱이 물과 비옥한 토지와 같은 기초적 생활토대의 고갈은 심각한 갈등과 지역적 전면전으로 귀결되었다. 독일과 유럽연합의 환경외교정책과 생태적-연대적 세계경제질서는 이러한 위험을 막아야 한다. 국제적 구조정책의 필수적인 요소는 환경과 개발에 권한이 있는 유엔 기구의 격을 높이고 강화하는 것이다. 무엇보다 세계적 환경정책을 다루는 조직, 그 중에서도 특히 유엔환경프로그램(UNEP), 지구환경기금Global Environment Facility(GEF), 지속개발위원회Commission on Sustainable Development(CSD)이 결합되어야 하고, 정책적 제도적으로 강화되어야 한다. 우리는 인간과 자연을 보호하기 위한 재판과 국제협약의 통제의 개선을 바란다.

세계화와 민주주의

세계화는 민주주의 발전의 기회를 제공할 뿐 아니라, 한편으로 민주주의를 파괴하고 위협할 수도 있다. 국가를 장악한 권력엘리트들이

한 나라의 부를 가지고 있는 나라에서는, 경제적 세계화의 경쟁압력이 부패의 아성, 경영부실, 자원탕진으로 이끌어 갈 수 있다. 장기적 시점에서는 또한 투자와 상품의 세계적 시장은, 단지 민주적 관계를 통해서만 유지될 수 있는 법적 안정과 정치적 안정에 대한 최소기준을 요구한다. 그리고 국제적 정보망과 통신망의 보급은 민주적 노력을 촉진한다. 그러나 많은 경우에 세계화 이해와 전체 지역 혹은 국가를 착취하기 위한 부정한 체제가 결합된다. 시장은 자동적으로 민주주의를 가져오지 않는다. 민주주의를 위해 투쟁하고 수호하는 것은, 세계적으로 인간이 자기결정으로 살 수 있는 조건이 된다. 가장 좋은 사례가 유럽연합인, 초국가적이고 민주적인 공동체의 발전은 시장의 힘에 반대하여 참여한 사회의 자결기회를 강화하고, 사회적 생태적 시장경제를 위한 국제적 규범을 창출할 것이다. 동맹90/녹색당은 국제통화기금과 세계은행의 민주화와 개발도상국의 투표비중의 확대, 그리고 두 기구에 시민사회 조직의 신중한 편입을 위해 노력할 것이다.

세계화와 평화

동서대치가 끝난 이후 전쟁무력의 기본틀이 바뀌었다: 국가 내적이고 지역화된 무력분쟁과 전쟁이 전면에 나타났다. 무력의 사유화, 붕괴된 국가성, 인종적-민족주의적 정체성 정책, 종교적 근본주의와 조직범죄가 여기에 손에 손을 잡고 등장하였다. 그 희생자는 우선 민간인들이다. 질서가 무너진 장소는 동시에 폭력과 범죄의 온상이 되었다. 불안의 세계화는 탈국경화된 초국적 테러에서, 소형무기의 범람과 대량살상무기의 보급에서 명확히 표현되고 있다.

90년대의 군축단계 이후 세계는 새로운 군비확장추진과 다자간 군비통제의 위기를 경험하고 있다. 군사적으로 지지되는 이해정책과 세력정책의 부활로 국제관계에서 강대국의 권리를 복귀시킬 위험이 나타나고 있다. 미국의 군비확장계획은 세계적 군사패권주의를 목표로 한다. 그 결과는 더 이상의 안전이 아니라, 거대한 자원의 탕진이며 세계의 비평화와 폭력의 촉진이다.

세계화된 불안과 사유화된 무력은 공동의 포괄적인 안전과 공평한 평화를 위한 다자간 정책으로만 효과적으로 대처할 수 있다. 유럽은 자신의 역사적 경험과 잠재력과 관련하여 이것을 위한 책임이 있다.

III. 통합 – 자기제한 – 다자간 협력

독일의 의존성은 국제적 변화를 통해 적지 않게 이루어졌다. 동시에 유럽과 세계에서 우리의 책임이 커졌다. 우리는 국제적 이해 속에서 책임을 지는 독일정책을 원한다. 비록 국제적 연대와 세계적 책임의 정책이 우리나라의 사회적 이익을 완전히 도외시 할 수 있더라도, 독일은 자신의 국제정책을 국가적 이해에 한정해서는 안 된다. 중요한 것은 정당한 사회적 생태적 경제적 이해와 안전의 가치를 동반하는 외교정책과 일치하도록 만드는 것이다.

독일은 자신의 역사와 지리적 상태로 인해 유럽통합과정의 틀 안에서만 자신의 역할을 발견할 수 있다. 프랑스와 우리는 특별한 친선을 맺고 있다. 또 영국과 폴란드는 역사적 책임으로부터 특별히 밀접한 동반자이다. 또한 가까운 시일 안에 유럽연합의 정회원국이 될 수 없는 러시아와 다른 유럽국가들과 함께, 우리는 유럽이라는 공동의 집을 건설하고 공동의 유럽의 집을 위한 폭넓은 안전건축을 창출하는 데서 협력할 것이다. 우리는 유럽연합과 동부 유럽의 이웃나라들의 공동의 경제공간에 대한 전망에서 적극적으로 나설 것이다.

독일의 안전과 안정은 본질적으로 미국과 러시아의 밀접하고 좋은 관계에 기반한다. 두 나라는 파시즘과 전쟁, 대량학살 이후 독일이 국가공동체로 복귀하는 데 본질적으로 함께 영향을 미쳤다. 40년이 지난 지금 독일의 통일이 미국과 그 당시 소련의 지도력 덕분이었음에 대해 우리는 특별히 감사를 표한다. 모든 차이와 대립에도 불구하고 미국에 대한 밀접하고 친밀한 관계, 그리고 공동의 의제를 함께 돌보고 개선하려는 노력은 21세기에 결정적 중요성을 가진다. 대서양을 넘는 새로운 과제는 세계적으로 환경친화적이고 사회적이고 민주적인 전환을 위한 공동 책임을 강조한다.

우리는 대륙과 지중해의 모든 이웃나라들과 함께 지속가능한 협력을 추구한다. 우리는 유럽연합이 지중해를 하나의 번영과 법률, 지속가능성, 평화의 지대로 만들기 위한 통합된 전략을 추구한 바르셀로나 프로세스(Barcelona-Prozess)를[13] 지지한다. 나호스트Nahost갈등에 대해서 우리는 안전한 경계 안에서의 이스라엘의 생존권과 함께 팔레스타인 국가를 위해 노력할 것이다. 우리는 이스라엘에 대해서는 특별한 관계를 유지한다. 우리는 유럽을 향한 문과 터키에 대한 문을 개방하기 위해 노력할 것이다. 유럽의 공동성장 과정에서 유럽은 물론 유럽안보협력회의(OSZE)가 적극적인 역할을 수행해야 한다. 따라서 이 조직의 다양한 영향력 범위는 유연한 협력형태와 이행을 위한 기회가 된다. 우리는 어떠한 "엄격하고", 배제된 유럽연합의 대외국경도 원하지 않는다. 지역적 협력은 물론 사람들의 자유로운 왕래가 유럽연합

---

13) 1995년에 출범하여 강령 채택 당시인 2002년 유럽연합 15개국과 이집트, 알제리아, 요르단, 이스라엘, 레바논, 말타, 모로코, 팔레스타인 자치기구가 참여하고 리비아가 옵저버로 참여하였다 - 편자 주

의 경계를 넘어 보장되어야 한다. 우리의 전망에서 유럽연합은, 다양한 정치적 경제적 문화적 연계를 통해 특징지어지는 전체 유럽네트워크의 핵심이다.

우리는 다자간 협력, 친구와 동반자와의 대화, 협상에 의한 갈등 해결을 지지한다. 다자간 협력의 강화는 우리 외교정책의 둥근 천정과 같은 목표이며, 그래서 우리는 모든 노력과 다자간 구조, 통합과 법률의 효력을 강화하는 것을 지원할 것이다. 이러한 기본태도는 2001년 9월 11일 이후의 경험을 통해 확인되었다. 이것은 강화된 문화 간 대화를 포함한다. 우리의 평화정책적 사고는 독일 혼자만의 길이 아니라 친구와 동반자와의 대화 속에서만 전환될 수 있다. 우리는 그래서 고립되지 않고 여기서 신뢰를 주기 위해 우리의 친구와 동반자와 함께 공동의 정치적 진행을 하는 데 높은 자리값을 부여한다. 동시에 우리는 자기제한의 정책을 유지하고 외교정책적으로 특수한 길을 단호히 거부한다. 이러한 자기제한의 정책과 물론 고유한 자기주도를 요구하는 다자간 이해대변의 정책과 함께, 우리는 50년의 연방공화국을 건설한 준비태세를 유지할 수 있을 것이다.

IV. 민주적 유럽으로 출발

유럽연합의 정치구조는 역사적으로 성장한 독특한 혼합이다: 국민국가는 원래의 연방국가도 아니고 전통적 국가연합도 아닌 유럽연합 공동의 초국가적 기구에 국가주권의 일부와 특정한 권한을 위임한다. 이러한 언제나 제한된 연합에서 결정은 투명하고 가능한 한 시민 가까이서 이루어져야 한다. 우리는 유럽통합의 과정을 더욱 추진하려고 한다. 우리는 공동의 유럽 녹색당, 상호적이고 유럽의 틀 내에서의 녹색당 동맹을 건설하려고 하는데, 이러한 유럽의 녹색당의 협력은 여기서 앞으로 더욱 큰 역할을 할 것이다.

우리의 목표는 시민의 연합이고 국가의 연합인 하나의 유럽연합이다.

유럽은 언제나 직접 관계하기 때문에 시민들에게 손에 닿을 듯이 더욱 구체적이고 더욱 명료하게 될 것이다. 동시에 유럽 민주주의의 결함은 유럽인들로 하여금 유럽의 더 큰 역할을 받아들이도록 하는데 위협이 될 것이다. 그래서 관료적 딱지와 제도적으로 잘못된 발전은 극복되어야 한다. 이것을 위해서는 바로 확대만이 활용될 수 있다. 중요한 것은 유럽 민주주의의 기반으로서 유럽헌법을 제정하는 것이다. 유럽헌법은 모든 유럽인들에게 기본권과 시민권을 보장하고, 유럽의 재판권을 통해 안전조치를 취할 것이다. 유럽헌법은 권력분립의 정신 속에서 유럽연합의 미래 제도의 구조를 확정해야 한다. 보충성의 원칙을 존중하면서 유럽헌법은 다양한 수준의 권한을 규정해야 한다. 제도와 권한분배의 미래 변화는 여기서 가능한 한 민주적 방식을 통해 이루어져야 한다. 포괄적인 예산권과 공동결정권은 물론 영향력 있는 통제권을 갖고 있는 유럽의회는 유럽연합의 더욱 생생한 민주주의를 의미할 것이다. 이것은 시민들의 의회로서 자국 의회를 통해 보완되어야 한다. 폐쇄적인 통합방식으로서 정부 간 협력은 오랫동안 자신의 한계에 부딪혔다. 따라서 우리는 유럽위원회는 물론 의원들의 역할을 강화할 것이다. 위원회의 장은 직접 선거나 유럽의회의 선거를 통해 정당화되어야 한다. 유럽연합의 필요한 제도적, 구조적, 재정정책적 개혁은, 유럽을 더 투명하게 파악하도록 하고 분명한 권한제한을 가진 것으로 이해하도록 만들어야 한다. 상황을 정확히 구분해야, 무엇을 위해 브뤼셀이 책임을 지고 안 질 것인가를 분명히 할 수 있을 것이다. 동시에 중요한 것은 국가와 지역 그리고 유럽 사이의 올바른 균형점에 관한 것이다. "국민국가의 동맹"의 개념을 둘러싼 논쟁이 분명히 보여주듯이, 유럽에서는 앞으로도 국가가 커다란 역할을 수행할 것이다.

통합과 지역적 다양성은, 보충성의 원칙이 시행된다면, 서로 배제하지 않는다. 우리는 결정이 사안으로부터 주어지고 커다란 민주적 영향력행사를 가능하게 해주는 곳에서 이루어지는 단순한 유럽을 원한다. 함께 성장하는 유럽에서는 기초단체와 지역의 수준에서 합리적인 방식으로 규정될 수 있는 것은 중앙집중화될 필요가 없다. 그래서 우리는 유럽에서 지역의 의미를 장려하고, 문화적 다양성과 지역적 특수성을 유지하려고 한다. 그러나 우리는 가난한 나라와 지역의 가입과 관련해서 유럽적 연대성을 빼앗기 위해 권한제한의 문제를 남용하는 것에는 반대한다. 단지 유럽적으로만 결정할 수 있고 전환할 수 있는 문제에서 유럽은 충분히 행위능력이 있어야 할 것이다.

또한 우리는 특정한 수의 회원국 사이의 협력 강화에 관해 말하고 있다. 그렇다면 이것은 분명한 규정에 근거해야 하고, 투명하고 시간적으로 제한되어야 하고, 모든 회원국을 위해 결과를 공개해야 하고, 유럽연합의 제도적 틀 내에서 결합되어야 한다. 우리가 볼 때 여기서 가장 상위의 원칙은, 모든 회원국이 민주적 통제에 대하여 동일한 권리를 갖고 연합의 계속 발전에 참여할 수 있다는 사실에 있다.

유럽연합에서 민주적 잠재력은 이미, 연합의 확대를 민주주의의 건설과 연관시켜 주는 데 놓여 있다. 유럽연합의 행동능력은, 위원회는 물론 의회에서도 다수인 이중의 다수가 규칙으로 된다면, 확보될 것이다. 거부권과 봉쇄 대신 "다수의 문화"와 함께 효율성과 투명성, 민주적 정당성이 높아질 것이다. "다수의 문화"는 회원국, 국가, 시민의 평등에 기초한다. 공통의 유럽 선거권은 유럽의회 선거를 위한 유럽 선거구의 분할을 위한 유럽 목록의 필요한 조건과 결합되어야 한다.

⇒ **핵심기획: 시민의 유럽**

유럽의 인정, 정당성, 참여는 시민 쪽에서도 전제가 없는 것은 아니다. 유럽은 자신의 정책에서 현재와 미래의 절박한 문제에 대한 올바른 대답을 제시해야 한다. 그러나 중요한 것은 투명하고 민주적인 결정구조이다. 그래서 우리는 유럽의 헌법제정 과정에 역점을 둔다. 우리는 유럽의 한 초강대국의 헌법이 아니라, 시민이 공동의 제도와 방식, 법률 위에서 하나가 되고 그 공동체의 공동의 연대에 관해 의견일치를 보는 그런 헌법을 우선적으로 도입할 것이다.

유럽연합은 유럽의 헌법제정 과정의 핵심이 되어야 할 유럽연합인권헌장Charter of Fundamental Rights of the European Union을[14] 의결하였다. 이 헌장은 유럽통합의 신빙성 있는 상징이 될 수밖에 없으며, 그래서 사법적 판단과 연결되고 이와 함께 소송제기가 가능하게 될 것이다. 헌장은 미래 유럽헌법에 포함되어야 한다. 유럽헌법은 사회적 경제적 문화적 권리는 물론 건강한 환경에 대한 권리를 위한 유럽연합의 목표를 확대 발전하기 위해 개방되어야 한다. 유럽연합의 개방성과 관용은 또한 이민자 관련법과 인도주의적 망명 및 난민정책에도 적용되어야 할 것이다.

공통의 가치와 공통의 기본권은, 통합의 지속적 발전을 둘러싼 논쟁을 생산적으로 가져갈 수 있는 유럽의 공론장을 위한 토대를 형성한다. 유럽의 공론장은 국가의 공론장을 대체할 수는 없지만, 그러나 국가적 담론의 분열을 극복하고 유럽의 다양성을 경험할 수 있게 만

---

14) 2001년 니스에서 조인되었다 - 편자 주

든다. 여기에는 공통의 구조가 필요하다. 우리는 강력한 이익만을 연결하지 않는 유럽의 시민사회를 원한다. 유럽의회와 유럽위원회를 위한 공통의 후보자를 가진 유럽의 정당과 매체환경Medienlandschaft은, 민주적으로 파악되고 투명한, 인간의 이해를 일깨우고 참여에 유리한, 유럽으로 가는 길에서의 중요한 진전이다.

소비자 이익, 사회적 생태적 이해는 유럽의 지지표를 필요로 한다. 유럽의 노동조합, 비정부기구, 시민기구는 대화의 동반자로서 공동체의 정책과정에서, 오늘날 이미 경제단체의 로비스트가 하고 있듯이, 마찬가지로 큰 역할을 수행해야 한다. 우리는 정치적 대화에 참여하면서 그러한 유럽의 이익단체를 더욱 강화하고 그것의 형성을 촉진하려고 한다. 유럽의 이익단체는 시민을 위해 확대된 정보권리와 마찬가지로, 유럽 시민사회의 발전을 위한 중요한 요소이다. ⇐

V. 확대: 거대한 과제

1989년부터 중부유럽 국가는 유럽연합 속에서 유럽통합에 참여할 수 있었다. 지금 예상되는 가입까지 회원국의 거의 두 배가 되고 남동부 유럽의 안정동맹을 점진적으로 실현하고 있는 유럽연합의 확대는, 유럽연합과 이제까지의 회원국 및 새로운 회원국으로 하여금 유럽통합 역사의 거대한 도전 앞에 설 수 있도록 하였다.

중부 및 동부 유럽의 새로운 민주주의의 도입은 얄타 이후 유럽의 분열을 종국적으로 극복할 수 있게 해주는 결정적 진전이다. 우리는 또한 터키에 대한 통합지원제공을 포함한 남부의 확대를 지지한다. 가입전망 속에 놓인 전체로서 유럽을 위한 역사적-정치적 기회는 이러한 과정에서 새로운 경제적 가능성과 손을 맞잡는다. 유럽연합에 새로운 회원국의 가입을 위한 무조건적인 전제는 코펜하겐 기준은 물론 유럽연합인권헌장과 유럽인권협약Convention for the Protection of Human Rights and Fundamental Freedoms에[15] 규정된 기본권 및 인권기준의 충족이다.

이들 국가에 대한 가입 절차가 성공적으로 끝난다고 하더라도, 경제적 생태적 발전을 서유럽 수준으로 동등하게 올리고, 조치들을 유지하고, 유럽연합의 법적 행정적 수준을 충족하기 위해, 유럽연합의 새로운 회원국은 여전히 많은 노력을 해야 한다. 따라서 중요한 것은 지급과 자본이전 뿐만 아니라, 또한 사회 사이의 경험의 교류와 개인적 관계의 장려가 필요하다. 개인들의 자유왕래에서 또한 유럽연합시민의 기본권을 제한하는 유예기간은 가능한 한 단축되어야 한다.

확대로 인해 공통의 농업정책에서 피할 수 없는 개혁의 경우, 우리는 농업보호와 소비자보호의 생태적 관점을 효과적으로 관철하도록, 새로운 회원국에게는 농업생산의 집중화와 같은 오류를 우선적으로 회피하도록 노력할 것이다.

VI. 사회적-생태적 유럽

유럽은 우리가 건설하려고 하는 고유한 사회적 모델의 윤곽을 발전시켜왔다. 경제와 사회, 시장과 국가는 서로를 보충한다. 사회적 가치와 환경의 보호는 경제적 관심사 옆에 동등한 권리를 가져야 할 것이다. 우리는 유럽정책의 주요 노선에 따라 환경을 보호하고 생활의 질을 개선하고 실업과 싸운다는 관련된 목표규정을 가진 미래지향적이고 지속가능한 경제방식을 위해 유럽의 협약을 필요로 한다.

---

15) 1950년 11월 서유럽 및 북유럽 10개국에 의해 서명, 조인 - 편자 주

유럽의 에너지정책은 세계적으로 필요한 생태적 전환에 기여해야 하고, 특히 태양과 물과 같은 재생에너지를 촉진해야 한다. 기후보호, 자원절약, 환경에 대한 공동체의 규정이 모든 정책분야를 위한 기준이 되어야 한다. 핵에너지로부터 벗어나는 것이 유럽 녹색당의 공통 목표이다.

유럽에서는 기능적인 경제공간이 형성되어왔다. 단일 통화로서 유로는 긴밀하게 결합된 재정정책과 통화정책을 요구한다. 조세정책의 유럽 내에서의 조화는 최소한 유럽연합 내의 조세피난을 막기 위해서도 조세정책을 유럽적으로 조화시키는 것이 절박한 과제가 되었다. 유럽과 국내 차원의 카르텔감시를 통해 경제적 권력집중을 효과적으로 통제하는 것이 반드시 필요하다. 동시에 소비자보호권리와 노동자보호권리가 공동체 수준에서 더욱 강화되고, 효과적인 방향에서 실행될 수 있는 가능성으로써 제공되어야 한다.

유럽은 사회적으로 분열되어서는 안 되고, 모두를 위한 복지와 사회보장이 마련되어야 한다. 연대적 개발전략으로써 한편으로 복지지대의 분열과 다른 한편으로 위기지역의 분열이 극복되어야 한다. 경제연합과 통화연합을 적절하게 발전시키기 위해서 우리는 회원국 사이의 사회적 타협을 이루고, 경제 및 재정 그리고 고용정책의 협력 개선에 이르기를 원한다.

우리는 또한 유럽에서 여성과 남성이 다양한 생활설계를 구현할 수 있도록 만드는 법적 사회적 기본조건을 위해 진력한다. 다양한 형태의 여성차별은 조정된 양성평등정책을 통해 없애야 한다. 여성의 정치적 대표는 여성과 남성이 절반씩 참여할 수 있도록 모든 수준에서 강화되어야 한다. 그래서 유럽은 시민의 유럽이 될 수 있어야 하고, 또 이것은 유럽의 공동성장에 적극적으로 협력하고 이것을 통해 개인으로서 혜택을 보기 위해 능력과 지식을 필요로 한다. 언어는 보호할 가치가 있는 문화유산이며, 유럽의 모든 수준에서 보호되어야 한다: 방언과 지역언어와 소수언어에서부터 초국가적 언어까지. 따라서 우리는 모든 학교와 직업교육에서 유럽 언어의 습득을 보장하고, 다른 유럽 나라와의 언어교류가 표준에 속하기를 원한다.

정보사회와 지식사회로의 발전은 유럽 교육체계의 강력한 상호 동의와 국제적 직업교육기관의 설립을 요구한다. 무엇보다 높은 청년실업과의 싸움이 유럽 협력의 고용정책과 교육정책의 중심 과제다. 우리는 청년교류가 비관료적으로 촉진되기를 원한다. 내정정책과 법률정책에서 필요한 유럽의 협력은 시민들의 권리와 자유를 보장해야 한다. 이를 위해 행정권력에 명확한 규정과 한계를 정하고 있는 의회와 법원의 통제를 받아야 한다. 망명정책과 난민정책에서는 인도주의, 법적 안정, 추방자 보호 등이 주요노선이 되어야 한다. 제네바 난민회의가 여기서 기준이 된다.

Ⅶ. 갈등예방, 국제적 법질서, 군축

우리는 국민국가의 주권을 국제적 법공동체 안으로 점진적으로 옮길 수 있도록 하는, 유럽을 위한 포괄적인 공동의 안보모델을 개발할 것이다. 우리는 군사동맹과 국가의 군대를 이러한 전체 유럽의 질서 안에서 통합하고 변모시키려고 한다. 그러한 전체 유럽의 평화와 안보질서를 실현하는 것은 유럽연합과 많은 다자간 조직의 공통 과제이다.

유럽안보협력기구(OSZE)의 강화와 확대는 이를 위해 결정적인 출발점이다; 왜냐하면 여기에는 러시아는 물론 미국과 캐나다를 포함한 모든 유럽 국가들이 대표되기 때문이다. 유럽안보협력기구 결정기제는 또한 구체적인 위기상황에서 효과적인 대응이 개별 국가에 의해 봉쇄되지 않도록 보장되어야 한다. 유럽안보협력기구의 규범과 파리헌장의 규범이 유럽안보협력기구의 틀을 충족하고 모든 회원국 내부에 영향을 주는 정도에 따라, 유럽안보협력기구는 법과 평화의 장으로 발전할 것이다.

유럽안보협력기구 틀 내에서 안정된 전체 유럽의 평화질서는, 미국과 러시아와의 긴밀한 협력 속에서 세계 전체의 지속적인 평화질서에 기여하는, 자기의식적이고 행위능력이 있는 유럽을 전제한다. 유럽에 대한 미국의 지속적인 참여를 포함한 초국적 동맹으로의 통합은 따라서 결국 중요한 역할을 할 것이다. 군사력의 지속적인 축소가 여기서 우리의 목표가 되어야 한다. 또한 초국적 관계가 북대서양조약기구(NATO)의 군사 부문의 협력에 고정되어서도 안 된다. 동맹은 진영대립의 종말 이후, 철저히 새로운 구상의 전망을 포함할 수 있는 개혁을 필요로 한다. 우리는 다국적 조직에 대한 미국의 참여에서, 미국이 국제적으로 특별한 역할에도 불구하고 국가공동체의 동등한 동반자로서 협력하기 위한 중요한 전제를 본다.

유럽연합의 공동 외교정책과 안보정책은, 전통적인 안보정책보다 더 많은 것을 포함하는, 안보에 관한 전체적인 사고에서 출발해야 한다. 이것은 또한 평화를 목표로 하고 인권을 실현하려고 하고, 효과적인 위기관리를 할 수 있어야 한다. 외교정책적 노력의 중심은 위기를 예방하고 평화적으로 해결하는 것이다. 여기에는 위기예방과 평화운동 및 평화유지의 기준 속에서 유엔기구의 배치를 지지할 준비가 되어있는 유럽연합의 노력도 포함된다. 그러나 우리는 새로운 군사적 패권으로서 유럽연합을 창출하기 위해 공동의 파견군대 창설에 반대한다. 유럽연합-안보일체감은 기존 핵무기의 잠재력 위에 기초할 수는 없다.

우리는 국제정책의 모든 분야를 위해 유럽연합의 포괄적이고 공동체적인 개념을 발전시키기를 원한다. 따라서 우리는 유럽연합의 외교정책과 안보정책이 갖는 공통성을 더욱 발전시키려고 한다. 또한 바로 이 중요한 분야에서 유럽의회에 의한 민주적 통제를 확대하는 것이 불가피하다.

군사력 이용은 고통과 파괴를 의미하고, 이의 목표와 관계없이 거대한 재앙을 낳는다. 군사적인 것은 이제까지 대부분 국가의 권력정책과 이해정책을 위해 사용되었다. 군사력 위주의 안보정책은 사회적이고 지속가능한 발전을 희생하고 영구적인 군비확장과 엄청난 자원 탕진을 가져온다. 군사적 지배 추구는 비대칭적인 반응을 가져온다. 군사력과 군비확장 그리고 전쟁에 기반한 역사적이고 실제적인 경험은, 왜 우리가 모든 군사력 위주의, 군사력에 의해 뒷받침된 권력정책을 거부하는지에 대한 이유를 말해준다.

동시에 군대는 국제법의 테두리 내에서 국가적 세계적 안보정책의 정당한 기구이다. 유엔체계의 테두리 내에서 군대는 아주 많은 방식으로 파병 및 배치될 수 있다: 군비통제와 신뢰구축에서, 위기예방과 평화정착을 위해, 봉쇄와 전쟁까지 포함하는 강제조치에 이르기까지. 군사력을 억제하고 방지하기 위해, 그래서 평화조치의 전제를 창출하기 위해, 평화를 보장하는 파병은 언제나 피할 수 없다.

국가공동체는 국제적 안전과 세계평화를 위협하는 것에 반대하여 군사력 투입까지 강제조치를 포함하는 유엔-안전보장이사회를 통한 전권위임을 향해 나아갈 수 있다. 인종말살과 대량학살은 국제적인 무력 사용 금지의 예외사태로서 나타나게 된다. 우리는 이렇게 인식

한다: 즉 국제법적 정당성과 관계없이 그러한 종류의 군사적 "평화강제"는 그러나 매우 문제적인데, 왜냐하면 매우 위험하고 특히 비용이 많이 들며 나아가 그 결과가 의심스럽기 때문이다. 그것은 음흉한 수단이고, 그래서 정책에 관해 아주 높은 수준의 책임의식과 조심스러움을 요구한다. 전체적으로 볼 때 군대는 기껏해야 평화조치를 위한 전제에 불과하고 결코 평화를 창출할 수 없다.

유엔과 유럽안보협력기구, 유럽연합과 나토의 구성원으로서 독일연방공화국은 집단 안전보장과 세계평화의 유지를 위해 걸맞는 기여를 할 책임이 있다. 평화의 보장과 복구를 위해 독일군을 파병하는 것은 분명하고 제한된 기준에 따라 결정되어야 한다: 즉 비군사적 위기 및 분쟁해결의 수단이 우선시 되고 활용되어야 한다. 파병은 유엔헌장의 제6장과 제7장에 따른 유엔의 헌장과 위임에 일치하여 이루어져야 하고 다국적으로 이행해야 한다. 다국적 전체 파병군에 관한 지속적인 정보와 그 규모와 기간 그리고 배치된 군사적 수단에 대한 독일의 영향가능성은 안전하게 보장되어야 한다. 파병은 분쟁해결에 대한 분명하고 설득력 있는 정치적 개념과 연결되어야 한다. 연방군대는 고전적인 간섭의 맥락 속에 배치되어서는 안 된다. 배치의 목표와 한계는 연방의회의 동의를 필요로 한다. 우리는 이러한 의회의 유보권 제한을 거부한다. 우리는 연방의회가 이것을 위해 3분의 2 다수로 헌법개정을 통해 확정하도록 노력할 것이다.

우리는 독일이 나토와 유럽연합/서유럽연합(WEU)에서의 협력에서 집단안전보장의 강화를 촉구하도록 노력한다. 나토 회원국의 안보와 테러에 대한 독일의 협력을 통해 독일의 동맹책임이 고려된다. 우리는 나토에서의 군사적 협력이 유엔의 과제와 경쟁하는 세계적 질서정책의 수단이 되는 것에 반대한다. 막강하게 무장한 나토를 통한 잠재적 불균형의 위험은 저지되어야 한다. 우리는 원자재 공급과 무역로 보장, 혹은 고전적인 패권정책에 대한 봉사와 같은 "국가적 이해"의 보장을 위해 동맹군을 파병하는 것에 반대하고, 결과적으로 그런 종류의 파병에 독일군이 참여하는 것에도 반대한다. 동맹은 인도주의적 개입을 위해 스스로 위임한 세계적 파병도 추구할 수 없다. 하지만 독일군은 평화의 유지와 복구를 위해 유엔의 위임을 받아 실행하는 국제적 파병에는 참여할 수는 있다. 유엔의 위임 아래 그러한 배치와 항시적으로 사용할 수 있는 군사력에 참여함으로써, 연방공화국은 국제기구의 행위능력을 강화하고 국제기구에게 자신의 과제를 실행하도록 만드는 데 기여한다. 우리는 병역의무와 병역대체복무를 폐지하는 데 찬성한다. 병역의무의 기본권 침해는 기본적으로 변화된 독일군의 임무와 관련하여 더 이상 정당화될 수 없다. 독일군을 줄이든 지원군으로 전환하는 것은, 군대전력의 통합이 사회에서 보장되고, 간섭주의의 위험이 예방되고, 병역대체복무의 폐지가 사회적으로 수용되는 방식으로 설계되어야 한다.

평화정책으로서 외교정책은, 국가 간 그리고 국가 내 갈등에서 무력의 적절한 처리에 대한 예방을 위한 효과적인 전략과 수단 개발을 성공적으로 만든다. 예방은 여러 측면을 갖고 있다; 즉 공정한 국제적 이해균형 고무, 국제관계의 법제화, 유엔헌장과 국제법의 준수, 인권의 존중, 민주주의의 촉진, 기구 및 제도의 형성, 군비제한과 군축, 무기수출의 제한, 신뢰구축 등이다. 인권침해에 참여하는 국가는 어떤 무기수출도, 어떤 군사적 도움도 받을 수 없도록 만들어야 한다. 우리는 무기수출을 위한 결정과정에서의 투명성을 위해 진력한다. 그것을 넘어 우리는 무기수출의 폐지를 추구한다.

무력 사용 예방 정책은, 분쟁의 원인을 극복하기 위해 오직 초기에

1999년 코소보 현장의 독일군을 방문한 요시카 피셔 외무장관
출처: Bundesarchiv

선견지명을 갖고 또 무력 사용 없이 갈등과 관계하고 주도함으로써 군사적 대립과 인권침해를 피하도록 해줄 수 있는, 원칙에서 고려되어야 한다. 여기에는 위기 원인의 회피를 지향하는 개발정책을 위해 알맞은 수단을 보장하는 것과, 유엔과 유럽안보협력기구의 국제적 사명은 물론 비국가적 행위자의 대화조치를 위해 알맞은 개인들의 교육과 그를 위한 준비도 포함된다.

붕괴로 인해 불안하고 위험해진 국가와 인종적 권력출동은, 국가공동체가 적기에 최소한의 폭력으로 제압하지 못한다면, 수많은 세계지역에서 전쟁과 인간적 재앙으로 증폭될 위협이 된다. 국제 테러는 국가공동체는 물론 직접적인 안보와 장기적인 원인제거에서의 공동 행동을 요구한다. 바로 그렇게 때문에 독일은 잠재적인 무력분쟁을 초기에 인지하고 예방하고 적기에 해결하기 위한 비군사적 능력을 체계적으로 확대하는 데 노력해야 한다. 여기서 국제적 경찰임무의 수단과 민간 평화봉사의 확대는 특별한 의미를 가질 것이다. 우리에게 가장 중요한 정책적 과제의 하나는 "예방의 문화"에 협력하는 것이다. 평화적 분쟁 예방은 우리에게는 군사적 위기대응에 앞서 우선이다.

군사력은 언제나 제한되어야 한다. 동시에 우리는 우리 정책을 군사력을 사용하지 않는 해결방식에 놓는다. 법의 실행을 위해 군사력을 적용해야 하는지 혹은 어떤 국제적 기준에서 독일이 참여해야 하는지 여부의 문제는 대답하기에 언제나 어렵다. 각각의 개별결정은 기본법과 국제법에 상응하여 판단하고 결정을 내려야 한다. 유엔헌장의 제7장에 따른 강제조치는 기본적으로 유엔-안전보장이사회의 분명한 위임을 통해 권위를 부여 받아야 한다. 우리는 코소보의 경우에 집중적인 토론 후에 어려운 결정을 함께 내렸다. 여기서 코소보전쟁은 아주 특별한 위급한 상황에 근거하여 일어난 예외였고, 선례가 없는 경우였다. 이러한 종류의 군대파병은 확실한 국제법적인 정당성 근거를 요구한다. 우리는 또한 유엔헌장의 제51조에 따라, 안전보장이사회가 세계평화와 국제적 안전보장을 위해 요구하는 기준으로 결정한, 개별적 및 집단적 자기안보에 대한 권리를 인정한다. 유엔헌장의 제7조에 따른 강제조치는 기본적으로 유엔-안전보장이사회의 분명한 위임을 통해 권위를 부여 받아야 한다.

우리는 대량살상무기가 없는 세계를 원한다. 왜냐하면 대량살상무기의 배치는 무엇에 의해서도, 어떤 생각할 수 있는 상황에서도 윤리적 정치적으로 정당화될 수 없기 때문이다. 따라서 우리는 조건 없는 이러한 무기의 배치 폐기와 일방적인 군축조치를 지지한다. 우리는 국제적 군축체계와 비확산체계의 강화를 위해 노력하고, 지구와 우주공간에 대량살상무기를 포함한 모든 군비확장에 반대한다. 우리는 지뢰의 설치와 수출, 생산을 포함하여 모든 지뢰를 지상에서 없애자고 주장해왔고, 최대한 신속하게 지뢰를 세계적으로 없애기 위해 노력한다. 비록 군비통제와 군축행동이 다극적 세계 내의 일방적 조치를 통해 복잡하게 되었음을 알고 있지만, 우리는 군축의 다자간 전략에 자체적으로 기여하려고 한다. 우리는 1972년의 전략무기제한협정을 그 내용으로 하는 예방적인 군비통제의 총괄 개념을 원한다. 변화는 오직 조약당사자 사이의 합의에서만 이루어져야 한다. 독일과 유럽의 정책은 1999년 유엔에 의해 받아들여진 "우주공간에서 군비경쟁의 방지"를 위한 결정을 지향하며, 대량살상무기를 생산하는 당사국들 사이의 제도화된 대화에 노력한다. 비핵무기국가로서 우리에게는 핵확산 금지와 핵의 축소가 정책적 계약적 수단을 통해 우리 정책의 본질적 시금석이 되었다. 우리는 국제적 군비통제체제가 더욱 발전되기를 원한다.

실제적인 민간의 대안을 통해서만이 탈군사화는 신뢰할 만하게 된다. 평화적 대안의 전제는, 군사적 위기개입과 민간의 주도를 위해 이제까지 수행된 과제에서의 심각한 불균형을 극복하는 것이다.

VIII. 유엔조직의 개혁과 강화

독일과 유럽 공통의 외교정책의 중요한 과제는 유엔의 민주적 개혁과 효과적인 결정구조, 국제적 구조정책의 발전이다. 유엔은 기존의 군사적 갈등을 해결하고 새로운 갈등의 출현을 저지하는 데서 어려움을 겪고 있다. 유엔은 빈곤과 궁핍 그리고 자연적 생활조건의 파괴에 대항하여 별로 성공을 거두지 못하고 있다. 그러나 유엔은 세계적 문제를 해결하기 위한 포괄적이고 가장 중요한 수준이다.

우리는 강력하고 행위능력이 있는 유엔조직을 원한다. 이를 위해 중요한 것은 국제법이 분할할 수 없고 모두에게 타당하다는 사실에 관해 근본적으로 이해하는 것이다. 그러한 이해는 거대한 인류의 과제를 위해, 세계평화의 보장을 위해, 인권의 관철을 위해, 공정하고 지속가능한 발전을 위해 시급히 요청된다. 우리는 따라서 유엔을 정치적 재정적으로 강화하고 국제문제의 해결을 위한 행위능력이 있는 수단을 확대하는 목적으로, 유엔조직의 개혁에 노력할 것이다: 안전보장이사회와 국제재정기구에는 북쪽의 선진국이 지배하고 있다. 또한 관료화와 영향력 없는 조직이 유엔조직을 해치고 있다. 유엔에 대한 요구가 계속 증가하고 있기 때문에, 유엔은 사회와 국가의 새로운 합의가 필요하다. 민주화와 투명성이 유엔의 정치적 법적 강화를 위한 전제조건이다. 그럴 때만이 주권의 위임을 받아들일 수 있다; 그럴 때만이 개발정책과 환경 및 평화정책이 강화될 수 있다. 유엔 기구에서 북쪽 선진국의 과도한 비중은 남쪽의 나라들과 관련하여 수정되어야 한다.

총회의 결정은 그 가치가 높아져야 한다. 안전보장이사회, 총회의 행정기구는 모든 지역에 알맞게 대표되어야 한다. 우리는 순환원칙에 따라 차지하게 되는 상설적인 지역대표 의석을 안전보장이사회 안에 도입하자는 제안을 지지한다. 첫 번째 조치로서 안전보장이사회 상설 회원국의 거부권은 자신의 결정능력의 이해 속에서 제한된 전제와 결합되어야 한다. 국가의 의회는 커다란 통제가능성과 협력가능성을 유지해야 한다. 인권 및 환경영역, 개발 분야에서 비정부기구는 개혁조치에 관계해야 한다. 비정부기구의 자문권리는 확대되어야 한다.

다자주의를 확약하겠다는 나라는 자기 나라의 이익 자체가 위협 받고 있지 않는 곳에도 참여하겠다는 의지를 가져야 한다. 독일은 다자간 협력과 유엔의 강화라는 우리의 전략 목표에 근본적인 의미를 갖고서 참여해야 한다. 우리는 당사자 외에 비정부기구에게 소송자격을 주는 국제인권법원을 원한다. 우리는 인권과 비군사적 분쟁조정의 정치적 이행을 위하여 구속력 있는 절차를 유엔헌장에 규정하는 것을 목표로 한다. 제재는 더 효과적이어야 한다. 우리는 제재에 참여함으로써 생기는 유엔회원국의 손해를 보상해 줄 수 있는 유엔제재구호기금(Sanktionshilfefond)을 제안한다. 이외에 소수자 보호를 위한 그리고 평화적인 분리 조정을 위한 기제가 유엔과 유엔의 그 지역기구를 통해 더욱 발전되어야 한다. 우리는 국제적으로 폭력 없는 평화와 법질서의 목표를 위해 노력한다.

IX. 인 권

동맹/녹색당의 외교정책은 인권보호의 개선을 가장 우선적인 목표로서 가지고 있다. 독일은 역사와 정치적 경제적 의미에서 평화와 인권에 대한 특별한 책임을 갖고 있다. 사람들은 우리에게 평화를 위해 참여하고, 인간적 재앙과 인종학살 그리고 추방을 막기 위해 근본적으로 대응해줄 것을 기대한다. 국가의 평화 공존을 위한 토대는 인권존중이다. 인권은 불가분의 것이다. 개인의 자유권, 경제적 사회적 권리와 다양한 문화전통은 서로 대립적으로 될 수는 없다. 우리 인권정책의 기초는 유엔의 협정이다. 또한 우리는 개발에 대한 권리와 생태적 권리와 같은 "새로운 세대의 인권"을 실행하는 데 도움이 되려고 한다. 그래서 토착민의 권리가 보장되어야 한다. 국제적 인권 활동의 거대한 성과는 인권의 보편성요구를 세계적으로 받아들이게 만든 것이다. 이러한 보편성요구는 다른 사회와 국가의 인권관계에 관여할 수 있게 했을 뿐만 아니라, 관여하는 것을 책임으로 - 우리와 함께 - 만들었다.

세계의 많은 나라의 열악한 인권상황과 난민 이동의 극적인 증가는 직접적으로 관계가 있다. 적극적인 인권 활동, 정치적 사회적 권리를 위한 투쟁이 세계적으로 난민에 대한 가장 영향력 있는 수단이 될 것이다.

인권침해의 희생자는 언제나 소수자다. 많은 국민국가에서 권력엘리트는 인종적 종교적 갈등을, 내부 모순을 자기들의 이익을 위하여 활용한다.

인권침해의 희생자는 또한 여전히 특히 어렵게 지내고 있는 여성이다. 독재타도를 위한 정치적 변혁조차 여성의 상태를 전혀 바꾸지 못한다. 여성 인권의 존중은 그 사회의 민주적 질에 관한 분명한 증거이다. 성차별철폐는 인권의 목록과 정의 그리고 보장에 적용되어야 하고, 이는 그에 상응하여 더욱 발전되어야 한다.

법치확립과 권력분립, 인권존중은 지속적 민주화를 위한 전제다. 따라서 포괄적인 인권정책은 인권을 침해하는 체제에 대해서는 지원을 철회하고, 인권조직과 사회운동 및 노조운동을 강화하고, 여성의 권리를 장려하고, 사회정의와 생활조건을 유지하도록 해야 한다.

정치적 인권의 분야에서 우리는 박해와 억압에 대한 효과적인 보호를 원하고, 인권정책과 망명자정책, 외국인정책에서 비정부기구와 결정권을 가진 모든 조직의 긴밀한 협력을 원한다. 우리는 특별히 고문과 사형, 자의적인 구속에 반대하며, 인종주의에 반대하고, 어린이의 노예화에 반대하고, 인종적 출신이나 성별 혹은 성적 취향에 근거한 차별에 반대한다.

국가주권은 결코 세계에서 대량 학살과 대량 인권침해를 위한 특별허가증이 될 수 없다. 인권의 유지는 모든 정책분야에서 실천적인 것이 되어야 하고, 경제적 이해에 종속되어서는 안 된다. 외교 및 안보정책과 개발정책, 그리고 독일연방의 대외경제정책과 무역정책은 인권의 보장과 평화의 확보라는 목표를 지향해야 한다.

X. 남북 문제

유럽은 세계지역 사이의 생태적 사회적으로 공정한 이해형평을 위해 노력할 특별한 책임이 있다. 계약에 기초한 지역적 동반자관계의 발전은 이를 위한 중요한 출발점이다. 따라서 하나의 "시민권력 Zivilmacht"으로서 유럽연합의 전통은 국제정치에서 중요한 정치적 자산을 표현한다.

개발협력은 다음 다섯 가지 차원의 이상을 추구해야 한다: 사회적, 생태적, 경제적, 평화정책적, 여성정책적 차원이다. 이러한 이상에는 빈곤타파는 물론 식량확보, 기초적인 사회보장제도와 교육 및 건강의 확대와 강화, 그리고 지속가능한 발전의 촉진이 포함된다. 이를 위해서는 기후보호, 숲의 보호, 생물종다양성의 보호, 사막화방지가 요구된다. 여기에는 또한 인권의 보호, 민주적 참여의 보장, 위기예방과 평화적 분쟁처리, 나아가 무엇보다 여성의 경제적 생존보장을 통한 양성평등정의의 촉진이 포함된다.

동맹/녹색당의 남북문제정책의 기본 관심사는, 모든 사람에게 이 세계의 자원과 발전잠재력에 공평하게 접근할 수 있도록 하는 동시에, 제한된 자원과 지속가능하고 보호하는 관계가 될 수 있도록 하는 것이다. 남쪽 나라들과의 협력은, 경영부실, 부패, 비민주적 지배형태, 착취에 맞서 강력하게 투쟁하도록 설계되어야 한다. 우리는 자체적 개념을 가지고 위에서 언급한 목표의 실현을 위해 활동하는 남쪽의 모든 사회세력과 연대하고 지지할 것이다.

동맹/녹색당의 정책은 따라서 남쪽 나라가 자신의 문화적, 정신적, 경제적 잠재력을 발전시키는 데 방해되는 구조의 변화에 일차적으로 초점을 맞춘다. 우리는 세계시장에서 남쪽 나라의 공정한 가격을 위한, 자원과 상품을 위한, 정신적 문화적 성과를 관철하기 위한 노력을 지지한다. 남쪽의 생물다양성은 민간 대기업의 특허-장악으로부터 벗어나야 한다. 이 시장을 불안정하게 만드는 효과를 눈에 띠게 제한하기 위하여, 국제적 금융자본시장의 통제와 이동 속도를 줄이기 위한 적합한 기제는 가동되어야 한다. 독일은 유럽연합 내에서 토빈세의 국제적 도입을 위한 공동의 제안을 위해 적극적으로 노력해야 한다. 동시에 선진 8개국(G-8)은 조세피난처를 완전히 없애기 위해 다양한 법적 재정적 가능성을 이용해야 한다.

독일은 세계적으로 연관되어 있는 환경기준과 사회기준을 민간과 공공이 존중할 수 있도록, 법률과 자체적 발의, 국제적 협약을 통해 보장해야 한다. 독일 스스로가 통일적이고 결합된 환경 및 사회기준을 가진 통합된 대외경제정책의 계명을 바꾼 것은 첫 번째 아주 중요한 조치이다. 세계사회정책의 틀 안에서 그리고 식민주의에 의해 크게 입은 손해에 대한 보상으로서, 우리는 북쪽에서 남쪽으로의 지속적이고 장기적인 자본이전을 위해 노력할 것이다. 여기서 중요한 것은 빈곤한 나라의 부채를 지속적이고 대폭 탕감하는 것이며, 남쪽에 대한 의미 있는 투자를 촉진하는 것이다. 빈곤타파와 기초-기반시설의 건설을 위해 실질적인 공적 보조금이 제공되어야 한다. 우리는 개발협력자금 제공을 사회총생산의 1퍼센트가 넘도록 단계적으로 증가시킬 것이다. 상응하는 적절한 협정에 의해 이러한 자금이 효과적으로 투입되고 실제로 목표집단에 제공되는 것이 확실하게 보장되어야

청와대에서 김대중 전 대통령과 만난 요시카 피셔 외무장관(2000. 11)
출처: www.bild.bundesarchiv.de

한다. 세계사회의 증가하는 사회적 분열은 21세기의 초반에 커다란 도전이며, 이것의 극복에 기여하는 것이 동맹/녹색당 정책의 중심과제이다.

⇒ **핵심기획: 공정한 세계무역과 국제적 기준**

세계무역의 오늘날 구조는 불공정하고 환경 파괴적이다. 강한 국가는 세계 도처에서 판매시장을 발견하는 반면, 약한 국가는 수출사업의 기회를 전혀 찾지 못한다. 규제되지 않은 세계시장은 맹목적으로 환경을 파괴하고 인권을 유린하며, 결국 가격 계산만 한다. 이러한 관행의 변화를 위해서는 결국 구속력 있는 국내 및 국제 기준과 공정가격이 필요하다. 이를 위해 사회에서 다수가 되어야 한다.

우리는 공정무역을 위해 노력한다. 우리는 사회와 경제계의 행위자들과 함께, 공정하고 환경친화적인 무역관계의 새로운 길을 추구한다.

우리에게 중요한 모델은 공정무역인증(Transfair-Siegel)제도에 기초한 공정무역이다. 커피와 차, 설탕, 기타 상품 생산자는 세계시장의 수준을 넘는 가격을 받게 된다는 것이다. 이것은 인간존엄의 소득, 풍요로운 사회복지, 생태적 경작으로의 전환을 가능하게 해준다.

또 다른 초석은 자발적인 환경 및 사회기준이다. 대기업과 사회집단이 독립된 직위를 통해 검증되는 생산규범에 대해 양보 혹은 타협한다는 것이다. 이런 방식으로 가령 국제법상 구속력을 가진 인권과 노동권의 유지가 가능해진다는 것이다. 예를 들면 착취되는 아동노동에 반대하는 공인으로서 러그마크(RUGMARK),[16] 혹은 산림경제를 위한 자격증방식인 숲관리인위원회(Forest Stewardship Council)[17], 혹은 사회적 생태적 기준 하에 화훼재배를 위한 공인인 꽃문장(Flower label)[18] 등이 있다. 지구보고사업단(Global Reporting Initiative)[19]은 그들 나름대로 환경 및 사회기준을 위해 세계적으로 적용될 수 있는 방법 마련을 위하

---

[16] 인도의 아동노동에 의한 카페트 생산과 거래를 막기 위하여 1995년 인도의 러그마크재단(RUGMARK Foundation India: www.rugmarkindia.org)이 설립되어 인증제를 실시하고 있으며, 전 세계 350여 업체가 참여하고 있고, 독일에서만 30개 기업이 참여하고 있다 - 편자 주

[17] 환경적으로나 사회적으로 책임 있는 숲 관리를 기준에 맞게 운영하기 위하여 1994년에 설립된 세계적 비정부기구로 FSC 인증제도 운영(홈페이지: ic.fsc.orr) - 편자 주

[18] 1994년 독일 퀼른에서 출범한 비영리 단체이지만 지금은 활동하지 않고 있다 - 편자 주

[19] 기업, 정부 등에게 이들이 기후변화, 인권, 거버넌스, 복지 문제 등 중요한 지속가능 문제에 미치는 영향을 이해시키고 알려주기 위하여 설립되었다. GRI 지속가능성 보고서를 발간하고 있다.
　　1997년 보스톤에서 미국의 비정부기구로 출범하였으며, 전 세계에 수천 명의 리포터, 전문가, 조언자들이 지속가능성 보고를 돕고 있다 (www.globalreporting.org) - 편자 주

여 활동하고 있다.

우리는 생산방식이 잘 알려져야 하고, 그래서 남녀 소비자들이 이러한 기준을 그들의 구매결정에서 함께 고려할 수 있도록 원한다. ⇐

좌파당 강령[*]

---

[*] Programm der Partei DIE LINKE. 2011년 10월 21부터 23일까지 에어푸르트에서 열린 좌파당의 당대회에서 채택되었고, 2011년 12월 당원 결의로 승인되었다.
좌파당 집행위원회는 베를린의 칼-리프크네히트 하우스(Karl-Liebknecht-Haus)에 있다 - 편자 주

베르톨트 브레히트

읽고 있는 한 노동자의 질문

누가 일곱 개의 문을 가진 테베를 건설했는가?
책에는 여러 왕의 이름이 나와 있다.
여러 왕이 바위덩이를 운반해왔던가?
그리고 여러 번 바빌론이 무너졌다 –
그러면 누가 바빌론을 여러 번 건설했던가?
건축 인부들은 금빛 번쩍이는 리마의 어느 집에서 살았을까?
중국의 만리장성이 완성된 저녁에 미장이들은 어디로 갔던가?
위대한 로마에는 개선문이 가득하다.
누가 세웠는가?
여러 황제는 누구에게 개선가를 불렀는가?
그 많은 비잔틴 찬가는 누구의 궁전을 위한 것이었나?
바다가 노예를 삼켜버린 전설의 아틀란티스에서도 밤에는 죽은 자들
　　　　　이 울부짖는다.
젊은 알렉산더는 인도를 정복하였다.
그 혼자서? 시저는 갈리아를 정복했다.
그는 최소한 요리사 한 사람을 데려갔던가?
스페인의 필립왕은 자신의 함대가 무너졌을 때 울었다.
그 밖에 누가 울었던가?
프리드리히 2세는 7년전쟁에서 승리했다.
그 외에 승리한 자는 누구인가?

승리의 모든 측면

누가 승리의 만찬을 차렸는가?

10년마다 위인 한 사람.

누가 그 많은 비용을 지불했는가?

그 많은 보도. 그 많은 질문.[1]

---

1) 주르캄프Suhrkamp 전집판, 프랑크푸르트 암 마인 1967, 1990년판 - 제9권; 바바라 브레히트-샬Barbara Brecht-Schall의 친절한 허락으로 인용

전문 – 좌파당은 다음을 보장한다

사회주의 정당으로서 좌파당은 대안과 더 나은 미래를 보장한다. 다양한 정치적 배경과 이념 및 종교적 영향을 가진 우리 민주사회주의자와 사회주의자 및 민주적 좌파는, 여성과 남성, 노령자와 청년, 오랜 정주자와 이민자, 장애인과 비장애인과 함께 새로운 좌파당에 결집했다. 우리는 더 나은 세계가 가능하다는 인류의 꿈을 고수한다.[2]

우리는 경제권력의 기대에 비굴하게 굴복하고, 바로 그런 이유로 서로 구별되지 않는 다른 모든 정당과는 다르며, 또 그런 정당이 되지 않을 것이다.

우리는 구체적인 목표를 추구한다: 우리는 어떤 아이도 굶주림 속에서 크지 않는 사회, 자기결정권을 가진 모든 사람이 평화와 존엄 그리고 사회보장 속에서 사는 사회, 사회관계를 민주적으로 설계할 수 있는 사회를 위해 투쟁한다. 이러한 목표를 달성하기 위해 우리는 또

---

[2] 좌파당은 2005년 하르츠-IV 반대 투쟁을 계기로 결성된 "선거대안 노동과 사회정의"(Arbeit & soziale Gerechtigkeit - Die Wahlalternative: WASG), 오스카 라퐁텐 등 사민당 탈당 세력, 구 동독의 사회주의통일당에 뿌리를 둔 민사당(PDS)이 결합하여 만든 정당이다 - 편자 주

다른 경제체제와 사회체제를 필요로 한다: 민주사회주의.

우리는 굶주림과 궁핍을 극복하고 기후변화와 환경재앙의 결과를 제어하기 위해 인간의 위대한 이념, 비전과 창의력을 확신에 찬 정치적 목적을 위해 사용하려고 한다.

우리는 이윤의 이해가 수십 억 사람의 생활전망을 결정하고, 착취와 전쟁 그리고 제국주의가 모든 나라의 희망과 미래를 잘라낸 세계에 만족하지 않는다.

무엇보다 이윤이 지배하는 곳에서는, 민주주의를 위한 공간은 없다. 대기업의 무제한 자유는 대다수 사람에게는 부자유를 의미한다.

우리는 민주주의와 사회주의의 전통을 계승하면서, 파시즘과 인종주의, 제국주의와 군국주의에 반대하고 인권과 해방을 위한 투쟁의 전통으로부터 출발한다. 우리는 인간을 착취하고 인권을 빼앗고 금치산 선고를 내리는 모든 사회관계, 인간의 사회적, 자연적 생활토대를 파괴하는 모든 사회관계를 극복하려고 한다.

우리는 살 만한 가치가 있는 미래를 위해 지식습득과 문화교류 그리고 소통의 새로운 기회를 활용하려고 한다. 우리는 법치국가와 사회적 국가를 건설하려고 하며, 그래서 남녀가 자신의 노동시간과 생활시간에 대해 주체적으로 결정할 수 있도록 하고, 참여와 교육 그리고 사회적 연대의 기회를 붙잡을 수 있도록 한다.

상위 만 명에게는 제한 없는 부, 대다수의 사람에게는 빈곤의 심화와 재산의 감소, 이는 생산과 무역의 세계화의 결과가 아니라, 세계화한 자본주의의 결과이다. 이의 결과는 독일에도 도처에 있다: 저임금 부문의 점증, 일자리 축소, 사회보장 급부의 축소, 지자체의 빈곤, 직업교육 시설의 부족, 사회적으로 특권적인 교육, 이원화한 의료서비스, 빈곤하거나 인간존엄을 지켜줄 보호가 없는 노령자. 정책은 대기업과 자산가의 이익에 종속된다. 이러한 정책은 대다수 사람의 이익에 반한다. 우리는 강자의 권리 대신에 세계적 협력과 연대를 만들려고 한다. 전능한 세계화된 자본주의의 독재 아래 있는 세계는 추구할 가치가 없는 세계이다. 경제와 정치의 중심에는 대다수 사람의 삶의 욕구와 이익이 있어야 한다.

우리는 수동적 불만에서 적극적 저항이 되는 데 기여하려고 한다. 우리는 임금덤핑, 사회적 약탈, 공공재산 매각에 반대한다. 우리는 사회적 세력관계를 바꾸고, 또 다른 정책에 대해 고민하고 투쟁하려고 한다. 민주주의, 자유, 평등, 정의, 국제주의, 연대는 우리의 기본가치에 속한다. 이들 가치는 평화, 자연보호, 해방과 불가분으로 결합되어 있다. 우리는 불평등, 착취, 팽창, 경쟁에 기초하는 자본주의가 이러한 목표와 결합될 수 없기 때문에 체제전환을 위해 투쟁한다.

우리는 민주적이고 사회적이며, 생태적이고 여성주의적이며, 개방적이고 다원주의적이며, 용감하고 관용적이며, 일관되게 평화를 위해 싸우면서 자유와 평등을 지지하는 새로운 정치세력을 만들고자 함께 모였다. 독일과 유럽 그리고 세계의 남녀 시민과 함께, 노동조합과 사회운동과 함께, 우리는 대안적 해결책과 사회적 대안을 추구한다. 우리는 모든 개인의 자유와 평등에 대한 상호 인정이 모두의 연대적 발전의 조건이 되는 민주사회주의 사회를 원한다. 우리는 자본주의를 극복하고 사회의 근본적인 변혁의 길을 여는 정치의 방향전환을 위해 투쟁한다.

우리의 강령에는 세 가지 기본이념이 결합되었다:

* 자결의 삶과 연대성의 조건에 사회적으로 동등하게 참여함으로

써 모든 남녀의 개인적 자유와 인격의 발전 - 이것은 우리에게 연대적 사회의 첫 번째 주도이념에 해당한다. 그 안에서 이윤의 지배는 극복되고, 모든 사람에게 필수불가결한 좋은 삶의 조건이 경제의 목표가 된다.

* 경제의 연대적 발전과 자연 보전에 우선 - 이것을 우리는 두 번째 주도이념으로 삼는다. 이것은 이윤지향적 성장 대신에 지속가능한 발전으로의 사회경제적 전환을 요구한다.

* 이러한 두 가지 차원의 실현은, 자본의 지배가 민주사회주의적 생태 지향 세력을 통해 극복되고 민주사회주의의 사회가 형성되는 오랜 해방의 과정이다.

좌파당은 다음을 위해 싸운다:

* 기존의 것과는 달리 민주사회주의적 생태 지향 구조와 통제 아래 이루어지는 생산과 분배에 의해 시장이 규제되는 민주적 경제질서를 위해. 이는 일반적인 이익, 사회적 기반시설, 에너지, 재정 부문에서 공공에 의한 재산권의 민주적 통제에 기초하여야 한다. 우리는 구조조정을 더욱 민주적으로 사회화함으로써 국가와 지자체 소유, 협동조합 소유 혹은 종업원 소유로 바꾸려고 한다. 경제에서 경쟁은 엄격한 통제를 받아야 한다. 모든 기업에서 실질적인 노동자권리와 공동결정권이 보장되어야 한다.

* 지속가능하고 자원절약적이고 환경을 보호하는 경제와 생활 방향으로의 사회적-생태적 전환을 위해. 우리는 더 많은 사회정의와 결합된 규제되고 지속가능한 발전을 필요로 한다. 우리는 남부(가난한 나라)의 사람들에게 부담을 주지 않고 생태적 자원을 더

이상 파괴하지 않고 달성할 수 있는, 원자력 없는 혁신된 에너지의 토대 위에서 에너지전환을 원한다.

* 좋은 노동, 생존을 보장하는 노동을 위해. 모두를 위한 좋은 노동, 그러나 개인에게는 더 적은 노동 – 이것을 우리는 새로운 완전고용으로서 원한다. 좌파당은 노동시간 단축에 의한 노동의 재분배, 동일 노동에 대한 동일 임금, 생존을 보장하는 법적 최저임금을 지지한다. 우리는 포괄적인 해고보호를 제안하고, 저임금직종과 기아임금에 반대하며, 차용노동(파견노동)이나 유사자영업(자영업처럼 보이지만 실제 기업과 자본에 종속된 형태)을 통한 정규고용의 대체에 반대한다.

* 모든 사람이 자신의 능력과 숙련도 그리고 재능을 발전시킬 수 있고, 누구도 사회로부터 배제되지 않고 남녀 모두가 참여할 수 있는 사회를 위하여

* 남녀 사이의 모든 노동의 동등한 분배를 위하여. 남성과 여성의 생활에서 생계활동, 가족, 육아, 파트너와 친구, 정치적 참여, 개인적 교육, 오락과 문화 등을 위한 충분한 시간이 있어야 한다. 모든 사람이 자신의 생활시간을 어떻게 보내는지에 관해 더 많은 결정의 여지를 가져야 한다는 데 찬성한다. 시간에 관한 처분권(시간주권)을 지지하는 것은 노동에 대한 지배와 다른 사람에 대한 종속의 역사에 대한 우리의 대답이다.

* 사회보장의 삶을 위하여, 빈곤을 실질적으로 막아주는 조건 없는 최저임금과 해고로부터 포괄적인 보호를 위해. 하르츠Hartz IV는 없어져야 한다.[3] 각자는 노동에 대한 권리를 가지며, 직장폐쇄와

---

3) 2005년 하르츠-IV 반대 투쟁을 계기로 "선거대안 노동과 사회정

다른 제재를 두려워할 필요 없이 임의적인 노동제안에 거부할 권리를 가진다.

* 사적 보험과는 달리 노령자의 생활수준을 보장하고, 금융시장의 변화에 따르지 않으며, 근로자와 사용자가 동등하게 부담하는 모든 사람을 위한 연대적인 법정연금을 위하여. 수 백 만의 노령자가 궁핍한 생활에 빠져 있는 사회는 비인간적이다. 노인빈곤과 싸우기 위해 우리는 연금보험의 틀 내에서 노인을 위한, 빈곤에 책임을 지는 연대적인 최저연금을 원한다.

* 모든 사람이 소득 수준에 따라 보험료를 납부하고 필요시에 모든 의료 및 간호의 책임을 맡는 건강 및 간호를 위한 연대적인 시민보험을 위하여. 의료보험은 개인적인 비용부담 문제가 결코 아니다 – 우리는 환자의 불평등한 대우에 반대한다.

* 요람에서 학업, 직업교육과 평생교육까지 양질이고 무상이며 모든 사람에게 개방적인 교육을 위하여. 교육은 자결과 연대적인 생활을 위한, 사회에 대한 적극적 참여와 민주적 참여의 기반을 만들어내야 한다.

* 문화적 다양성과 사회의 문화유산에 대한 모든 사람의 참여를 위해, 처음부터 문화교육을 위해. 모든 사람은 문화적 자기표현과 문화적 소통에 참여 기회를 가져야 한다. 국가는 문화를 보호하고 장려해야 할 책임이 있다.

* 중하층 소득자의 부담을 덜어 주고 고소득자에게 더 많은 부담을

의"(Arbeit & soziale Gerechtigkeit - Die Wahlalternative: WASG)가 결성되고, 사민당의 당수를 역임한 오스카 라퐁텐이 가담하여 좌파당으로 발전하는 과정에 관해서는 제1권 pp.475-479 참조 – 편자 주

주고, 큰 재산과 유산 그리고 자본이득과 기업의 이윤을 공동체와 사회적-생태적 전환을 위한 재정에 활용할 수 있는 공정한 세금제도를 위하여. 우리는 소득과 재산이 위로부터 아래로 분배되고, 공공 서비스 재정을 확보하고 개선하기를 원한다.

* 민주주의와 법치국가를 위하여, 대기업의 협박권력에 반대하고, 기업의 정당 지원 금지를 위하여, 정치권력과 경제권력의 분리를 위하여, 무엇보다 주민투표 형식 아래 더 많은 직접민주주의를 위하여, 자신의 자금력과 관계없는 법의 집행력을 위하여, 근로자의 투쟁수단으로서 정치적 파업과 총파업을 위하여, 시민권의 확대와 모든 사회분야의 민주화를 위하여. 자본주의는 경제권력을 통해 민주주의를 파괴한다. 그래서 우리는 착취와 예속이 없는 민주사회주의의 사회에서 민주주의와 자유를 말한다.

* 성별, 나이, 사회적 지위, 세계관, 종교, 인종, 성적 취향과 정체성 등에 근거한, 혹은 장애유무에 근거한 모든 형태의 차별의 극복을 위하여. 좌파당에게 반파시즘은 전쟁추구자, 반유대주의, 이슬람근본주의, 인종주의, 민족적 오만에 반대하는 투쟁과 결합되어 있다.

* 민주적, 사회적, 생태적 연합과 평화의 연합으로서 유럽연합의 새로운 시작을 위하여, 시장의 자유에 앞서 사회적 권리의 우선을 위하여, 사회와 환경의 보호, 유럽 수준에서 더 높고 개선된 법인세 및 재산세의 최저세율을 위하여, 임금과 노동조건의 악화를 통한 저가입찰을 막고 사회적 부담과 환경수준에 반작용하는, 민주적으로 통제되는 유럽중앙은행과 민주적으로 통제되는 경제정책을 위하여. 무엇보다 입지 경쟁, 경쟁과 덤핑, 그리고 군사적 안보에 중점을 두는 유럽연합은 유럽의 이념을 불신하게 만든다.

* 제국주의와 전쟁을 반대하고, 평화와 군축을 위하여. 대량살상무기가 없는 세계, 군수품 수출의 금지는 물론 군수산업의 민수제품 생산으로의 전환, 즉 군비증강으로부터 전환을 촉진하기 위하여. 좌파당은 독일의 전쟁 참여를 지지한 적이 없다. 전쟁은 어떤 문제도 해결하지 못하며, 전쟁은 언제나 문제의 일부일 뿐이다. 해외에 파병된 모든 독일군은 철수해야 하고, 독일군의 국내 투입도 엄격히 금지되어야 하며, 독일군의 국내 투입을 허용한 비상사태법은 폐지되어야 한다. 좌파당은 국제법과 인권의 존중, 민간의 개발 지원의 강화, 분쟁 예방, 평화적 분쟁 해결, 제3세계의 경제적 착취의 금지 등을 요구한다.

* 모든 사람의 생활수준 향상을 위한 국제적 연대와 협력을 위하여. 세계는 전체 인류를 적절히 먹일 수 있는 충분한 부를 갖고 있다. 우리는 평화와 사회적 정치적 정의 그리고 인간존엄의 실현을 위해 싸우는 모든 사람들과 연대한다.

1. 우리는 어디에서 왔고, 우리는 누구인가

좌파당은 사회주의, 사회민주주의, 공산주의, 노동운동은 물론 여성운동과 기타 해방운동으로부터의 좌익민주주의 입장과 전통에 관련되어 있다. 우리는 독일민주공화국(동독)과 독일연방공화국(서독)에서의 정치적 경험을 결합하고 있다.[4]

18세기와 19세기의 시민혁명은 종교적 독단과 귀족의 특권에 반대하고 자유와 평등, 형제애를 위해 싸웠다. 인본주의와 계몽주의, 인권과 민주주의가 노동운동과 여성운동에 영향을 주었다. 이는 모든 인간의 권리와 자유 실현을 요구했다. 그러나 자본의 지배와 가부장적 관계로부터의 해방은 모든 인간을 위한 자유와 평등에 관한 사회주의적 전망에서 비로소 실현되었다. 특별히 마르크스와 엥겔스, 로자 룩셈부르크가 이것을 보여주었다.

19세기에 남녀 노동자는 노동조합으로 조직되었다. 그들은 자신의 이해를 관철하기 위해 자본의 의한 착취에 저항하였다. 그들은 더 나은 노동조건과 생활수준을 위해, 더 높은 소득과 공동결정권을 위해 투쟁했다. 그들은 일상과 자유시간을 연대적으로 구성하고 문화적 요구와 교육 요구를 실현하기 위해 협동조합과 단체를 결성하였다. 노동자 사회의 정치화 증대로 노동운동은 자신의 이익 대표자들을 만들어갔다. 이는 당근과 채찍 즉, 사회개혁과 사회주의탄압법을 가진 국가권력에 의해 억압되었다.[5] 그럼에도 불구하고 사회민주주의는 계속

---

4) 앞의 주) 2 참조 - 편자 주

로자 룩셈부르크
출처: www.rosalux.de

발전하여 20세기 독일에서 그 전통을 책임지는 강력한 정치적 문화적 세력이 되었다.

19세기 초 여성운동이 강력히 발전하였다. 여성운동은 여성의 정치적 경제적 사회적 문화적 평등을 위해 투쟁하고, 또한 사적으로는 남녀관계의 변화를 위해 투쟁하였다. 우리는 여성을 억압하고 불이익을 주는 모든 지배관계에 대해 비판하고, 여성의 인권을 세계적으로 관철하고 성별에 근거한 모든 차별을 폐지하려는 여성운동과 여성주의에 영향을 받았다.

1914년 독일 사회민주주의는 전쟁에 대한 태도에서 분열하였다. 사

---

5) 빌헬름 1세 치하에서 비스마르크 당시 총리에 의해 주도된 '의료보험법', 1884년 '산업재해보험법', 1889년 '노령 및 장애 보험법' 제정 등 일련의 사회보장제도 도입과 1878년의 '사회주의자탄압법'을 말한다 - 편자 주

1918년 12월 베를린 티어가르텐의 혁명적 시위군중 앞에서 연설하는 칼 리프크네히트
출처: Bundesarchiv

민당 지도부는 민족주의적 분리정책을 옹호하고 마침내 전쟁에 찬성하였다. 평화를 위한 유럽 노동자의 단결은 포기되었다. 이러한 독일 사회민주주의의 비참한 발전에 반대하여 많은 다른 사람들과 함께 칼 리프크네히트와 로자 룩셈부르크가 목숨을 건 저항을 전개했다.[6]

독일의 1918/19년 혁명은 유럽 안팎은 물론이고 1차세계대전 이후의 혁명적 운동과 봉기에 영향을 미쳤다. 그러나 이는 사회민주주의 지도부의 협조로 패배하였다.[7] 독일, 그리고 후에는 소련과 혁명에 대

---

6) 제국의회에서 사민당의 1914년 8월 전쟁공채 찬성에 반발하여 로자 룩셈부르크와 칼 리프크네히트가 스파르타쿠스단을 창설하였고, 1917년 2월 사민당은 전쟁 찬성파와 반대파로 나누어지면서 반대파가 탈당하여 독립사민당을 창당하였다. 그리고 1918년에 룩셈부르크와 리프크네히트는 독일공산당을 창당하였다 - 편자 주

한 대립적 태도로 인해 노동운동의 분열은 심화되었다. 독립사회민주당(USPD), 독일공산당(KPD) 그리고 좌익사회주의 운동은 오늘날 좌파의 역사적인 유산과 사회민주주의 역사에 속한다.

1차 세계대전 이후 독일에서는 1919년 여름까지 유혈이 낭자하는 시민전쟁이 벌어졌고, 수천 명의 희생자가 발생했고 커다란 슬픔에 잠겼다. 그 결과는 비극적이었다. 왜냐하면 노동운동의 분열은 독일 파시즘의 부상을 쉽게 만들었고, 그 전횡에 반대하는 공동 투쟁을 어렵게 만들었기 때문이다. 의회에서는 부르주아 정당의 의원들이 히틀러에게 모든 권력을 위임하는 전권위임법Ermächtigungsgesetz에 찬성표를 던졌고, 그것으로 바이마르공화국은 종말을 고했다.

당시 들어선 파시스트 야만에 반대하는 공산주의자들과 사회민주주의자들 그리고 노동조합원들, 종교적으로 참여한 사람들과 그 밖의 사람들의 저항은 잔혹하게 억압되었다. 많은 사람들이 나치에 의해 암살되었고, 또 많은 사람들이 감옥과 수용소에 갇혔으며, 한편 도망가야 했다. 반민주적 입장에 대한, 반유대주의에 대한, 인종주의에 대한, 노동조직의 탄압에 대한, 전쟁침략에 대한 투쟁은 그래서 우리에게는 생생한 반파시즘 투쟁과 결합되었다.

독일 파시스트의 야만과 범죄적 전쟁은 유럽 전역을 파괴했다. 수백 만의 유대인과 집시, 장애인과 동성애자들이 조직적으로 학살되었다. 소련에 대해서는 섬멸전이 진행되었다. 소련은 파시즘을 쳐부수는 데 가장 큰 희생을 치루었다. 전쟁 후 서유럽에서는 전승 강국의 영향

---

7) 1918년 1월 스파르타쿠스단의 봉기를 임시정부 국방장관인 사민당의 구스타프 노스케가 휘하의 자유군단을 동원해 진압하였다. 이때 로자 룩셈부르크와 칼 리프크네히트는 잔인하게 살해되었다 - 편자 주

나치국가에 의한 폭력의 상징인 부켄발트 수용소 화장장
출처: Bundesarchiv

아래 자본주의 경제질서에 기반한 부르주아 민주주의가 건설되었고, 중부 및 동부 유럽의 국가에서는 사회주의의 요구가 일어났다.

독일은 독일 파시즘 기간 동안의 유대인에 대한 유례없는 학살 때문에 특별한 책임을 져야 했고, 모든 종류의 반유대주의와 인종주의 그리고 억압과 전쟁에 반대해야 했다. 특별히 이러한 책임은 이스라엘의 존재권리를 보장하는 의무를 우리에게 부과하였다. 동시에 우리는 유엔의 결의를 기초로 두 개의 국가 해결 방안의 틀 내에서 중동지역 분쟁의 평화적 조정을 지지하고, 그래서 독립적이고 생존가능한 팔레스타인국가의 국제법적 인정을 지지한다.

"다시는 전쟁이 없기를, 다시는 파시즘이 없기를"(Nie wieder Krieg, nie wieder Faschismus) - 부켄발트의 구호는 50년 동안 동독은 물론이고 서독에도 지대한 영향을 주었다: "나치즘을 그 뿌리부터 없애는 것이 우리의 표어이다. 평화와 자유의 새로운 세계를 건설하는 것이 우리의 목표다." 이 목표에 우리는 책임을 느낀다. 독일 파시즘에 의해 박해를 받았던 사람들의 경험은 독일연방공화국 기본법 제정 시의 망명권에 영향을 미쳤다. 이 망명권은 오늘날 알아볼 수 없을 정도로 무력화되었고, 그래서 좌파당이 되살리려고 하는 것이다.[8]

서독에서는 서유럽의 다른 나라와 마찬가지로 전쟁 후에 사회주의적 신질서에 대한 노력이 있었지만, 성공하지 못했다. 시작된 냉전이 정치적 발전을 강제하였다. 공산당은 1949년에 독일연방공화국에서 허약하게 창당되었고, 계속되는 압력을 받다가 1956년 독일공산당은 불법화되었다. 그래서 파시즘에 저항했던 투사들은 새로운 투옥과 취업금지의 억압 아래 놓이게 된다.[9] 반면 사회의 탈파시즘화는 계속 지체되었다. 사민당은 "아데나워 시대"(Adenauer-Ära)에는 야당이었다. 1959년부터 사민당은 자본주의를 넘어서는 경제와 사회의 신질서에 대한 자신의 관념을 조금씩 제시하였다.[10]

모든 사회계층이 참여하는 발전된 사회복지와 의회민주주의는 서독인의 경험에 속한다. 그러나 동시에 권위적이고 관료국가적인 구조도 지속되고 있다. 60년대부터 사회비판적인 의회 밖 야당이 발전하

---

8) 1993년 5월 소위 망명권 타협에 의해 사민당이 찬성함으로써 독일 기본법 수정이 이루어져, 16a조에 망명권을 제한하는 내용이 추가되었다 – 편자 주
9) 사민당의 빌리 브란트 총리 정부는 1972년부터 "극단주의자 처리 지침"(일명 공직채용금지법)을 시행하여 공직 지원자에게 기본법 상의 '자유민주주의 질서'에 대한 충성 확약을 의무화하고 앞으로 충성 검증을 통과하지 못한 사람들을 면직시키기로 하였다 – 편자 주
10) 사민당은 1959년 마르크스주의를 청산한 고데스베르크 강령을 채택하였다 – 편자 주

였다. 이는 권위적인 경향에 반대하고 더 많은 민주주의와 연대성을 위한 운동, 교육특권과 미디어권력 및 자본권력과 미국의 베트남전쟁에 반대하고 또 다른 생활기획과 개인들의 더 많은 자기실현을 위한 운동이었다.

노동조합은 강력한 투쟁 속에서 임금인상과 노동시간단축 그리고 사회복지 급부 개선을 관철시켰다. 더 많은 민주주의가 경제와 사회 속에 가능하게 되었다. 또한 이러한 투쟁의 경험은 물론 자본주의 사회에서는 공장 정문과 사무실 및 가게 문 앞에서 민주주의가 끝났음을 보여주었다. 기업 내에서는 인간 존엄에 대한 존중, 받아들일 수 있는 노동조건, 사생활에 대한 권리를 보장받기 위해서 더 계속적인 투쟁이 필요하였다.

가부장적이고 여성을 억압하고 무시하고 불이익을 주는 공적 및 사적 영역에서의 구조와 싸우기 위해 새로운 여성운동이 형성되었다. 남녀평등 사회라는 목표와 함께 남녀관계의 변화를 위한 길 위에서 남성과 여성의 동등한 지위가 본질적 진보로서 확인되었다. 그러나 이러한 투쟁의 경험은, 가부장제 사회와 가정에서의 동등한 지위는 여전히 간단치 않고, 단지 불평등한 성차별적 노동분업의 지양을 통해서만 달성될 수 있다는 사실을 보여주었다.

환경운동이 자연보호적 생산방식과 생활방식을 위해, 그리고 원자력의 사용에 반대하여 등장하였고 인정받았다. 국제주의적 집단이 아프리카, 라틴아메리카, 아시아에서의 해방운동을 지지하였고, 연대적 개발협력을 위해 분투하였다.

평화운동은 군축을 요구하였고, 무엇보다 대량살상무기의 폐지를 요구하였다. 평화운동은 70년대와 80년대에 걸쳐 이루어진 긴장완화 정책을 지지하였고 이에 영향을 주었으며, 전후의 위험한 진영대립을 완화하고 와해시켰다. 노동조합이 어려운 투쟁 속에서 임금인상과 노동시간단축 그리고 개선된 사회국가적 기여금을 관철시켰지만, 그러나 비상조치법과 억압적인 국내정책을 통해 적군파(RAF)와의 대립 속에서 민주운동의 요구는 절반만 충족되었다.

동독에서는 사회주의사회 추구가 인간의 생활사에 영향을 미쳤다. 많은 동독의 사람들은 1945년 이후에 더 나은 사회질서와 평화적이고 반파시즘적 독일을 위해 진력하였다. 대공업과 은행, 보험회사의 국유화와 토지개혁으로, 경제활동이 공동복리를 목표로 하고 근로자가 착취로부터 보호되는 소유관계가 창출되었다.[11]

1946년 4월 독일사회주의통일당(SED)이 창건되었다. 공산당과 사민당의 통합은 노동운동의 오랜 분열로부터의 교훈이었으며, 또한 파시즘에 반대하는 공산당과 사민당 동지들의 공동 저항을 기초로 하였다. 공산당과 사민당의 대다수 동지들은 이러한 필연적 통합을 지지하였다. 그러나 통합은 또한 압력과 결합되었다. 무엇보다 통합에 반대하는 사회민주주의자들은 추방되었다.

실업의 타파, 여성의 경제적 독립성, 빈곤의 지속적 극복, 포괄적인 사회보장제도, 교육 및 건강제도와 문화에서의 높은 정도의 사회적 기회평등, 그리고 농업의 협동조합기업 및 국영기업으로의 구조변화 등은 동독인의 경험에 속한다. "독일 땅에서 다시는 전쟁이 일어나서는 안 된다"는 원칙은 국가이성이었다. 그러나 한편으로는 자기 주민

---

11) 동독에서는 소련 점령 하에 1945년 토지개혁이 실시되어 농민 소유가 되었지만 이후 1959년 '농업생산협동조합에 관한 법률'(Gesetz über die landwirtschaftlichen Produktionsgenossenschaften)에 의해 집단화되어 사회적 소유로 전환되었으며, 은행을 비롯한 주요 생산자본은 1946-49년 사이에 국유화되었다 - 편자 주

에 대한 국가적 감시기구의 건설과 같은 국가적인 자의와 자유 제한 경험도 있었다. 중요한 개혁조치는 짧은 시간이 지난 다음에는 언제나 다시 권위적으로 압살되었다. 민주주의가 좌절되었으며, 생태적 지향이 거의 기회를 가질 수 없었다. 경제적 결정의 중앙집중과 인민경제의 계획과 지도의 관료적 형태, 그리고 기업의 독립성의 지속적 제한 등은 혁신능력과 성과능력을 장기간 후퇴하게 만들었다. 그래서 독일민주공화국의 계획경제모델의 호소력은 동의를 갖지 못했다.

분명한 교훈은 이렇다: 대다수 인민에 의해 민주적으로 구성되지 않고 국가 및 당의 지도부에 의해 권위적으로 조정된 사회주의 추구는 반드시 난파한다는 것이다. 민주주의 없이는 사회주의도 없다. 그래서 민주사회주의당(SED/PDS) 당원들은 1989년 가을의 임시 당대회에서 다음과 같이 결정하였다: "우리는 체제로서 스탈린주의를 무조건 버리고자 한다." 이러한 스탈린주의와의 단절은 좌파에게도 마찬가지로 타당하다. 스탈린주의에 제한된 독일민주공화국의 역사, 그리고 사회주의통일당(SED)의 역사는 비역사적이고 허위다. 또한 독일민주공화국에는 다양한 국면의 생생한 사회주의-토론이 있었으며, 풍요로운 문화적 정신적 분위기와 많은 종류의 영화, 소설, 조형예술, 음악과 그리고 예술의 참여 기획기관, 주민들의 문화와 교육 등이 있었다. 스탈린주의와의 단절은 동독에서만이 아니라 서독에게도 큰 의미를 가졌다. 민주주의, 법치국가, 폭력금지는 반드시 필요하다.

독일민주공화국의 일부 시민운동은, 그 중에는 또한 독일사회주의통일당의 개혁가들도 있는데, 1989년 가을에 평화적, 민주적, 사회적, 생태적 각성과 더 나은 사회주의로의 정치적 전환을 위해 노력하였다. 그러나 1990년에 이러한 기획은 난파되었다. 통일된 독일을 민주적으로 새롭게 건설하려는 노력은 성과가 거의 없었다. 동독에서의 민주적 각성은 단순한 연방가입으로 끝났고[12], 많은 사람에게는 고통스런 추락이 되었다. 한편으로는 민주적 권리, 개별적 자유, 법치국가적 안전, 국제적인 개방이 있었으며, 다른 한편으로는 신탁청의 도움으로 국내외 대기업에 의한 동독 국유재산의 불법적 취득과 동독의 많은 부문의 경제적 사회적 몰락이 있었다. 통일된 독일에서는 동독 사람들의 이룬 성과와 경험은 전혀 활용되지 못했다.

어렵고 자기비판적인 과정에서 과거 독일사회주의통일당으로부터 민주사회주의당(민사당: PDS)이 탄생했다. 이 당은 독립적인 세력임을 주장하고 강화되었는데, 나아가 동부 사람들의 구체적인 문제를 떠맡았고 민주적 해결을 위해 투쟁하였다. 이러한 실천의 본질적 부분은 동독 사람들의 이익과 요구의 정치적 대변이었다. 서독 사람들의 지지를 획득하려는 이들의 시도는 그러나 거의 성공하지 못했다.

독일에서 좌파당은 오랜 동안 수동적이었다. 이들은 허약했고 주변부 집단에 불과했으며, 이들이 사회민주주의 안에서 정치적 변화를 추구했을 때도 행동가능성은 너무나 좁았다. 좌파의 일부는 녹색당이나 작은 사회주의 및 공산주의 조직을 구성했다. 노동조합과 기타 사회운동에서 적극적인 좌파의 다수는 어느 한 정당과 전혀 결합하지 않았다. 수많은 국제적인 동원과 정상회담에 반대하는 투쟁을 반영하고 동시에 자본주의에 대한 정치적 비판을 위한 여지를 열어젖힌 90년대 후반에 형성된 세계화반대운동은 독일의 많은 좌파에게 영향을 미쳤고 고무하였다.

---

[12] 1990년 3월 18일 동독 최초의 민주적 선거에 의해 구성된 동독 의회는 5개 연방 주 신설과 연방 주의 서독 기본법 23조에 따른 연방 가입에 의한 통일을 결정하였다 – 편자 주

하르츠-Ⅳ 개혁에 반대하는 로스토크의 월요시위(2004. 8. 9)
출처: picture-alliance / ZB

많은 사람들의 높은 기대를 모았던 "적-녹"(Rot-Grün) 연립정부는13) 1999년 이후 실망을 안겨주었다. 사회적, 생태적 목표가 자본의 이익에 굴복하였고, 독일군의 국제적 전쟁파병의 문을 열었기 때문이었다.14) 사민당과 녹색당은 사회정의와 생태적 지속가능성 그리고 평화적 세계 주민 대다수의 이익이라는 원칙으로부터 빠른 속도로 이탈하였다. '하르츠 Ⅳ'(Hartz-Ⅳ)법과 '아젠다 2010'은 사회적인 사람들과 좌파에 신념을 가지고 있는 사람들로 하여금 결국 사민당과 녹색당을

---

13) 1998년 11월에 출범한 게하르트 슈뢰더를 총리로 하는 사민당-녹색당 연립정부 - 편자 주
14) 1999년 3월 11일 슈뢰더 총리가 독일군의 유고슬라비아 내전 참전을 발표하였다 - 편자 주

떠나게 만들었고, 새로운 정치세력인 '선거대안 노동과 사회정의'Wahlalternative Arbeit und soziale Gerechtigkeit(WASG)의 발전으로 이끌었다.

2007년에 좌파정당인 민사당과 선거대안은 새로운 정당인 좌파당(DIE LINKE)으로 통합되었다. 좌파당은 2004년에 결성된 유럽좌파 정당의 일부이다. 우리는 또 지금과 다른 정치와 더 나은 세계를 원하는 사람들, 자유와 평등, 해방과 사회정의, 국제적 연대와 평화, 생태를 지지하는 모든 사람들을 이를 위한 협력에 초대하려고 한다.

지배적인 정치와 자본주의 체제, 자본주의 체제의 공황과 부정의에 대해서는 대안이 있다: 즉 자유와 평등에 기초한 자연과 조화로운 사회, 착취와 억압이 없는 사회이다. 우리는 이것을 위해 함께 투쟁하려고 한다.

2. 자본주의의 위기 – 문명의 위기

　자본주의는 오늘날 공간적 시간적으로 한계를 없애고, 전 세계를 복속시켰다. 자연과의 관계와 거의 모든 인간관계는 상품관계가 되었다. 식물과 동물 그리고 인간의 유전자는 특허화되었고, 그래서 일반성을 상실하게 되었고, 국유지는 더 이상 자유롭게 이용할 수 없으며, 시골의 우물에서부터 대도시까지 물은 사유화되었고, 모유는 수출상품이 되었으며, 땅의 약탈은 전체 공동체를 파괴한다. 식량은 주식시장에서 투기대상이 되었고, 풍요롭고 건강한 영양섭취는 수백만 사람들이 더 이상 접근할 수 없게 되었으며, 땅의 과실은 그것을 넘어 부자들의 연료탱크의 연료로 소모되고 있다. 다국적 기업이 가격을 결정하고, 무엇을 경작하고 판촉활동을 벌일 것인가를 결정하고, 소매점 체인까지 지배하고 있다. 그들은 국제적 무역흐름과 경제정치 및 사회정치를 세계적으로 규정하고 있는 세계무역기구(WTO)와 세계은행 그리고 국제통화기금에 엄청난 영향력을 행사한다. 다국적 기업의 권력은 제한되고 통제되고 무력화되어야 한다. 토지개혁은 식량주권과 영양섭취의 권리를 보장하기 위한 중요한 대책이다. 고삐 풀린 자본주의 조건 하에서 생산력은 더욱 급속하고 광범하게 파괴력으로 급변한다. 동시에 일자리는 사라지고 복지는 파괴되고 자연에 대한 약탈이 추구된다. 또한 이러한 방식으로 이윤이 증가되고 보장된다면, 인도주의적 지원의 구실 아래 다시 한 번 전쟁이 일어날 것이다.

　자본주의는 출현 후 수백 년 동안 엄청난 부를 가져왔고, 많은 나라에서 대다수 인구에게 복지를 높여주었다. 그러나 동시에 수십억의 사람들은 이러한 부로부터 배제되어 있다. 사회불평등이 더욱 커지고, 빈부 격차는 더욱 확대되고 있다. 이것은 국내적으로도 그렇지만 바로 국제적으로 더 그렇다. 자본주의 시장경제의 위기는 대량실업과 소득상실 그리고 복지의 축소로 귀결된다. 더욱이 자본주의는 빈곤을 극복하기 위해 언제나 새로운 기술적 조건을 창출하였다. 그러나 자본주의는 5초마다 아이가 굶어 죽고, 10억 명 이상의 사람들이 먹을 게 없고, 깨끗한 마실 물을 전혀 가질 수 없는 세계질서를 고착화시킨다.

서유럽의 전후 발전에서도 또한 이러한 모순이 발견된다. '사회적 시장경제'(sozialen Marktwirtschaft) 이념은 공황, 파시즘과 전쟁의 충격에 대한 대답이었으며, 따라서 고삐 풀린, 야만적인 자본주의에 대한 경험에서 나온 결론이었다. 이것은 강력한 노동조합, 반자본주의 운동, 사회민주당과 사회주의 및 공산주의 정당의 투쟁에 대한 대답이었다. 또한 '사회주의 진영'(Sozialistischen Lagers)의 존재는 자본주의 진영에게는 복지국가로 양보함으로써 대응하여야 할 도전이었다. 사회보장제도가 확대되었고, 민주적 권리가 확대되었으며, 복지가 향상되었다. 그러나 체제경쟁이 사라지면서 노동과 자본의 세력관계는 의존적인 근로자들에게 불리하게 변했다.

'사회적 시장경제'는 임금노동과 자본 사이의 타협으로 자본의 지배를 문제 삼지 않는 것이다. 이 모델은, 빠른 생산력진보와 높은 성장률이 대기업의 이윤을 안정화하는 동시에 강력한 노동조합과 민주적 반대세력이 존재하는 한, 잘 기능한다. 임금노동과 자본의 타협은 자연에 대한 약탈과 공적 및 사적 가부장제관계를 없애지 못한다.

1970년대의 경제위기는 고성장의 이러한 '황금시대'(goldenen Jahre)의 종말을 특징지었다. 자본주의는 주기적으로 나타나는 공황국면과 저성장국면을 포함하는 정상사태로 되돌아갔다. 경제활동에서 배제된 사람들의 수가 증가하고, 구조적 대량실업으로 고착화되었다. 많은 사람들이 체득한 좋은 인격은 경쟁 속에서 개인주의로 서로 대립하게 되었다. 실업자 수가 증가하고 노동조합과 정치적 반대세력이 약화되자, 자본가들은 다시 공격적으로 바뀌었다. 국제적 시장에서의 활동 증가로 압박능력이 커진 기업의 힘이 이들을 뒷받침하게 되었다. 이들은 정치를 "견인"할 수 있게 되었고, 실제 그렇게 되고 있다.

가부장적 억압과 분업

21세기 벽두에 우리는 몇몇 소수가 많은 사람의 희생으로 부유해지고, 소수가 다수의 생활과 시간을 결정하며, 이윤 사냥이 모든 생활영역을 집어삼키고, 여성들은 여전히 낡은 억압관계 아래에서 살고 있는 사회를 만난다. 이러한 관계의 기초는, 자본주의와 가부장제의 토대는, 노동과 그 분업의 역사와 함께 시작한다.

노동의 분업 확대로 효과적이고 더 많은 생산이 이루어지고, 반대로 생산력 증대는 더 많은 분업을 가능하게 해주었다: 결정적인 분업은 "여성노동"과 "남성노동"의 분업이다. 여기서 남성은, 기술적 진보가 이루어지고 집 밖의 자신의 작업장에서 더 많은 일이 생기면서, 소득이 발생하는 생산에 참여하는 반면, 여성은 집안일과 모든 가족 구성원들을 돌보는 책임이, 즉 소득 없는 노동이 주어진다. 오늘날까지 전통적인 "남성노동"은 높은 사회적 가치평가를 받는 반면, 전통적으로 "여성노동"으로 간주되는 노동은 낮게 평가 받거나 아예 무시되고 낮은 임금을 받는다.

생산력 증대와 함께 공동체의 아주 많은 사람을 부양할 수 있게 되었다. 그러나 동시에 다른 사람의 노동을 이용할 수 있고 다른 사람의 시간을 마음대로 처분하고, 그들의 활동을 규정하고 그래서 계급관계와 지배관계를 결정하는 것이 일부 사람에게 가능하게 되었다. 이러한 위계적 분업은 여성을 억압하는 전제가 되었다. 분업에 기초한 가족구성과 함께 여성과 아동은, 여성의 노동력과 육체를 마음대로 처분할 수 있는 남성의 소유물이 되었다. 오늘날까지 소유관계와 계급관계는 가부장제 가족과 밀접히 결합되어 있다.

가부장제 억압은 자본주의적 생산의 도입에 앞서 오랫동안 존재해 왔다. 그러나 자본주의에서도 여성의 억압, 경제적 사회적 문화적 구조에서 남녀 사이의 권력차이는 확고하게 고착되어 있고, 관계의 안정을 위해 이용된다. 자본주의의 성공적인 보급은, 생산양식을 전파하고 이제까지 비자본주의적으로 조직되어 있던 분야를 내몰거나 자본주의적으로 떠맡으면서, 세계의 모든 생활영역과 모든 구석에까지 영향을 미쳤다; 세계화의 국면에서 여성의 노동력은 지나치게 이용되어 마침내 다음 세대의 재생산조차도 위협하게 되었다. 다음 국면에서는 여성이 가족부양자의 노동력을 재생산하고 다음 세대를 교육할 수 있게 되었고, 남성은 전체 가족을 부양해야 하는 소득을 대가로 생산영역에 배치되지만, 종종 충분하지는 않았다.

오늘날까지 여성은 가사노동과 가족노동의 대부분을 맡고 있다. 전후 서독의 질서는 결혼한 주부를 이상으로 하는 것을 특징으로 하며, 지금까지도 이는 조세 혜택을 받고 있다. 여성은 생계노동에서 전혀 무시되었거나 혹은 기껏해야 "가족부양자"에게 경제적으로 의존하는 "추가벌이"의 역할로 간주되었다. 동독에서 여성은 높은 정도로 생계노동에 통합되었고, 또한 자주 전통적인 "남성직종"에서도 동일 노동에 대한 동일 임금으로 통합되었다. 기반이 분명히 더 좋았고, 직업과 가족이 더 좋게 통합되어 있었지만, 다른 한편으로 가사노동과 가족

노동이 기본적으로 분업화되지 못했다. 수많은 여성들이 기능상 높은 지도적 위치에 있었지만, 그러나 최고경영진에는 충분히 진출하지 못했다. 오늘날까지 여성은 확실히 대부분 불안정한 고용상태에 처해 있고, 낮은 임금과 시간제로 생업에 종사하고 있다.

노동관계와 가족관계에서 압도적인 부양중심적 모델은 분명한 양성관계에 기초하고 있다. 남성 혹은 여성 동성애자와 성전환자는 오늘날까지 경제활동에서의 차별과 투쟁해야 하고, 승진을 위해서는 최소한 자신의 성취향과 관계형태를 숨겨야 한다.

남녀관계와 생산관계

자본주의 생산은 상품생산으로서 발생하고, 그 안에 고용된 노동력의 상시적인 재생산을 전제한다. 재화와 생활수단의 생산에서 생산력의 거대한 발전이 일어나고, 잉여가 생산되고 이로 인해 인간의 사회적 발전을 위한 토대가 마련된다. 낡은 성차별요구는 재생산노동의 조직에서 더욱 작용한다. 사람을 대상으로 하는 일, 교육, 보건, 영양섭취, 돌봄 관련 분야에서 무엇보다 여성들이 적극적으로 일하지만, 무급이거나 임금이 낮고, 종종 낮게 평가된다. 이러한 역할에서 여성은 공적으로 영향 없는, 사회적으로 의미 없는 주변부류가 된다.

사회적 노동에서 성차별적 분업과 그것의 위계적 배치는 오늘날까지 여성의 사회적 억압으로 귀결되었다. 주로 여성이 종사하는 직업분야는 대부분 낮은 임금이 적용되었다. 기업은 여성을 낮은 임금으로 고용하면서 여성억압으로부터 이익을 얻었다. 여성은 생계노동에 더해 엄청난 양의 미지급(무급) 시간을 가족을 위해 사용하였는데, 이 시간은 분명히 남성보다 훨씬 많을 것이다.

가사는 물론 자식을 돌보고 도움이 필요한 성인을 위한 지급 및 미지급 노동이 자본주의 사회와 사회복지의 기능에 기본적인 중요성을 가진다는 사실은 무시되었다. 좌파당은 가부장제 및 자본주의 관계를 극복할 사회주의와 여성주의 정당이다.

남녀관계의 근본적 변화

최근의 모든 국면마다 여성은 자신의 권리를 위해 투쟁하였다: 영국의 급진적 참정론자들(Suffragetten)은 여성선거권을 위해 싸웠다. 프롤레타리아 여성운동은 여성 노동자의 권리와 평화의 유지를 위해 노력했다. 마찬가지로 부르주아 여성운동은 여성과 남성의 법적인 평등을 위해 투쟁했다. 1968년 이후 새로운 여성운동이 전반적인 사회해방을 위해 투쟁했다. 결과적으로 여성운동은 성공적인 사회운동의 하나로서 평가될 수 있다. 여성은 명목상의 여성 위상인 가사의 경계를 뛰어넘어, 교육과 직업에서 독립적인 발전과 남편으로부터의 경제적 독립권을 쟁취했다. 여성은 성애에서 자유롭게 생활하고 가족계획을 독립적으로 설계할 수 있다. 오늘날의 젊은 여성들은 그들의 할머니나 증조할머니보다 훨씬 더 나은 교육을 받으며, 공부하고 경력을 쌓고 "남성직종"에 취업할 수 있게 되었다.

그러는 사이 여성의 대다수는 경제활동을 하고 있지만, 그러나 그들 중 대부분은 자신의 생존을 보장받지 못하고 자주 어쩔 수 없이 받아들일 수밖에 없는 시간제 자리에 종사한다. 독일에서 여성의 수입은 남성보다 20% 이상 적다. 여성은 거의 혼자서 직업과 가족이라는 이중부담을 떠맡는다. 여성이 성공하려면, 남성적인 세계에 적응해야 한다. 경제와 과학 그리고 정치의 지도적 위치에서 여성을 대표하는 사람은 드물다. 세법과 사회복지수급권(Sozialrecht)은 여전히 전통적인 일인부양가족에게 유리하게 할당된다. 가부장제가 언어와 문화, 육체(외모)와 정치를 만들어낸다. 여전히 여성과 소녀, 특히 여성 장애인은 부녀자폭행과 가정폭력의 희생자가 된다. 여성 장애인은 여전히 더욱 더 차별을 받는다.

직업활동을 하는 남편, 의존적인 가정주부와 자녀로 이루어진 전통적인 부르주아 핵가족은 의미를 잃었고 계속 문제가 되고 있다. 새로운 생산양식의 성립이 새롭게 인간의 유연한 생활양식을 가져왔기 때문이다. 남성부양자와 가정주부 사이의 포드주의적 자본주의의 낡은 성차별적 계약은 시효를 다했다. 이는 여성에게 많은 새로운 자유와 그 남편으로부터의 경제적 독립을 가져다주었다. 그러나 신자유주의적 탈규제화는 여성에게 유연성에 대한 요구로, 불안정하고 불안한 노동조건에 의한 부자유로, 이중부담과 과도한 책임으로 새로운 부담을 주고 있다. 산업국가에서는 더 많은 여성이 경제활동에 종사하고 있는 반면, 남성이 떠맡는 가사노동과 가족노동의 몫은 여전히 여성에 비해 크지 않다. 열악한 직업기회를 가진 여성이나 열악한 임금과 불안정한 조건을 가진 이민여성은 자주 그런 노동에 고용된다. 이것은 여성들 사이의 새로운 불평등으로 이끈다. 실질적 해방으로부터 우리는 너무나 멀리 떨어져 있다.

이러한 상태에서 평등, 대안적 가족모델, 직업과 가족의 결합에 대한 모든 요구는 충분하지 않다. 과도한 부담이 개인화되어서는 안 된다. 직업과 가족을 결합하기 어려운 것은 사회적 경제적 원인을 가지고 있다. 가족은 생활공동체로서든, 부부로서든, 다세대가계로서든, 혹은 또 다른 형태의 공동체에서건 상관없이, 서로를 위해 평등하게 책임을 맡는 곳에 존재한다. 가족은 어떤 성적 지향이든 관계없이 서로를 위해 평등하게 존재하는 곳에 있다.

독일 – 하나의 계급사회

독일은 계급사회다. 상품과 서비스의 생산은 가능한 한 높은 이윤을 목표로 하는 민간 기업에서 주로 이루어진다. 경제 활동하는 사람 대부분은 의존적 피고용자로 일을 한다. 그들은 자신이 생산하는 가치의 일부만을 임금으로서 받고, 잉여는 자본가에게 전유된다. 이에 의해 피고용자의 활용과 투자, 그래서 경제적 발전과 피고용자의 노동 및 생활수준이 결정된다. 경제적 사회적 발전은 국가행위와 정치와 같이 자본의 이해에 의해 규정된다. 인간의 생활기회와 교육기회는 높은 정도로 그의 계급상태와 사회적 출신에 달려 있다.

노동계급의 구조는 발전과정에서 상당히 변화되었다. 산업과 대기업 고용 비율은 줄어들었고, 더 많은 사람들이 서비스분야와 중소기업에서 일을 한다. 또 활동과 노동의 내용도 변화되었다. 그래서 수작업과 육체적 노동의 비율은 줄어든 반면, 정신적 활동과 관리 및 기획 활동이 증가하였다. 노동자와 사무직원 사이의 차이는 줄어들었다. 따라서 자율적 활동의 여지 역시 부분적으로 확대되었다.

또한 노동관계가 변화되었다. 정규직 고용 비율이 줄어들었다. 더욱 많은 일자리가 단순한 기간제로 채워지고, 차용(파견)노동의 자리로 전환되거나 더 많은 시간제 일자리로 쪼개졌다. 임금협약을 통해 보호받는 취업자 비율이 줄어들었다. 저임금부문의 일자리가 늘어났다. 불안정한 노동이 증가하였다. 다른 한편 자영업이 증가하였다. 그러나 여기서 중요한 것은 실제적이고 자발적인 자영업이 아니라, 적게 벌고 경제적으로 불안한, 강제된 유사-자영업 증가가 흔하다는 사실이다.

가장 열악한 상황은 실업자의 상태로, 특히 그들이 이미 오랫동안 경제활동이 없다면 좋은 일자리를 얻을 기회도 전혀 없을 것이라는 점이다. 그들은 더욱 더 빈곤과 압박, 배제에 놓일 것이다.

비록 노동관계와 활동이 크게 차별화되었다고 할지라도, 공통된 계급의 처지는 자본에 의존하는 임금노동의 일반적 성격의 결과다. 임금 소득자는 기업, 임금협약 그리고 법령에 의해 소득, 노동조건, 사회적 안전을 개선하고 자본주의의 지배와 착취를 제한하는데 공동의 이익을 가지고 있다.

여성은 게다가 가부장제 구조의 억압에 놓인다. 여성의 억압과 남녀 간 힘의 격차는 경제와 사회에 확고히 고착되어 있다. 남녀 간 관계는 생산관계의 구성요소이고, 특히 생식 조직으로 표현된다. 여성에게는 양육과 구성원을 돌보는 주요책임이 주어진다.

공통의 이익의 표현이나 계급의식이 공통의 계급상태로부터 직접 발생하지는 않는다. 그리고 이는 특히 노동조건과 생활수준의 차별화로 인해 어렵게 된다. 소득, 직업에서의 위상, 자격, 출신가족, 다양한 이민배경 등의 차이가 임금생활자의 다양한 환경(생활양식)에 영향을 준다. 이는 이념, 종교, 정치 전통과 함께, 노동자 내부에서 다양한 가치지향과 정치적 태도의 원인이 된다.

대량실업의 압력 아래 임금생활자들의 경쟁은 더욱 격화된다. 공통의 의식과 공통의 이해관계는 사회적 대립 속에서 가장 강하게 나타난다.

그러나 다른 측면에서 자본가 계급도 전혀 단일하지 않다. 재산으로서의 자본과 기능으로서의 자본은 자주 분리되며, 그래서 자본소유자와 그 위임자, 즉 경영자는 구별되어야 한다. 이런 상이한 입장은 상이한 이익과 관련될 수도 있다.

거대한 자본소유자와 금융재벌 외에도 또한 다른 사람의 노동을 착취하지 않고는 살아갈 수 없는 수많은 중소기업가와 자유직업인이 있다. 그들은 부분적으로 우월한 대자본 아래서 고통을 받는다. 따라서 이들은 인구의 대다수인 임금생활자들과 상이한 이해관계를 가지지만, 동시에 이들과 완전한 공통점을 보여주고 있다.

신자유주의적 전환

70년대 이래 신자유주의적 전환은 무엇보다 거대 기업의 이윤율 제고 목표에 기여했다. 이러한 목표의 핵심은 임금수준을 낮추기 위한 노동시장의 탈규제와 노동조합의 정치적 약화였다. 기업의 부담을 덜어주고 기업의 유연성을 높이기 위해, 민주적이고 사회적인 권리는 물론 사회보장이 축소되고 자본과 소득에 대한 세금이 낮추어졌다. 공기업과 공공서비스는 물론 사회보장의 광범위한 민영화는 자본에게 추가이윤을 얻을 수 있는 투자 분야를 개방하였다. 지배계급은 기술적 변혁으로 더욱 증가된 사회적 부를 전유(자기화)하여 자신의 사유 재산과 권력을 증대하려고 하였다.

신자유주의로의 편향은 전후 통화체제의 붕괴와 1970년대 초반 고정환율제의 붕괴와 함께 시작되었다. 우선 외환시장과 이어서 세계화한 금융시장이 더욱 더 자유화되었다. 금융시장의 자유화는 유럽연합에 의해 결정적으로 추진되었다. 공적 사회보장의 영역에서의 자유화를 위한 유럽연합-조약과 유럽연합-요강과 함께 – 마스트리히트조약에서 리스본의 조약까지 – 민영화와 탈규제 그리고 유연화의 신자유주의 정책이 무엇보다 "자유경쟁의 공개적 시장경제"를 통해 공고화되었다. 개발도상국은 내국경제의 개방, 자본이동 규제 철폐, 사회보장 지출 축소, 공공재의 민영화를 강요받게 되었다. 많은 나라가 식량주권 상실의 결과로 자국 농업 보호정책을 폐지하고, 농업의 수출생산 체제를 강화하게 되었다. 신자유주의의 승리는 중부 및 동부 그리고 남부 유럽과 소련의 승계국가들에서의 자본주의 시장경제로의 이행으로 그 정점을 맛보았다.

결과적으로 국민국가들은 세계시장에 대한 더 중요해진 환율과 이자 결정권을 상실하고, 그것을 은행과 외환시장의 투기에 넘겨주었다. 세계적 자본순환은 오늘날 세계사회생산물의 몇 배에 달한다. 자본이동의 갑작스런 방향 전환은 전체 국민경제를 나락으로 빠뜨릴 수 있다. 그러나 금융시장의 탈규제는 세계를 더욱 불안정하게 만들었을 뿐만 아니라, 동시에 탈규제화된 금융시장은 경제활동의 증가된 부분이 세계화한 자본주의에 집중되는 투기적 이윤획득 분야를 더 열어주었다.

그 설립이 유럽연합 회원국 사이의 평화를 보장하는 데 기여하였던 유럽연합 역시 점점 더 신자유주의 변혁의 동력이 되고 있다. 도시와 지역 그리고 연방 주가 공동의 국내시장에서 가능한 한 낮은 세금과 느슨한 환경부담, 낮은 임금과 사회기여금을 갖고 경쟁하게 되었다. 입지경쟁이 공공재정의 수입에 특별히 영향을 미치는 덤핑경쟁으로 귀결되었다. 그래서 국가 몫의 저하, 전면적 민영화, 회원국의 사회보장제도의 상당한 축소가 예정되어 있다. 유럽연합 내의 모든 국민경제가 붕괴의 위협에 처해 있다. 특히 독일의 사회정책과 저임금정책, 나아가 은행을 통한 국민경제의 약탈이 그것에 대한 책임이 있다.

재정거품과 사회적 분열

신자유주의적 자본주의는 낮은 성장률에도 불구하고 금융자산과 부채에 의해 실물 경제를 넘는 과도한 재정거품을 만들어내고 있다. 자본소유자와 고소득자에게 유리한 이윤 증가와 소득 재분배로 투자를 찾는 세계적 자본에 엄청난 초과이윤이 창출된다. 동시에 이것은 노령연금과 사회보장제도 전반의 민영화를 통해 확대된다.

동시에 생산력 발전과 낮아진 사회소득의 괴리는 산업의 과잉생산 능력 문제를 심화시키고 실제 투자를 저하시킨다. 수탈 경제는 부자를 더욱 부유하게 만들기 위해 대다수 사람을 가난하게 만든다. 계급사회에서 산다는 것은 소득과 재산 분배의 불평등 심화에서 알 수 있다.

30년 간의 경제성장은 독일뿐만 아니라 세계적으로도 많은 사람에게는 과거지사다. 개발도상국가에서는 수백만의 사람들, 특히 여성에게 생계노동과 그에 따른 해방의 가능성이 열렸지만, 그러나 동시에 그들은 새로운 자본주의 강제에 종속되었다. 공동체의 협력과 자연적 생활공간이 파괴되었다. 산업국가에서도 저소득자와 실업자, 소상공인과 능력이 별로 없는 사람들은 기본적으로 생활수준이 악화되었다. 많은 사람들은 어떻게 그들이 매일의 생활과 양육에 돈을 조달해야 할지 더 이상 알지 못한다. 많은 젊은이들은 전반적인 교육과 자격 확보에서 배제되었다. 그러는 사이에 비공식 부문의 불안정한 일자리, 낮은 임금과 사회적으로 불안정한 노동이 정상이 되어버렸다. 이러한 압력 하에서 많은 사람들에게는 노동에서의 더 많은 자기책임과 창의력이 종속관계와 지배관계에 복속되고 적응되었다; 노동과 여가시간 사이의 경계가 사라지고, 개인적 사회적 생활관계가 전체적으로 더욱 강화된 이기적인 이익추구와 최대화된 지대추구에 복속되었다.

신자유주의 정책은 약속을 결코 지키지 않았다. 급부에서의 형평 대신 신자유주의 정책은 노동자의 희생 하에 미지급 소득에 유리한 급진적 재분배를 지지하고 있다. 사회적 국가 대신에 더 많은 자기책임이 더 많은 배제와 빈곤으로 이끌었다. 더 많은 경쟁이 아니라 유례

없는 경제권력의 집중이 그 결과였다.

초과소득에 대한 공격에도 불구하고 수요 증대를 위해, 그러나 미국에서 그리고 다른 나라에서도 과도한 소비자 신용 상황이 창출되었다. 낮은 임금을 부채 증가를 통해 조절하는 미국식 모델은 동시에 다른 나라, 특히 독일의 엄청난 무역흑자의 전제조건이었다. 또한 군비증강과 전쟁 자금조달을 위한 미국의 국가부채 증가는 재정거품의 팽창에 기여하였다.

거대기업 자체에서도 단기 수익률의 증가를 위해 차입과 자사주 매입 프로그램이 점점 더 혁신적 연구 개발과 새로운 자산 및 기술에 대한 투자를 대신하고 있다. 대투자자와 금융투자자는 기업으로 하여금, 냉혹한 합리화 추구와 수익률이 낮은 부문의 분사, 임금과 노동 그리고 사회보장기금의 감축을 위해, 자신의 주식을 종종 단기간에 투자하도록 강요한다. 그래서 합리적인 수익과 낮은 임금비용을 가지고 고부가가치를 내는 기업조차 수천 명의 근로자를 해고하거나 더욱이 사업장을 폐쇄하려고 한다.

21세기 초의 세계경제위기

2008년 시작된 심각한 세계경제위기는 이윤만을 위해 생산하고 유효수요라고 보인다면 오직 그 수요를 위해 존재하는 경제질서의 위기다. 경기순환의 위기, 구조적 위기, 국제금융시장의 위기는 1929년 이래 가장 어려운 자본주의 세계경제위기로서 정점에 달했다. 이러한 위기와 함께, 지난 30년 간의 자본주의 발전을 특징짓고 견인해온 세계화된 모델은 한계에 달했다.

이는 독일도 마찬가지이다. 독일에서 경제발전은 과도하게 수출증가에 맞추어졌고 거기에 의존하였다. 국내수요의 질식과 동시에 수출도 감소하였다. 무역흑자는 독일 기업의 거액의 자본수출로 이어진다. 여기서 문제가 되는 것은 생산적 직접투자가 아니라, 거대한 규모의 신용이나 채권 및 유가증권의 매입이다. 이에는 오늘날 거의 무가치한 "정크본드"의 대량 매입도 포함된다. 독일기업과 부유한 금융자산 소유자는 그래서 미국의 채권 매입과 세계금융위기의 발전에 상당히 기여했다.

정치적 지원을 받는 임금에 대한 압박은 수출상승에 유리하게 작용했고, 국내수요를 약화시켰다. 공적 사회지출의 축소는 동일한 방향으로 작용했는데, 임금과 급여에 의존하는 사람들의 기여금분담 상황을 악화시켜서 국내수요를 지속적으로 약화시켰다. 독일은 그러는 사이에 유럽연합의 모든 회원국 중에서 공공서비스 부문 고용 비율이 가장 낮은 나라가 되었다. 그 결과는 허약하고 분열된 경제발전이었다. 경제발전은 단지 수출분야에만 기여했고, 대기업과 금융자본을 위한 것에 불과했으며, 근로자들의 희생과 국내 수요를 위하여 생산하는 대부분의 중소기업의 희생으로 귀결되었다. 허약한 경제발전과 기업 및 부자에 대한 감세로 인하여 줄어든 조세수입은 공공재정의 위기를 심화시켰다. 이것은 다시 재정지출 축소와 인력 감축, 아직 남아 있던 공공자산과 공기업의 민영화에 기여하였다.

독일의 공격적인 수출지향은 다른 나라에서는 심각한 경제적 손해를 끼쳤다. 독일의 수출흑자의 이면은 다른 나라에서의 필연적인 적자와 실업률 상승이다. 독일은 수출장려정책(예를 들면, 수출신용 보증, 임금 덤핑 정책 등을 통한)을 중단하고 그 대신 무역수지 균형 정책을 추구하여야 한다.

이는 다음과 같이 전개된다: 자본주의는 단지 사회적으로만 정의롭지 못한 것이 아니다. 자본주의는 또한 경제의 생산적 토대를 침해한다. 자본주의는 경제의 체계적인 기능장애, 엄청난 과잉생산능력, 다른 한편으로는 심각한 공급부족, 거대한 경제적 손실로 귀결된다. 그 결과는 매우 위험한 세계적인 불평등과 생산 및 생산력의 파괴, 일자리와 복지 그리고 혁신과 창의력의 파괴이다. 자본주의는 중산층을 몰락시키고, 부유층에게 극도의 소득 및 재산의 집중을 가져오고, 이러한 집중은 금융시장을 팽창시키고 상품시장에 대한 수요를 죽여 버린다.

신자유주의 정책은 탈규제, 자유화, 민영화를 통해 현재 위기의 뿌리를 만들었는데, 이는 정치적으로 반대하지 못한다면, 재앙으로 성장할 수 있다. 경제와 사회를 자본증식 아래 종속시키는 것은 인간 문명의 존재를 위협하는 것이다. 금융시장자본주의는 더욱 심화된 위기의 요소를 축적한다. 이는 권력과 부의 문제, 자연과 사회의 관계, 생산양식과 생활양식의 관계, 안보와 개발의 문제를 제기한다.

사회통합의 위기

더 많은 사람이 극도의 불안정과 점증하는 빈곤을 강요받고 있다. 사회적 추락에 대한 공포가 대부분의 사람들의 생활에 영향을 주고 있으며, 높은 수준의 노동능력을 가진 사람들의 생활에 대한 영향도 커지고 있다. 과도한 이윤추구와 물질적 불평등의 확대는 사회를 내부로부터 해체하고 있다. 경쟁, 불신, 사회적 배제, 불안정이 증가하고, 협력과 사회구조에 대한 신뢰, 사회적 책임 부담 의지는 사라지고 있다. 특히 세대를 포괄하는 연대 역시 약화되고 있는데, 우리 사회는 앞선 세대가 창조했고 또한 앞으로 올 세대의 교육과 능력, 노동과 책임의식에서 확인될 모든 것 위에서 건설되었기 때문이다. 현재의 교육제도는 사회의 사회적, 문화적 분열에 기여하고 있다. 인종주의와 파시스트 경향, 반유대주의와 이슬람근본주의가 증가하고 있다. 이주여성과 장애 여부를 불문하고 강압적으로 불법행위에 빠진 여성이 폭력의 희생자가 되는 경우가 잦다. 이민자는 인간 존엄의 박탈로 인해 위협을 받고 있다. 국내정책에서 억압적 요소가 더 확대되고 있다.

민주주의의 잠식

대기업과 금융자본의 권력이 커지고 경제의 민영화와 자유화가 정치와 공공의 영역을 없애는 만큼 민주적 영향력행사와 동참의 가능성은 사라진다. 세계화의 이익은 사유화되고, 그 이익의 상실은 사회화된다. 동시에 억압적 경찰국가가 구축된다. 시민(공민)의 권리는 약화되고, 권리의 실행은 더욱 더 개인적 소득에 의존하게 된다. 소득이 너무나 적고 그래서 민주적 참여에서 배제된 사람은 종종 정치적 불신과 무관심으로 대응한다. 따라서 경제권력과 그에 대한 속수무책의 반응을 통해 민주제도의 위험한 악순환이 일어난다.

민주주의와 사회적 규제의 위기가 발전하였다. 세계적 지배엘리트는 세계인구 대부분의 이익을 고려하여 결정하지 않는다. 그들의 이익은 사회적, 생태적, 평화적 세계발전과 반대로 진행한다. 국가와 세계사회는 자산소유자들과 투기꾼들의 인질로 남는다. 입지경쟁과 부족한 자원을 둘러싼 투쟁은 전 대륙과 대부분의 생계노동을 하는 사람들을 제한 없는 저가입찰경쟁, 사회복지비 삭감, 약탈의 세계로 몰아넣는다. 투쟁으로 획득한 민주주의, 싸워서 얻은 개인의 자유, 그리고 사회국가적 진보는 세계적 과두제의 지배에 종속된다.

그러나 민주주의는 또한 제도적 수준에서도 잠식된다. 인터넷의 잠재력을 통한 정치적 행동의 영향력행사의 새로운 기회는 사용되지 않은 채로 있다. 더 많은 직접민주주의적 영향력행사는 가로막혀 있다. 전체 사회의 사회적 분열은 민주사회의 분열로 이끈다. 대부분의 사람들은 민주적 영향력행사로부터 배제되어 있다. 왜냐하면 그들의 참여 기회는 없기 때문이다. 적거나 전혀 없는 소득으로 인해 정치참여 여지가 제한되거나 부분적으로 불가능해진다. 동시에 억압적인 경찰국가가 구축된다. 모든 기술적 진보로 인해 시민들을 감시하고 더 쉽게 처벌할 수 있는 새로운 사고가 발전한다. 개인적 정보보호도 정보자유와 언론자유 그리고 시위의 자유와 마찬가지로 없어진다. 국가와 경제는 인터넷과 그와 연관된 수평적 소통과 여론형성의 가능성을 막고 규제하기 위해 계속 새로운 과정을 시작한다.

정책이 불이익을 받고 있는 주민들의 이해에 관심을 두지 않고 있다는 인상과 공동결정 기회의 배제는 정치무관심과 정당불신으로 이끈다. 그래서 민주제도의 전복이라는 위험한 악순환을 가져온다. 이는 민주주의와 사회질서의 위기로 발전된다.

생태문제의 핵심

자본주의는 사회적 필요와 경제적 도전, 생태적 해결에 적합하지 않다. 자본주의는 언제나 짧은 시간범위에서 결정한다. 이는 환율변동, 유가증권과 주식의 시세변동, 금리 차이, 부동산과 자원 가격의 변동을 대상으로 투기한다. 장기적 전망과 자연의 오랜 순환에 대한 고려에 기반한 결정은 단기적 이윤계산과 심히 모순된다. 지난 250년의 성장은 무엇보다 화석에너지, 특히 석탄과 20세기 초부터는 석유와 천연가스의 사용에 기반을 두었다. 그러나 석유와 석탄 그리고 가스 매장량은 제한되어 있다. 조만간 그 한계치에 도달할 것이다. 그 이후에는 화석에너지의 공급이 줄어들 것이지만, 반면에 수요는 선진국과 개발도상국의 엄청난 화석에너지 수요로 인해 변함없이 증가할 것이다. 자본주의 하에서는 이로 인하여 화석에너지의 가격과 그와 관련된 에너지대기업의 이윤을 높일 것이고, 또한 이러한 방식으로 그들 대기업의 사회적 정치적 권력을 더욱 강화할 것이다.

이는 자연적 사회적 생활토대의 위기, 재생산의 위기로 발전될 것이다. 식량과 농지에 대한 투기는 농업구조를 파괴하고 굶주림과 영양실조를 심화시킬 것이다. 오늘날의 사회는 물질로 살아간다. 자본주의 생산양식은 특히 동물 관련 분야에서도 비윤리적인 산업적 대량생산과 바다에서의 대량 어획으로 귀결된다. 급박한 기후변화, 많은 자연자원의 급속한 고갈, 생물 종다양성의 절멸이 가속화하는 한편, 신자유주의 세계화의 승자와 패자로, 넘치는 사치소비와 굶주림의 확대로 사회의 분열, 이것이 한 동전의 양면이다. 사회적 생태적 문제해결은 함께 할 때만 가능할 것이다.

21세기 초에 제기된 거대한 문제는 기후변화이다. 가뭄지역이 늘고, 빙하는 녹고, 하천수위가 저하하는 반면 바다수위는 높아지고, 넓은 토지가 범람한다. 사람들은 이주할 수밖에 없다. 지구의 온도상승을 억제하기 위해서는 화석연료의 사용을 근본적으로 제한해야 한다. 이산화탄소 저장과 같은 기술적 해결은 예측 불가능한 위험과 부작용을 초래할 뿐, 필요한 전환을 지연시킬 것이다. 우리는 이산화탄소-분리와 이산화탄소-저장(CCS)의 금지를 요구한다. 또한 이제까지의 유럽연합의 오염배출권 거래 경험은 실망을 안겨주었다. 다른 보증증권처럼 유가증권으로서 다루어진 약속어음이 투기적 목적으로 사용된다는 사실은 끔찍하다. 선진국이 배출한 온실가스 배출권을 개발도상국이 구입하는 것은 빈곤과 환경오염의 철면피한 교환이다. 분명한 것은 이것이다: 생태적으로 지속가능한 발전은 자본주의 성장논리에 모순된다. 생태문제는 동시에 경제적 사회적 문화적 체제문제이다.

제국주의와 전쟁

자본주의 국가는 자국의 기업이 세계적으로 모든 자원을 확보하고, 자국 기업이 자본을 투자하고 모든 시장에서 제품 판매를 비롯하여 활용할 수 있도록 뒷받침하고 있다. 이를 위해 자본주의 국가는 자신의 경제적 군사적 패권과 지배적 역할을 위해 국제 무역기구와 금융기구를 이용한다. 오늘날의 제국주의는 무엇보다 경제적 종속과 채무를 그 수단으로 하고 있다.

제국주의 전쟁은 지정학적 힘, 경제적 정치적 문화적 지배, 이윤과 시장, 자원을 둘러싼 투쟁에서 일어난다. 전쟁은 또한 빈곤과 억압, 기후변화, 천연자원의 부족과 불공정한 전유에서 발생하기도 한다. 전쟁은 나아가 군사적, 인종적, 종교적 분쟁으로, 국가의 붕괴로, 근본주의와 테러 그리고 환경파괴로 귀결된다. 또 유엔헌장의 무시 아래 폭력과 전쟁이 정치의 수단이 된다. 이는 종종 테러에 대한 투쟁이나 "깡패국가"를 상대로 한 싸움이라는 구실로 일어난다. 여기서 특히 치명적인 것은 인권의 보호라는 명분 아래 군사적 개입을 정당화하는 것이다. 체제대결 종식 이후 90년대에는 전쟁이 유럽에서도 다시 등장하였다. 독일은 파시즘 이래 처음으로 해외에 파병하였고, 직간접적으로 무수한 불법적 전쟁에 참여했다. 독일군은 유고슬라비아 전쟁의 추진 동력이었고, 미국의 이라크 전쟁을 직간접적으로 지원했으며, 아프가니스탄 전쟁에 참여했다.

그러나 세계에는 근본적인 변화가 일어났다. 양극적 대립 이후 유지되었던 유일 초강대국 미국의 헤게모니는 흔들리고 있다. 다극적 세계가 형성되고 있다. 또한 유럽연합은 권력과 영향력, 천연자원을 둘러싼 세계적인 대립에서 자신의 위치를 구축하기 위해 더욱 공격적으로 나아갔다. 전쟁, 특히 예방적 공격전쟁을 미국과 나토 그리고 유럽연합 등 주도세력은 적절한 정책 수단으로 정당화하였다. 세계적인 외국 군사기지 네트워크가 구축되었다. 인권보호는 전쟁을 정당화하기 위해 남용되고 있다.

유럽공동체의 창설 이래 공동체 내의 갈등은 더 이상 군사적 수단으로 해결되지 않는다. 그렇지만, 오늘날 유럽연합과 회원국은 자국 영토 밖에서 자주 전쟁을 벌인다: 유고슬라비아의 파괴를 위한 전쟁 다음에는 아프가니스탄과 이라크 침공에 유럽회원국 다수가 참여하였다. 유럽연합의 군사적 수단의 중요성 증대는 리스본조약에 반영되어 있다. 이 조약은 무장의 책임도 포함하지만, 또한 국제분쟁에 유럽연합-연합군의 참여도 가능하게 했다. 이에 대해 우리는 평화와 군축, 국제 연대적 협력을 지향하는 정책을 위해 노력한다.

3. 21세기의 민주사회주의

자본주의는 역사의 끝이 아니라, 많은 희망과 계몽으로 채워지고 인간 생산력의 거대한 증가가 일어나는 한편으로, 대량의 빈곤과 대중학살, 인류에 대한 상상할 수 없는 전쟁을 유발하는 인류발전의 한 단계이다. 오늘날 자본주의가 세계체제가 되었기 때문에, 인간과 자연에 대한 자본주의의 약탈이 세계의 인간 문명에 심각한 위기를 초래하고 있다. 우리는 심각한 위기시나리오를 자본주의 착취체제를 극복하고 생산 및 생활양식을 변화시킴으로써만, 세계적 연대와 성차별의 극복, 모든 생활영역의 민주화와 인간 및 자연 관계의 변화에 의해서만, 대응할 수 있다는 사실을 확신한다. 자본주의는 다수가 서로 다른 방식으로 일하고 살 수 있다는 각성에 이르게 될 때 비로소 극복될 수 있다.

비자본주의 질서를 건설하려는 20세기의 첫 번째 위대한 시도는 빈약한 민주주의와 과도한 중앙집권주의 그리고 경제적 비효율성으로 인해 좌초했다. 사회주의 이념의 왜곡 아래 파렴치한 죄악이 시작되었다. 따라서 우리는 사회주의에 관한 우리의 이해를 새롭게 규정하여야 한다. 우리는 21세기의 사회적이고 세계적인 도전과 가능성에 응할 수 있는 민주사회주의를 원한다.

로자 룩셈부르크에게는 자유 없는 평등이 억압으로 끝났고, 평등 없는 자유는 착취로 귀결되었다. 우리는 모든 사람이 자유 안에서 자신의 삶을 스스로 결정하고, 이것을 연대적 사회의 공동생활 안에서 실현할 수 있는 사회주의 사회를 추구한다.

경제에서의 자본주의적 소유권 지배의 극복과 사회적 법치국가는 이의 중요한 기초다. 모든 사람이 부에 참여할 수 있어야 한다. 모든 사람이 자유로운 생활의 조건에 평등하게 접근할 수 있고 모든 생활영역을 민주화하는 것도 마찬가지로 필요하다. 사회주의와 민주주의는 분리할 수 없다. 우리는 자연환경을 보호하고 다음 세대에게 더 나은 세계를 물려주기 위해, 지금과는 다른 경제발전과 과학-기술진보를 원한다. 우리는 법치국가와 사회국가가 하나의 통일을 이루기를 원하고, 평화와 연대 그리고 정의를 특징으로 하는 세계적 질서를 추구한다. 그래야 좋은 삶이 설계될 수 있고, 사회민주주의가 정착되고 확대될 수 있게 된다.

우리는 자본주의적 생산 및 생황양식 저편의 사회적 대안을 둘러싼 투쟁에 홀로 나선 것이 아니다. 다양한 세력과 다양한 운동이 기존과는 다른 세계가 가능하다고 확신한다: 전쟁과 착취, 외부의 통제, 생태적 파괴가 없는 세계. 이들은 라틴아메리카에서와 같이 비자본주의적 발전을 위한 새로운 길을 추구하고, 우리의 연대는 물론 우리의 학습준비를 요구한다. 세계의 가난한 나라에서는 신자유주의에 반대하는 데 중점을 둔 새로운 형태의 소유와 협동이 발전하고 있다. 좌파당은 연대적인 경제협력을 통합하는 라틴아메리카 볼리바르 동맹(ALBA) 모델을15) 큰 관심을 갖고 관찰하였다. 문제와 출발조건의 복잡성 때

---

15) 아메리카를 위한 볼리바르 동맹(스페인어: Alianza Bolivariana para los Pueblos de Nuestra América, 약칭:ALBA(스페인어로 새벽)) 혹은 새로운 아메리카의 민중을 위한 볼리바르 동맹은 라틴 아메리카와 카리브 제도 나라 사이의 사회, 정치, 경제 통합의 이상에 기반한 국제 협력 기구이다. 독립운동을 했던 시몬 볼리바르의 이름을 땄다.

베네수엘라 정부가 미국이 제안한 미주자유무역지대 (Free Trade Area of the Americas)의 대안으로서 처음 제안해 창설됐다. 현재 베네수엘라,

문에, 한 나라 혹은 다른 나라의, 이러저러한 운동의, 혹은 한 특정 정당의 주도적 역할에 대한 개별적 요구는 금지되고 있다.

오늘날에는 모든 사람의 사회적 안전과 존엄한 생활 보장이 가능하다. 위험과 불행은 세계적으로 극복될 수 있다.

우리는 생계노동과 다른 사회적으로 필요한 노동의 새롭고 공정한 분배를 추구한다. 우리는 모든 사람이 사회적으로 조직된 노동과정에 협력하고, 공정한 사회적 발전과 문화를 함께 기획하고, 민주적 결정 과정에 영향을 미칠 수 있기를 원한다. 따라서 우리는 누구도 배제되지 않고 오히려 모두가 최선을 다하고 자신의 직업 및 생활의 길을 스스로 개척할 수 있는 열린 교육제도를 추구한다. 교육은 사람을 주어진 구조에 적응할 수 있도록 만드는 데 한정해서는 안 된다. 교육의 목표는 사람으로 하여금 세계를 바꾸고, 사회적 생태적 민주적 개혁을 발전시키고 전환할 수 있도록 하는 데 맞추어야 할 것이다. 우리는

쿠바, 니카라과, 볼리비아, 온두라스 등 9개국이 아메리카를 위한 볼리바르 동맹에 가입했다. ALBA는 신자유주의적인 무역과 대비되는 방식으로 교류를 하고자 하며, 다음과 같은 원칙들을 표방한다.
- 이윤이 아닌 국민들의 삶을 향상. 협력을 바탕으로 회원국 간의 무역과 투자 증진.
- 모든 회원국 국민들에게 무상의료와 무상교육
- 회원국의 에너지 자원 통합
- 미국과 지역 신자유주의 매체에 대응하는 대안 매체를 통한 남미의 정체성
- 회원국의 토지를 재분배와 식량안보
- 국영 기업을 육성
- 기본 산업을 발전시켜 경제적으로 독립
- 노동운동, 학생운동, 사회운동을 장려
- 친환경적인 사업 - 편자 주

교육의 이상으로서 연대와 공동으로 연구하는 학습이 정착되고, 그래서 공동의 사회변화를 위한 토대가 창출되기를 원한다. 우리는 계급사회가 극복되기를 원한다. 민주사회주의가 추구하는 새롭고 더 나은 질서는 계급의 장벽에서 해방된 사회이다.

좌파당은 모든 사람이 세계 어느 지역에 살든 상관없이 스스로 결정하고 존엄과 연대 속에서 살 수 있는 목표에만 관심을 둔다. 이 목표는 인권의 보편성과 불가분성에서 출발하지만, 기본적인 인간상에 기초하고 있다: 나는 한 인간이기 때문이다. 이는 마르크스의 공산당 선언의 비전을 포함한다: "계급과 계급적대를 가진 낡은 부르주아사회 대신에, 한 사람의 자유로운 발전이 모든 사람의 자유로운 발전을 위한 조건이 되는 하나의 연합이 등장한다." 이러한 비전은 전쟁의 제거, 우리 환경과 자연적 생활토대의 파괴의 금지를 전제하는 동시에, 또한 착취와 억압, 차별, 굶주림과 빈곤, 저개발의 폐지를 전제한다. 이것은 단지 모든 생활영역의 포괄적인 민주화의 길 위에서만이 가능하게 된다. 이것은 유토피아인 동시에 현실주의이다. 21세기 민주사회주의의 우리 목표는 모든 사람이 인간다운 삶을 살 수 있는 지배 없는 사회이다.

민주사회주의는 자유 평등 연대의 가치를 지향하고, 평화와 사회생태적 지속가능성을 지향한다. 이는 또한 민주사회주의 사회로의 길에 이르는 수단을 규정한다. 민주사회주의는 사회의 개명開明적 발전잠재력의 개화를 장려하고, 지배적 소유관계, 분배관계, 권력관계의 근본적 변화를 목표로 한다. 민주사회주의는 저항과 투쟁, 주어진 환경 아래서 사회적 개선과 좌파 개혁정책 과제와 21세기를 규정하는 자본주의의 경계를 넘는 사회적 대전환 과정을 결합한다. 민주사회주의는 이미 오늘날 자본주의 생산형태를 넘어서는 방향의 경제발전과 결부되어 있다.

좌파당은 사회변혁을 향한 전환과정 속에서 21세기 민주사회주의를 위하여 투쟁한다. 이 과정은 수많은 크고 작은 개혁 조치, 혁명적인 해체와 대변혁을 특징으로 한다. 민주사회주의는 또한 언제나 현재의 억압관계에 있는 사람들의 해방을 위한 민주화 운동이다.

재산권 문제와 경제민주주의

사회변화의 결정적 문제는 재산권 문제이며 또 앞으로도 그럴 것이다. 경제권력은 또한 정치권력을 의미한다. 대기업의 결정이 공공복리 대신에 이윤추구를 지향하는 한, 정치를 압박하고 민주주의를 약화시킬 것이다. 사회적이고 평화적인, 환경을 보호하고 민주적인 사회는 빈곤, 착취, 자연파괴, 군비확장과 전쟁으로부터 돈을 버는 사람들의 경제권력을 제한하고 극복하려고 할 것이다.

좌파당은 소유관계의 변화를 위해 투쟁한다. 우리의 투쟁은 경제적 결정에까지 확대되며, 모든 소유권 형식을 해방적 사회적 생태적 기준에 맞추는 민주주의의 급진적 혁신을 원한다. 경제에서 민주주의가 없다면, 이윤 목표에 맞서서 일반의 이익이 관철될 수 없다. 민주주의는 미완성으로 남아 있다. 그래서 우리는 경제민주주의에서 민주사회주의의 기초가 되는 기둥을 발견한다. 경제에서의 더 많은 민주주의는 언제나 노동운동의 중요한 관심사였다. 우리는 이러한 전통에 서 있다.

오늘날의 조건 하에서 경제민주주의의 실행은 국제적, 유럽적, 민족적, 지역적 차원에서의 문제다. 경제민주주의는 경제적 국제화 과정과 관련하여 더 이상 민족국가적 틀 안에서만 관철될 수 없다. 경제권력을 제한하고 물리치기 위해서는 국제적 규범이 필수적이다.

여기서 중요한 것은 지식과 정보를 공개적으로 접근할 수 있도록 만드는 것이다. 공공자금 지원을 받은 연구결과에 대해 공개적으로 접근할 수 없다는 것은 받아들일 수 없다. 평화롭고 연대적이고 민주적인 사회를 위해서는, 지식과 정보에 대한 공개적인 접근이 불가피하고 개인에게 유보될 수는 없다. 우리는 경제를 공공복리의 틀 아래 두기를 원하며, 그래서 경제가 사회적 생태적으로 이익이 되는 방향으로 작용하기를 원한다.

경제발전의 민주적 통제는 금융시장을 제어하여 실물경제에 기여하는 금융시장 본연의 기능으로 되돌리는 것을 전제한다. 이윤에 기여하는 게 아니라 사람에게 이익을 주는 경제는 무엇보다 다음의 기능을 충족해야 한다: 첫째 경제는 사람의 수요를 충족시키고 오직 복지와 사회안전의 생활을 보장해야 하고, 둘째 생태적으로 지속가능하게 작용해야 하고, 셋째 새로운 요구에 혁신적으로 대응해야 하고, 넷째 사회적 자원을 절약하여 투입해야 한다. 그것을 넘어 경제는 직간접적으로 경제에서 활동하는 모든 사람들이 자신의 능력을 자유롭게 발전시키고 자신의 활동 속에서 형성하고 더욱 개화시킬 수 있도록 조직되어야 한다. 좌파당이 추구하는 연대의 경제질서 안에는 다양한 형태의 재산이 존재한다: 국유재산, 지자체 소유 재산, 사회적 재산, 사유 재산, 협동조합 소유 재산. 종업원 단체, 소비자, 공익기관 대표자는 강력한 민주적 발언권을 가지며, 경제적 결정에 직접 참여하여야 한다.

이는 사람들이 필요로 하고 바라는 모든 것을 세계적으로 그리고 남녀 간에 공정하게 분배하는 것이다. 남녀 모두는 소득으로 바람직하게 살 수 있어야 한다. 모두가 모든 사회적 영역 - 생계노동, 부양,

가사노동, 정치적 활동 등 사회적 활동 - 에 참여할 수 있어야 한다. 모든 노동은, 지불이 되든 지불이 안 되든, 가치가 평가되어야 한다.

사회적 부는 물론 모든 필요한 노동의 공정한 분배와 사회의 미래에 관한 결정에 모두가 참여하는 것은 민주적-사회주의적 사회의 전제조건에 속한다. 우리는 우리의 개혁안을 정의로운 사회의 전망과 함께 개발하고 있다. 우리는 이미 여기서 그리고 오늘, 살 만한 가치가 있는 일상을 추구한다.

자본과 노동 사이의 대립에서 중심점은 노동시간의 문제이다. 우리는 생계노동시간의 대대적 단축을 절실하게 필요한 조치로 요구하며, 동시에 노동에 대한 권리와 동일노동에 대한 동일임금을 요구한다. 이는 사람을 돌보는 일이 여성을 경시하고 무임 노동을 강제하는 것에서 생명과 자연의 요구로 복귀시키고, 이런 활동을 사회적으로 조직하여 모든 사회구성원을 참여시키기 위한 전제조건이다.

공유와 종업원 소유

우리는 다양한 형태의 더 많은 공유재산을 원한다. 구조를 결정하는 대기업을 우리는 민주적이고 사회적인 소유형태로 전환하여 자본주의적 소유권을 극복하기를 원한다. 민주적 사회화가 어떤 분야나 기업과 사업으로 확대될 것이며, 어떤 공공 혹은 집단적 소유(국유재산, 지자체 소유 재산, 사회적 재산, 사유 재산, 협동조합 소유 재산)로 할 것인가는 민주적 과정에서 결정되어야 한다. 좌파당은 종업원에 의한 기업의 공동체적 인수를 용이하게 하고 이를 장려하는 데 도움이 되는 적절한 소유 형식 창출에 노력한다. 획일적인 국가소유는 쓰라린 역사의 경험에 근거해 볼 때 우리의 목표가 아니다.

종업원은 기업의 결정에 실질적 영향력을 가져야 한다. 우리는 종업원에 의해 성취된 기업실적에 대해 근로자들이 임금포기 없이 집단적으로 참여할 수 있도록 노력한다. 예를 들어 대량해고나 직장폐쇄와 같은 중요한 문제에는 종업원의 표결이 있어야 한다. 소유관계는 단순한 점유관계 이상의 것이다. 단순한 소유자 명의변경으로는 불충분하다. 결국은 분배와 사회적 부로의 접근이 중요한다.

공익기관, 사회 기반시설, 금융기관과 에너지 기업은 공공기관에 속한 것으로 민주적으로 통제되어야 한다. 이는 사기업의 이윤계산에 따라서는 안 된다. 특히 회원국의 소유권 제도에 대한 유럽 기구의 공격과 공공 서비스 분야에 대한 유럽연합의 대대적인 자유화 압력은 중단되어야 한다. 그 대신 유럽연합은 공공기관의 서비스에 모든 사람의 접근 및 공공재 보호를 최우선 순위에 두어야 한다.

에너지와 물, 이동은 물론 주거와 사회적 기반시설, 보건, 교육, 문화와 체육 등과 같은 삶에 필요한 인간의 기본보장이 자본주의적 이윤추구로 넘어가선 안 된다. 이는 공적으로 조직되고 보장되어야 한다. 왜냐하면 이윤을 추구하는 대기업은 자신의 공급을 인간의 필요에 대해서가 아니라 오로지 지불 능력이 있는 수요에 맞추기 때문이다. 그들은 부자들을 특권화하고 부자들의 취향에 맞추고, 재정이 약한 사람들은 무시한다.

민간 에너지공급자는 대형 고객인 기업을 우대하고 무엇보다 가난한 가계에는 부담을 준다. 이와 반대로 에너지 절약기술의 도입에 유리하도록 산업계의 대량 소비자에게는 에너지가 더 비싸게 공급되어야 한다. 반면 무엇보다 가난한 가계에게는 높은 에너지비용을 덜어주고 에너지절약 시에 지원해주어야 한다. 마찬가지로 철도와 공공교통기업은 이윤을 추구하지 말아야 한다. 결정적인 것은 이들이, 작은 지역 간에도, 이동을 쉽게 하고, 매력적이고 장벽이 없고 저렴하고 환경친화적인, 개인적 교통수단에 대한 대안을 제시하여야 한다는 것이다. 교통 및 이동수단에서 에너지사용을 획기적으로 줄이려는 목표를 일관되게 추구해야 한다: 예를 들어 도로에서 철도로 화물운송의 전환. 전기 및 가스의 공급, 상하수도, 전화 및 인터넷통신, 철도교통과 기타 서비스는 전국, 지방, 지역을 연결함으로써 자연스럽게 독점을 형성하게 된다. 그러한 독점이 민영화되면, 가격폭등은 거의 불가피할 것이다. 종종 사적인 이윤추구는 또한 망의 유지관리가 소홀하게 되는 결과를 가져온다. 장기적으로는 부정적 결과가 뒤따른다. 디지털 통신분야에서의 대규모 인터넷 서비스 공급자에게 혜택을 주려는 대기업의 노력에 반대하여 망중립성은 방어되어야 한다. 망 관련 서비스와 공공시설은 공공 소유로 유지되거나 공공 소유로 이전되어 민주적으로 통제되어야 한다.

또한 거대한 천연자원은 모두에게 속하며 따라서 기본적으로 공공기관이 관리하여야 한다. 기본법에 따라 재산권은 상위 일만 명의 사람이 아닌 공공복리에 기여하여야 한다. 이러한 헌법상 원칙은 대규모 민간 투자자와 금융투자자가 전혀 어떤 우월함도 갖지 않는, 강력한 공공 부문에 기반하는 경제에서만 해결될 수 있다. 그래서 강력하고 적극적인 노동조합과 시민사회 조직이 필수적이다. 이들에 의해서만 민주적인 사회적 국가의 규제가 가능하다.

좌파당은 저축은행, 협동조합은행, 대규모 국영은행으로 구성되는 은행제도를 지지한다. 금융분야는 공공재이며, 따라서 이 서비스의 공급은 공공 업무다. 유럽의 은행 및 금융제도는 오랫동안 사회적 통제를 받아 왔다. 중앙은행은 통화안정 및 환율안정과 동시에 고용목표와 지속가능한 발전 목표를 지향하여야 한다.

공유냐 사유냐 하는 소유권 형식만이 사회적이고 생태적인 발전의 질을 결정하는 것은 아니다. 또한 연방과 주 그리고 지자체 소유 기업도 통제가 필요하다. 이들은 사회적 생태적 법규를 따라야 하고, 법적인 공공복지 책임을 져야 한다. 경영관리의 결정에서 교정수단으로서 강력한 공동결정권이 종업원에게 보장되어야 한다. 남녀 시민은 지자체 서비스의 발전에 실질적인 참여기회를 가져야 한다.

사기업과 달리 공기업은 단기수익에 매달려서는 안 된다. 공적 소유는 경제의 새로운 기준과 우선권에 대한 보장이 아니라 전제다. 이에 더하여, 공기업의 수익은 지자체나 주 혹은 연방의 공공수입을 증가시켜준다. 그래서 소수의 민간 자산가가 아닌 일반 대중에게 혜택을 준다.

연대경제

협동조합이나 다른 형태의 연대적 자조는 이미 자본주의 체제 내에 있는 인간의 필요와 잠재력에 기초한 새로운 경제적 구조와 관행을 발전시키려는 시도다. 이것은 공동소유와 평등한 이용 및 참여권에 기초하고, 인간존엄의 생활조건과 연대적 공동체 관계의 유지나 복원을 목표로 한다. 이것은 노동운동과 신사회운동 그리고 세계적인 해방과 소유 운동의 전통에 속한다.

연대경제는 단기적으로 생활비 인하와 생필품과 서비스 공급 개선에 중요한 기여를 한다. 이는 여러 면에서 생태친화적 제품, 재활용, 새로운 연대적 노동형식과 생활방식의 실현을 선도할 것이다. 좌파당은 적절한 기본조건, 지역 경제정책 그리고 창업 지원을 통해 연대경제를 장려할 것이다. 특히 주거협동조합, 기타 공동체적이고 민주적으로 조직된 기업과 주거 분야의 자조조직은, 이들이 폭넓은 계층과 주민의 감당할 수 있는 주거보장이라는 사회적 목표를 추구한다면, 좌파당에 의해 지원될 것이다.

중소기업인

자유직업, 소기업, 임금노동자의 노동조합 간 이익의 균형 유지는 민주주의와 국민경제에 도움이 된다. 수공업자와 발명가 그리고 소기업의 용기와 인내가 없다면, 지속가능하고 생태친화적 제품 생산은 종종 어려웠을 것이고, 지역적 순환의 구축은 생각할 수도 없었을 것이다. 게다가 중소기업가와 자영업자는 종종 높은 혁신 및 창조적인 잠재력을 보여준다. 좌파당은 국내의 구매력을 위한, 독점자본의 조정과 은행독재로부터의 자유 확대를 위한 공동투쟁에 말과 행동으로 참여할 것이다.

수공업과 문화, 그리고 다른 서비스에서 자의식을 가진 자영업자는 21세기 민주사회주의를 위해 필수적이다. 중소기업의 사적 소유는 기본적으로 민주사회주의의 여러 가지 소유질서에 속한다. 이에는 농민의 토지소유 역시 해당한다. 우리는 취업자에 대한 자기착취와 압박을 없애는 기본조건을 구축하고자 한다.

실질적으로 민주적, 사회적, 생태지향적인 기준설정

경제발전을 시장과 기업에만 맡겨서는 안 되며, 경제발전의 기본방향을 민주적으로 조정해야 한다. 효율적인 공기업 외에 목표지향적인 공공투자활동도 필요하다. 경제 및 재정 정책은 완전고용을 목표로 하여, 내수를 강화하고 사회적 생태적으로 지속가능한 발전을 보장하여야 한다. 이를 위해 소득 감소 없이 생산성 증가에 따라 노동시간이 지속적으로 단축되어야 한다. 지역별 분야별 경제정책은 민주적 기본계획과 전략적 구조정책의 기초 위에서, 기업의 투자결정에 대한 조정력을 가져야 한다.

좌파당은 모든 차원의 원탁회의와 경제 및 사회 위원회에 의한 직접민주주의 확대를 지지한다. 이런 위원회에는 노동조합과 지자체, 소비자, 사회적 생태적 이익단체 그리고 기타의 이익단체 등의 대표가 참여하여야 한다. 일반의 이익을 지향하는 것으로 보고 사회적으로 관철시켜야 할 과제가 어떤 것인지는 대화로 파악할 수 있다. 이들은 민주적이고 사회적이며 생태지향적 기준설정을 위한 지역 모델 개발에 참여해야 하고, 법률 발안권을 가져야 한다.

4. 좌파당의 개혁기획 – 사회변혁의 조치들

또 다른, 더 나은 세계를 위한 투쟁, 민주사회주의를 위한 투쟁은 우리가 살고 있는 사회의 변화에서 시작한다. 좌파당은 사회정의, 분쟁의 평화적 해결, 사회의 민주화를 위해 노력한다. 소득과 재산은 자연과 지식 그리고 문화의 토대 위에서 노동을 통해 창출된다. 부는 장기적으로 자본소유자와 대토지소유자에게 집중되어서는 안 된다. 생계노동, 가사노동, 양육, 파트너와 친구, 문화적 정치적 생활에 대한 참여, 그리고 개인적인 직업교육 및 평생교육, 여가 등은 본질적인 생활영역이다. 좌파당은 모든 사람을 위해 자결의 균형 속에서 이러한 생활영역을 결합할 수 있는 기회를 만들어내고자 한다. 이러한 생활영역의 민주적 구성과 성별로 공평한 분배는 또한 사회적 생활관계와 민주적 사회국가의 구성을 위해 중요한 역할을 한다.

우리는 다음과 같은 원칙으로 정식화되는 기본권과 청구권을 실현하려고 한다: 인간존엄, 인격의 자유로운 발전, 모든 사람의 평등, 직업과 일자리의 자유로운 선택, 주거의 신성불가침, 사상과 신앙 그리고 결사의 자유, 서신과 통신의 비밀, 정치적 박해자의 망명권, 책임이 따르는 동시에 공공의 복리에 기여하는 재산권. 토지, 천연자원, 생산수단은 사회화를 위해 공동소유로 이전될 수 있다. 독일연방공화국은 민주적이고 사회적인 법치국가가 되어야 한다. 국가는 자연적 생활토대를 보호할 책임이 있다. 모든 국가권력은 국민에게서 나오고 선거에서 투표로 행사된다. 침략전쟁의 준비와 지시는 처벌 받아야 한다.

좌파당은 상위 만 명의 치부가 아니라 일반 주민의 필요와 이익이 중심이 되는 경제적, 사회적, 정치적 개혁의 실행을 요구한다. 그러므로 우리는 오늘 좌파당의 개혁기획을 위해 투쟁하고, 동시에 우리는 사회주의 목표를 위해 활동한다.

경제적 위기, 대량실업, 사회적 위기, 에너지 및 기후 위기를 지속 가능하게 극복하는 것은 더 이상 최대 이윤 추구가 지배하지 않는 또 다른 질서를 요구한다. 첫 번째 대책으로서 경제적, 사회적 발전의 기본적인 방향전환, 즉 사회-경제적 개조가 필요하다. 이를 위해 전체 경제 및 생활 방식과 특히 에너지체계가 자연친화적으로 전환되고 재생 가능한 에너지원으로 전환되어야 한다. 이는 다수의 노동조건과 생활조건의 개선을 위한 정책과 결합되어야 한다. 사회보장과 공적 및 사회적 서비스는 저렴하게 공급되어야 한다. 상향식 재분배는 금지되어야 하고 그 반대로 되어야 한다. 금융분야는 민주적으로 통제되어야 한다. 민영화 대신에 공적 및 공동경제 분야는 더 확대되어야 한다. 모든 사람, 특히 차별 받는 집단의 민주적이고 사회적인 권리와 교육 및 참여 기회는 강화되어야 한다. 나아가 언제나 필요한 것은, 어떤 구실 아래 전쟁을 일으키는 게 아니라 평화적이고 협력적인 분쟁 해결, 군축, 세계적 연대다.

좌파당은 위기가 없는, 사회적이고 생태적인, 평화적인 자본주의는 가능하지 않다고 확신한다. 그러나 사회적 정치적 투쟁과 변화된 세력관계의 결과 속에서, 또 다른 발전방향을 실행하고 그래서 더욱 민주적-사회적인 변혁을 위한 출발조건을 창출하는 것은 가능하다. 그러한 대립 속에서 자본주의에 대한 대안으로서 다수의 사회세력을 발전시키려는 기획이 제시된다.

4.1 우리는 어떻게 살려고 하는가? 좋은 일자리, 사회안전, 사회정의

좌파당은 모든 사람이 존엄과 사회적 안전 속에서 자결의 삶을 영위하고, 노동과 교육 그리고 문화권을 이용할 수 있고, 차별받지 않으며 배제되지 않도록 할 것이다.

좋은 일자리

인간의 삶은 육체적, 문화적, 정신적 재생산을 포함하고, 그래서 생계노동과 임금노동의 영역을 훨씬 넘어서는 풍부한 것이다. 가족부양과 육아, 돌봄과 보호에서, 무보수 명예직과 문화영역에서, 또한 임금노동으로 투자된 노동력 등에서 일상적으로 이루어져야 하는 노동이 없다면, 삶이 사회적 테두리 내에서 재생산될 수 없기 때문에, 노동은 생계노동 이상의 것이다. 생계노동은 그것으로 소득을 벌고 재화와 서비스를 생산하고 구매할 수 있다는 특별한 의미를 가진다. 생산력의 계속적 발전은 주로 생계노동의 영역에서 이루어진다.

좋은 생계노동은 자신의 강점을 강화시키고, 잠재력을 만들어내며, 개인적으로나 직업적으로 성취 전망을 열어준다. 좋은 노동은 가족과 사회생활을 하나로 결합한다. 좋은 생계노동을 위한 전제는 이렇다: 이는 모든 근로자의 양심을 서로 결합시키고, 좋은 소득을 보장하며, 가치 있는 직업적 자질을 제공하고, 유연화와 출퇴근시간에 대해 과도한 요구가 없어야 한다. 이는 정치적 종교적 양심의 자유에 반하지 않아야 한다. 생계노동은 자기실현의 원천이 될 수 있지만, 그러나 대부분의 사람에게 자기실현은 자신의 노동관계 밖에서 시작된다.

대량실업은 강제된 실업이고 따라서 극복되어야 한다. 실업은 당사자에게는 치욕이고, 취업자와 실업자의 위상을 약화시키고, 자본에 대한 노동조합의 힘을 약화시킨다. 대량실업은 사회적 국가에 커다란 재정적 압박을 가져온다. 이는 무엇보다 노령자, 환자 혹은 어린이의 돌봄과 같은 사회의 책임을 무급의 사적 영역으로 더욱 이전시키는 결과를 야기하고 있다. 결과적으로 이는 흔히 전문직업화의 상실과 특히 여성에게 시간적, 심리적 부담 증가를 의미한다. 대량실업은 게다가 생산양식과 생활양식의 사회적, 생태친화적 구성을 위한 모든 정치적 노력을 약화시킨다. 모든 사람은 노동에 대한 권리를 가지며, 배제나 제재의 두려움 없이 임의적인 일자리 제의를 거부할 권리가 있다. 생계노동에 대한 강제를 우리는 거부한다.[16]

좌파당은 불안전하고, 불안정한 저임금의 고용 대신에 좋은 일자리를 원한다. 따라서 모든 생계활동은 사회적으로 안전을 보장받아야 한다. 우리는 정규 고용이 파견노동이나 유사자영업, 끝없는 수습이나 미니잡(minijob)으로 대체되는 것에 반대한다. 성별과 나이 그리고 취업상의 자격과는 무관하게 동일하고 동일 가치의 노동에 대한 동일한 보상과 동일한 사회적 기준이 적용되어야 한다. 기아임금과 임금덤핑은 금지되어야 하고, 근로자의 재산몰수는 금지되어야 한다. 그러므로 우리는 생존을 보장할 수 있는 수준의 법정 최저임금을 요구한다. 이

---

16) 하르츠-Ⅳ 개혁 중 실업급여Ⅱ는 저축 등 재산 보유 수준, 연금보험, 배우자의 소득에 따라 수급 여부가 결정되는데, 기준 해당자는 공법상의 약정을 맺어야 한다. 그 내용은, 어떤 종류의 법정 일자리라도 수용하며, 헌법상 권리가 제한된다(이동의 자유, 가족과 혼인 및 인간 존엄의 자유). 이를 받아들이지 않는 경우에는 실업급여가 감액 지급되거나 지급되지 않는다. 2004년 1월 연방의회의 하르츠-Ⅳ 관련 법안 표결 시 반대한 당은 좌파당뿐이었다 - 편자 주

러한 최저임금은 국민평균임금의 60% 이상이 되어야 한다.

단체협약은 지금보다 더 쉽게 일반적인 구속력을 가지는 것으로 인정되어야 한다. 단체협상과 장애인고용 비율을 이행하고, 최저임금을 지급하며, 사회적이고 생태친화적 기준을 준수하는 기업에게만 공공계약의 기회가 주어져야 한다. 단체협약 회피는 사라져야 한다. 장래에 근로자파견법(Entsendegesetz)은 모든 산업분야에서 노동이 이루어지는 장소의 기준이 모든 근로자에게 적용된다는 것을 규정하여야 한다. 비정규직 노동은 금지되어야 한다. 해고법은 개선되어야 하고, 기한은 법적으로 좁게 제한되어야 한다. 장애인을 위한 동반적 노동관계가 장려되어야 한다. 또한 장애인 작업장의 취업자도 자기결정의 삶을 살 수 있는 급여를 필요로 한다.

우리는 최소한 생산성증가와 물가상승에 따른 정기적인 임금상승을 원한다. 경영자보수는 기업의 가장 낮은 임금집단의 20배로 제한하고, 스톡옵션 제공과 과도한 보상은 금지되어야 한다.

우리는 완전한 임금보장과 개인적 보장의 조건 위에서 노동시간의 단축을 원한다. 모두를 위한 좋은 일자리, 그러나 개인을 위해서는 적은 노동 - 이것이 우리가 새로운 완전고용으로서 원하는 것이다. 자녀양육과 생계노동의 양립은 더 개선되어야 한다. 더욱이 근로자는 노동시간과 관련해서 커다란 자결권과 공동결정권을 필요로 하고, 휴식과 여가 그리고 자결의 활동을 위해 충분한 자유시간을 필요로 한다. 노동시간법의 개혁을 통해 주당 평균 노동시간은 40시간으로 제한되어야 한다. 우리는 주 35시간을, 장기적으로는 주 30시간을 위해 노력한다. 이때 근로자는 완전한 임금보전이 보장되어야 한다. 노사협의회의 공동결정권, 특히 인사 및 작업 계획과 관련된 공동결정권은 확대되어야 한다. 그래서 주간노동시간의 단축은 더 많은 고용을 가져오고, 실적 압박을 줄여줄 것이다. 우리는 기업의 노동보호와 건강보호 그리고 청소년노동보호법을 개선하려고 한다. 평생교육에 대한 근로자의 권리를 우리는 확대하려고 한다. 또한 임신 및 양육 휴가 후 복직도 무상의 평생교육제공을 통해 용이하게 만들 것이다.

모두를 위한 좋은 일자리는 기업에서 근로자의 공동결정 확대을 요구한다. 우리는 사회적, 경제적, 생태적으로 중요한 문제와 관련하여 근로자의 구속력 있는 거부권을 지지한다. 강력하고 투쟁적인 노동조합이 필요하다. 좌파당은 노동조합의 노력을 지지한다. 정치적 파업과 총파업을 포함한 제한 없는 파업권이 보장되어야 한다. 노동조합에 대한 기업가의 투쟁수단으로서 직장폐쇄는 금지되어야 하고, 파업반대조항도 폐지되어야 하고, 교섭회피도 법적으로 금지되어야 하며, 노동조합을 위한 집단소송권이 도입되어야 한다.

인터넷을 포함한 정보기술 및 통신기술의 급속한 발전으로, 노동이 작업공정과의 관계에서 벗어나서 자신의 생산수단으로써 스스로 결정해서 움직일 수 있는 기회가 마련되었다. 특히 유사자영업자로서 한 고객에 의존하는 단독자영업자는, 주문 격감 시에 사회보장이 충분하지 못하여 생존에 직접적인 위협을 받게 된다. 동시에 고급의 "정보 작업"을 국내외의 저렴한 공급자에게 외주를 주면서 임금과 노동조건에서 압력이 행사될 위험도 커진다. 문화 및 창조(창의) 산업에서 그리고 소프트웨어 분야는 물론 콜센터에서 보호받지 못하는 고용관계, 열악한 임금과 노동조건이 특히 만연되어 있다. 열악한 조건에서 노동하는 자영업자와 미니잡 취업자뿐만 아니라 실습생이 대규모로 착취되고 있다. 좌파당은 학습과정으로서 실습을 규율하고 최저 보수 설정을 위해 노력할 것이다. 모든 자영업자도 사회보장의 보호 속에 들어가야 하며, 이때 발주자는 노동자에 대한 사용자의 분담금에 상응하는 금액을 부담하여야 한다. 가능하다면 자영업자가 기업에 제공한 업무에 대한 공통의 보수 규정이 설정되어야 할 것이다.

적극적 경제 및 노동정책

지난 시기의 신자유주의적 민영화 정책은 많은 분야에서 사회보장을 대규모로 축소시켰다. 공공 투자 정체의 극복과 공공 고용의 확대는 지연되었다. 독일과 같이 부유한 나라에서 가난한 사람과 노숙자가 살고 있고, 어린이와 청소년이 좋은 교육을 받지 못하며, 보호의 필요성이 무시되고, 도서관과 수영장이 폐쇄되거나 자금부족으로 학교건물이 붕괴되고 도로가 파손되는 것은 창피한 일이다.

우리는 경제 및 재정정책에서 방향전환을 필요로 한다. 이는 새로운 완전고용, 대중의 높은 소득, 공공재정의 강화에 맞추어져야 한다. 이때 사회적 생태적으로 맹목적인 성장 집착이 필요한 것이 아니라, 이는 미래지향적 구조개혁, 자원사용 감축과 환경부담 축소와 결합되어야 한다. 이를 위해서는 중하층 소득자에게 유리한 재분배와 공적 재정의 확대를 통해 국내 수요 강화가 필요하다. 좌파당은 교육과, 사회적이고 생태친화적인 제한 없는 교통기반시설을 위한 대규모 공적 미래 투자정책을 요구한다. 이는 공공 서비스는 물론 사기업에서도 수요와 고용을 창출할 것이다.

독일의 공공 및 사회적 서비스 분야에서의 고용은 국제적으로 비교할 때 확실히 낮으며, 임금수준도 크게 낮다. 우리는 이 분야에서 단체협약에 의해 임금을 받는 새로운 1백만의 정규직 일자리를 창출하고, 동시에 급박한 사회적 수요를 충족시키려고 한다. 이는 사회적으로 공정하고 생태지향적인 조세정책에 의해, 즉 부유하고 재정능력이 있는 기업의 참여 강화와 환경소비 및 자원소비 특별세를 통하여 견실한 자금조달이 가능하며, 가능하도록 만들어야 한다.

국가의 적극적인 산업정책과 서비스정책은 탈산업화를 막고 제조업과 무역 그리고 기타 서비스분야의 일자리를 보장하기 위해 필요하다. 우리는 대량해고 금지를 요구한다. 이에는 취업자들의 사양산업에서 미래지향적인 분야로 사회적으로 안전한 전환을 의미할 것이다.

위험에 처해 있지만 살아남을 수 있는 기업을 지원하고 사회-경제적 혁신을 촉진할 수 있도록 우리는 미래를 위한 공공기금을 설치하고자 한다. 이때 국가의 지원은 이에 상응하는 소유 지분의 공기업이나 종업원으로의 이전을 대가로 이루어져야 한다. 이 지분권은 경영원칙의 변화에 사용되어야 한다. 오직 소유자나 주주에게만 이익을 가져다주는 오늘날의 수익 집착은 장기적 성장, 종업원의 이익과 환경적인 지속가능성의 관점에서 기업의 성공을 측정하는 경영으로 바뀌어야 한다.

우리는 노동시장에서 열악한 기회를 가진 모든 사람들을 위하여 특별한 규모의 적극적 노동시장정책을 원한다. 노령 노동자 동지의 지식과 자격 및 능력도 지속가능하게 노동시장에서 통합되어야 한다. 여기에는 다음과 같은 법령, 즉 50세 이상의 사람은 해고로부터 효과적으로 보호받고, 실업의 경우에는 모두의 이익을 위하여 그들에게 지식과 능력에 상응하는 기준에 의해 임금을 지급하는 일자리를 제공할 수 있다는 법령도 필요하다. 공공지원을 받는 고용에서는 의미 있고 기준에 따른 유급직이 제공되어야 한다. 이는 사회적, 문화적, 생태지향적 분야에서 시장이 수요를 충족시키지 못하는 곳에서 창출되어야 한다. 이러한 일자리 제의의 수락은 자유의지에 맡긴다.

우리는 노동시장정책을 넘어서 비영리 공공 분야에서 어느 정도까지의 고용을 지속가능하게 발전시키고 강화할 수 있는지에 관해 논의해야 할 것이다.

금융 부문을 민주적으로 통제하고 공공복리에 이바지하도록 하여야 한다.

지난 시기의 투기거품과 이로 인한 수십억(유로)의 손실에 관해서는 민간은행의 책임이 크다. 민간은행은 따라서 국가의 민주적 통제를 받아야 하고 공공복리에 이바지하여야 한다. 엄격한 규제를 통해 은행분야가 미래에 다시 자신의 공적 임무를 충족할 수 있도록 하여야 한다: 경제적으로 의미 있는 투자의 저금리 지원, 특히 중소기업에 대한 지원, 지급거래 서비스와 모든 사람을 위한 무상의 대체계좌의 제공, 민간 예치금의 안전한 투자. 지난 시기에 폭발적으로 증가했던 투자은행은 청산되어야 하고, 은행의 유가증권 자기거래와 파생상품 투기는 금지되어야 하고, 마찬가지로 일체의 부외 거래와 조세피난처에 법적으로 등록한 기업이나 개인과의 거래는 금지되어야 한다. 여신과 수신 금리에 관한 기준 마련이 시급하다. 은행은 자산총액 중 일정 비율을 중소기업에게 저금리 소신용의 형태로 제공할 의무를 법제화하여야 한다.

우리는 국제적 자본이동의 효과적인 통제와 규제를 요구하고, 금융체제의 안전성과 전체 경제의 안정을 위협하는 고위험투기적 투자수단의 금지를 요구한다. 우리는 독일에서 헤지펀드나 사모펀드와 같은 투기적 투자수단을 금지하고자 한다. 투기에 대한 관심을 떨어뜨리기 위하여 모든 증권거래, 장외거래 및 외환거래는 과세 대상이 되어야 한다. 여기에는 특히 농지, 수자원을 포함한 일체의 농산물 투기 금지가 포함되어야 한다. 공매는 금지되어야 한다. 첫 번째 조치로서 우리는 독일에 증권거래세 도입을 요구한다. 중요한 통화의 환율은 목표구간 설정에 의해 안정화되어야 한다. 유럽 수준에서 규제와 감독 기구가 설립되고 지속적으로 강화되어야 한다. 우리는 유럽연합 내의 세금덤핑을 막기 위해 국가 간 조세정책의 협력을 제안한다. 어떤 규제도 없는 조세피난처는 그들과의 거래를 막아서 고사시켜야 한다.

지속가능한 농업과 농촌 개발

농업의 1차생산물은 사회-생태적 구조조정과 식량주권 확보에서 핵심 분야다. 농업은 지속가능한 생산 및 처리가공 방식을 통해 안전하고 건강한 식량과 사료는 물론 에너지 및 소재로 사용할 바이오매스에 대한 수요를 충족시켜야 한다. 동시에 농업은 비옥한 토지, 깨끗한 물, 신선한 공기를 유지하고 문화경관에서 생물의 다양성을 보존해 주어야 한다. 우리는 혁신적이고 자원절약적인 농림업, 원예와 어업이 자연과 어울리기를 원한다. 우리는 계속되는 과잉 어획과 해양과 내륙 하천의 지나친 개발에 반대한다. 그래서 장기적으로 모든 식량의 지속가능한 생산을 위하여, 우리는 유기농업의 획기적인 증가와 모든 농업경영의 환경친화적 운영을 원한다. 이에 의해 농약, 화학비료, 물과 에너지 사용을 줄일 수 있다.

우리는 지속가능한 가족농, 협동조합이나 지자체에 의한 경영을 강화하고, 사적 토지소유의 집중에 반대하며, 토지개혁의 성과를 보호하고, 농업 및 식품기업의 다양한 형태의 초기업적, 지역적, 초지역적 협력을 지원하려고 한다. 우리는 협력을 통해 사회적, 생태지향적 구조변화를 지지한다.

유전자조작이 없는 농업

좌파당은 유전자조작에서 자유로운 농업을 위해 노력한다. 세계의 농업과 식량 지배를 추구하는 몇몇 소수의 국제적인 대규모 종자 및 농약기업만이 유전자공학을 활용하고 있다. 유전자조작은 건강, 생태, 경제, 사회 면에서 농민과 정원사, 양봉업자, 소비자 등에게 높은 위험을 가져다 준다. 그 사용이 농업에 혜택을 준다는 주장은 오랜 동안 다른 나라에서의 ─ 캐나다와 인도와 같은 ─ 재앙적 경험을 통해 반증되었다. 유전자조작은 살충제 사용을 줄일 수도 없고 세계식량문제를 해결할 수도 없다. 유전자조작 작물 재배와 생물학적 혹은 전통적 경작의 공존은 불가능하다. 유전자조작 식물이 한 번 방출되면, 회수될 수 없다.

좌파당은 유럽은 물론 세계적 수준에서 농업에서의 유전자조작의 즉각적 금지를 요구한다. 종자변형 무관용 원칙은 유지되어야 한다. 유전자조작 종자는 금지되어야 한다. 유전조작 자유지대의 설치를 지지하고, 유전조작에서 자유로운 생산을 ─ 전통적이고 생물학적인 농업생산 ─ 위한 생산자 및 시장 공동체의 창설을 지지한다. 단백질사료의 지역 생산은 강화되어야 한다. 우리는 경작지나 돼지여물통, 접시, 저장용기에서 어떤 유전조작기술도 필요로 하지 않는다. 건강한 식량과 사료 및 재생가능 원자재의 생산은 유전자조작기술에서 벗어난 농업으로만 가능하다. 유전자조작은 위험한 기술로 사회-생태적 개조라는 우리의 목표와 모순된다.

구조적으로 열악한 지역의 배려. 동독에 대한 책임

좌파당은 독일연방공화국의 모든 지역에서 동일한 가치의 좋은 생활조건을 위해 노력하고, 유럽연합에서 생활조건의 동질화를 위해 노력한다. 유럽의 정책은 이런 맥락에서 심각한 낙후 지역을 발전시키는 동시에 모든 다른 지역에서의 안정을 추구해야 한다. 유럽연합의 구조적 지원으로 기후보호와 에너지전환의 요건을 충족시켜야 하며, 이것은 생태지향적 개조와 공적 사회보장의 확대를 진작시켜야 한다.

협력적이고 사회적인 연방국가 내에서 구조적으로 허약한 주와 지방은 지원받을 것이다. 우리는 연방 주가 서로 다른 세금과 공공 서비스의 기준과 조건을 가지고 경쟁하는 경쟁적 연방주의를 반대한다. 경쟁적 연방주의는 부유한 주와 이전능력이 있는 기업 그리고 잘 사는 사람들에게만 유리할 것이다. 이것은 생활조건과 노동조건이 열악해지고 있는 사람들에게는 해로울 것이다.

현지의 시민이 민주적으로 지역에 참여하고 지역개발계획과 예산에서 모든 기존의 지역적 발전잠재력을 강화시키는 강력한 지역정책이 필요하다. 성장중심지와 구조적으로 허약한 농촌지역 간의 협력과 결합이 요망된다. 중요한 것은 교육과 문화, 여가시설과 육아시설의 포괄적인 제공을 통해, 그리고 매력적인 일자리와 함께, 살만한 가치가 있고 그래서 지역에 머물게 되는 기본조건을 ─ 특히 젊은 사람들을 위해 ─ 창출하는 것이다.

좌파당에게 동독의 이익 대변은 이미 역사적인 발전의 바탕에서 특별한 중요성을 가진다. 동독은 서독보다 극히 높은 실업률과 낮은 임금 문제를 해소하고, 젊은이의 지속적인 이주를 막기 위해 새로운 정책적 접근이 필요하다. 동독의 새로운 발전 방식은 동독의 낙후를 합목적적으로 보충하기 위한 지역개발 개념과 장기적인 전체 독일의 혁신정책, 투자정책, 구조정책을 요구한다. 이를 위해 교육과 노동의 질 향상과 연구에 대한 강력한 투자, 미래지향적 분야와 기업을 비롯하여 과학시설과 기업 네트워크의 협력에 의한 지역 경제개발센터의 지원이 필요할 것이다.

재분배와 조세정의

좌파당은 모두를 위한 사회보장과 사회정의를 원한다. 우리는 하향식 사회적 재분배를 위해 노력한다. 공정하고 공평한 분배비율은 또한 민주주의의 강화를 위해 중요한데, 왜냐하면 정치권력은 대규모 재정정책에 대한 재량권도 부여하기 때문이다.

우리는 높은 재정수입으로 귀결되는 공정한 조세정책으로 공공 재정 강화를 원한다. 부유한 사람들만이 가난한 국가를 먹여 살릴 수 있다. 금융자본주의, 재분배정책과 국가의 은행구제정책의 수혜자들은 위기관리와 사회생태적 개조의 비용을 분담하여야 한다. 우리는 대자산에 대하여 부유세 형태로 5% 재산세의 재도입을 요구한다. 우리는 동시에 대자산에 대한 상속세의 획기적인 인상을 요구한다. 이 모든 것은 사유재산의 극단적인 불평등과 집중을 줄이기 위해 중요하다. 좌파당은 에너지사용을 줄이는 방향으로 효과적인 조절기능을 가지는 환경세를 지지한다. 이 세금은 최종소비자가 아니라 생산기업에 부과해야 한다.

대기업과 여타 자금능력이 좋은 기업은 더 많은 세금을 내야 한다. 우리는 세법의 허점을 봉쇄하려고 한다. 우리는 소득세 최고세율의 강력한 인상을 요구한다. 우리는 자본수익에 대한 은행의 감사보고와 해외 금융자산의 보고의무를 요구하고, 탈세에 대항하기 위해 세무당국의 더 많은 인력을 요구한다. 장래에 자본수익은 25%의 원천 징수 대신 대인세(對人稅)로 다시 과세되어야 한다. 중하층 소득자의 세부담은 완화하고자 한다. 우리는 부부분리과세 폐지를 요구한다. 왜냐하면 이것은 전통적인 남성 지배의 단독벌이부부를 장려하고, 여성의 경제활동을 방해하기 때문이다. 이와 다른 형식의 가족은 이로 인해 불이익을 받는다. 그 대신에 아동을 지원하는 공공정책이 확대되어야 할 것이다. 우리는 각각의 교통수단에 상관없이 교통비 세액공제 제도 ― 또한 세금을 내지 않는 저소득층을 위해서도 ― 를 도입할 것이다. 좌파당은 수공업의 노동집약적 서비스에 대한 부가세 경감을 확대할 것이다.

민주사회주의 사회적 국가에서 사회보장

모든 사람은 자결의 삶과 민주적 참여의 권리를 충분히 향유하기 위하여 사회보장을 필요로 한다. 좌파당은 기본법상 사회적 국가규정의 확대와 구체화를 일관되게 지지하였다. 특히 문제가 되는 것은, 이미 오늘날 선의에만 의존하는 기존의 복지국가의 발전 방향을 저지하려는 시도이다. 따라서 사회적 기본권은 헌법에 명시되어야 한다. 이를 위해 노동과 교육, 주거, 사회문화적 사회보장, 건강보험 등에 대한 권리와 같은 사회적 기본권의 도입을 통해 기본법의 사회적 국가원칙을 강화할 필요가 있다.

우리는 질병이나 사고, 간호필요성과 부상과 같은 생명의 위험은 물론 생계무능력과 실업을 연대적으로 보호하고, 가난으로부터 보호하며, 노령자에게 자결의 삶을 존엄하게 보장할 수 있는 적극적인 사회국가를 원한다. 우리는 공공자금에 의한 자치조직, 특히 실업자의 자치조직에 대한 재정지원을 제안한다. 복지급부는 가부장적 종속과 담당기관의 자의를 제한하기 위해 개인적인 청구권에 기초해야 한다.

민영화와 탈규제, 무조건적 경쟁 지향은 중단하여야 한다. 주거와 교육, 건강과 같은 인간의 기본욕구의 충족은 개인의 부담능력과 관계없이 모든 사람에게 보장되어야 한다. 모두에게 그리고 질이 확보된 물과 에너지, 교통 및 전국적인 통신서비스 등 대중 서비스 제공은 공공의 업무다. 이는 병원과 학교, 대학과 마찬가지로 비영리 공기업으로 조직해야 한다. 인간다운 삶이 가능한 주거권은 법정화되어야 한다. 문화에 대한 참여는 보장되어야 한다. 우리는 가족과 양육지원의 사회서비스와 마찬가지로 아동과 청소년의 돌봄과 여가 제공이 문제없이 이용될 수 있기를 바란다. 독일에서 살고 있는 사람들은 누구나, 그 국적에 관계없이, 민주사회주의의 사회적 국가에 의해 배제로부터 보호되어야 한다.

모든 세대를 위한 적절한 주거와 자기결정에 의한 거주는 사회보장과 인간존엄의 가장 중요한 조건에 속한다. 주거는 장기간 모두가 부담을 감당할 수 있어야 한다. 이를 위해 사회적인 형평을 갖춘 임대차법과 임차료, 정기적으로 조정되는 주거수당이 필요하다. 우리는 장벽이 없는 사회적 주택건설, 모든 형태의 주택 소유에 대한 공평한 지원과 적극적인 도시개발을 요구한다. 비영리 주택사업자는 공익적 주택 공급자로서 주택시장의 균형발전에 기여하여야 한다. 좌파당은 주거의 기본권을 기본법에 넣기 위해 계속 투쟁할 것이다.

사회기금의 재정문제에서 가장 중요한 원인은 대량실업이다. 이에 더하여 정치적 결정은 사회보장을 희생시키면서, 임금덤핑과 사회보험에 의해 보장되는 일자리 파괴를 야기하고 있다. 이는 보험료 수입 악화로 귀결되었다. 연금인하에는 어떤 인구학적 근거도 없다. 인구에서 노령자의 비율이 증가한 것은 사실이지만, 그럼에도 불구하고 연금인상은 가능하다. 이러한 가능성은 노동생산성 증가와 사회적 노동 잠재력의 충분한 활용에 근거한다. 왜냐하면 노동생산성 증가는 인구에서의 노령자 비율의 증가에도 불구하고 소득증대와 함께 연대적 분배에서 연금인상을 가능하게 해주기 때문이다.

우리는 법정연금을 빈곤수준 이상으로 획기적으로 가져가고 안정된 생활수준을 계속 보장해주는 노령연금으로서 연대적 연금보험을 원한다. 이것은 사적 노령보험의 국가적 지원을 필요 없게 만들 것이다. 사적 노령보험은 급박한 노인빈곤을 없앨 수 없으며, 본질적으로 재정팽창을 초래할 것이다. 우리는 모든 남녀가 동등하게 지원받는 법정연금보험에 가입하고, 노인빈곤을 막기 위해 연금보험의 틀 안에서 연대적 최저연금을 받을 수 있는 연대적 연금보험을 원한다. 연대적 최저연금은 한편으로는 자신이 납부한 연금청구권과 다른 한편으로는 소득과 재산이 적어 빈곤선 아래의 생활로 떨어질 수밖에 없는 사람들을 위하여 조세수입에 근거한다.

우리는 법정연금에서의 연대적인 평준화를 강화함으로써, 보험료 부담 상한선을 궁극적으로는 폐지하고 고소득자의 연금 청구금액을 낮추고자 한다. 우리는 동독의 연금가치가 서독의 수준으로 균등화되기를 위해 싸운다. 우리는 67세부터의 연금지급을 무조건 거부한다. 우리는 60세에서 65세 사이에 생계활동을 그만둘 수 있는 가능성을 포함하여 40년간의 연금 보험 납부 이후에는 감액 없는 연금지급을 요구한다.[17]

또한 실업 시에는 복지혜택이 이전 생활수준에 거의 가깝게 보장해주어야 한다. 우리는 따라서 하르츠Hartz IV를 폐지할 것을 요구한다. 좌파당은 그 대신 과거 소득에 기초한 실업수당이나 실제로 빈곤을

---

[17] 사민당의 슈뢰더 총리 정부 하에서 2001년 연금 급부수준을 낮추고 지급개시의 유연화를 내용으로 하는 연금 개혁법이 연방의회에 통과되었다 – 편자 주

막고 해당자의 시민권을 존중해줄 수 있는 최소한 필요에 부합하고 조건 없는 최저소득 보장을 요구한다. 여기에는 조건 폐지, 25세까지의 청년을 위한 특별규정, 공동체의 요구와 참여, 법정 생활유지 의무에 기초한 개인별 원칙의 도입이 필요하다.

좌파당의 일부는 이것을 넘어서서 모든 사람의 안전한 실존과 사회적 참여를 생계노동으로부터 분리하기 위해 조건 없는 기본소득의 개념을 주장한다.18) 이 개념은 당에서 논란이 많았다. 우리는 이 토론을 계속 이어갈 것이다.

좌파당은 아동빈곤과 청소년빈곤을 막고, 모든 아동과 청소년들에게 좋은 참여기회와 자기개발의 기회를 제공하고, 배제와 차별로부터 보호하기 위해, 모든 아동과 청소년을 위한 아동기본권 보장정책의 실현에 노력한다.

좌파당은 종합적 질병 및 간호 보장으로서 연대적 시민보험과 공적 건강보험에 기반한 민주적인 국민보건제도를 위해 투쟁한다. 연대적 시민보험에서는 모든 사람이 자신의 수입(소득, 자본소득과 기타 소득)에 따라 보험료를 납부한다. 연대적 시민보험은 법정 질병 및 간호 보호와 사적 법정 질병 및 간호 보호의 분리를 지양하고, 평등의 회복과 추가 부담 폐지에 기초한다.

세계보건기구(WHO)가 규정한 것과 같이 우리는 건강을 질병이나 부상이 없을 뿐만 아니라 나아가 충분한 육체적 정신적 사회적으로 건강한 상태로 이해한다. 보건제도가 제공하는 서비스는 국민의 수요에 맞춘 폭넓게, 거주지에서 적기에 보건 서비스를 제공하여야 하고,

---

18) 기본소득에 대해서는 한국에서도 관심이 높으며, 관련 정보도 많이 제시되어 있다. "기본소득 한국네트워크" 참고 - 편자 주

사회적 상황이나 부담능력 및 거주의 적법성에 관계없이 모든 사람이 이용할 수 있어야 한다.

건강은 상품이 아니다. 국민건강제도상 공공자산과 기구는 공공 서비스로 조직되어야 한다. 의약품 가격은 법적으로 통제되어야 한다. 피보험자, 독립된 환자 대표, 보건 분야 취업자의 공동결정은 법정화되어야 한다. 국민건강제도에서 나온 경제적 잉여는 피보험자와 취업자의 복리를 위해 투입되어야 한다. 투기사업에 투자하는 등 보험료의 목적 외 행위는 금지되어야 한다. 외래 및 입원 치료의 보험서비스와 재활과 간호의 서비스는 분야를 넘어서서 통합보험으로서 조직되어야 한다. 우리는 서비스 축소 대신 자원에 대한 합리적인 접근을 보장하기 위해, 여러 분야의 유급 전문의료진을 갖춘 외래진료센터 설립 등 외래진료시설 설립을 지원하고자 한다. 건강보호와 질병예방은 국민건강제도의 독립적인 지주로서 발전되어야 하고, 예방법으로 법제화되어야 한다.

우리는 독일에서 자유롭고 계몽된 마약정책을 원한다. 마약은 일상 현상이다. 알콜중독은 사회적인 문제이다. 합법적 및 불법적 물질 구분은 자의적이다. 마약과 이의 남용은 매우 치명적인 건강상, 사회적, 물질적 문제를 유발한다. 우리는 그래서 마약소비의 탈범죄화와 장기적으로는 모든 약물의 합법화를 포함하는 합리적이고 인간적인 마약정책 도입을 지지한다. 이에는 중독자에 대한 탈범죄화와 도움의 조직화, 이들에 대한 합법적이고 통제된 약물제공 등을 의미한다. 원칙적으로 우리는 마약소비자에 대한 처벌과 억압이 아니라, 예방과 계도로 약물남용을 예방하는 사회를 원한다.

4.2 우리는 어떻게 결정하려고 하는가? 사회의 민주화

독일연방공화국은 민주적이고 사회적인 법치국가로서 혁신을 필요로 한다. 따라서 대의제 의회민주주의는 직접민주주의를 통해 확대되어야 한다. 이를 위하여 국민투표는 중요한 수단이 되어야 한다. 소유권의 변화, 특히 금융 분야의 소유권의 변화, 즉 공공성과 민주적 개방성 강화는 신자유주의 민영화와 권위적인 사회보장국가에 대한 우리의 대안이다.

의회와 참여민주주의의 강화

좌파당에게 정치적, 사회적, 개인적 그리고 집단적 자유권과 참여권은 하나의 전체를 이룬다. 좌파당은 경제와 국가에서, 대중매체, 교육과 과학 그리고 기타 사회분야에서 민주적 통제와 공동결정을 확대하고자 한다. 경영과 종업원은 더 이상 금융투자의 자산이 될 수 없다. 그래서 우리는 대등한 공동결정의 확대를 위해, 그리고 도산 위험에 처하지 않은 기업의 폐쇄에 대한 종업원의 거부권의 관철을 위해 노력하고 있다.

자본주의는 국민의 지배인 민주주의의 토대를 약화시키고 있다. 만일 선출된 사람이 자신의 결정에 대하여 민주적 통제를 받지 않고 대기업과 자산가에 의해 지시를 받는다면, 선거는 광대극이 될 것이다. 따라서 우리는 경제단체협회와 기업의 정당후원 금지와 연방의회 혹은 유럽의회의 의원이 이들의 금전을 받는 것의 금지를 요구한다. 또한 거대자본의 영향력 앞에서 민주주의를 수호하기 위해 개인의 거액 후원을 제한해야 한다.

우리는 민주적 결정 기구에서 모든 대의기구의 — 지자체 의회로부터 유럽의회에까지 — 강화를 위해 노력한다. 이에는 대의기구가 동일한 조건에서 집행부와 정부에 참여할 수 있도록 이에 상응한 법률과 재원이 필요하다. 의회는 결정을 준비하기 위해 조기에 포괄적인 정부의 정보를 제공받아야 할 뿐만 아니라 결정에 참여하여야 한다. 의회의 홍보 권한도 있어야 한다. 노동조합, 사회단체와 환경단체, 소비자단체와 임차인단체, 장애인단체, 자조조직, 민주화 운동단체의 입장은 조기에 청취되어야 한다. 위원회와 의원의 정보수집과 서류열람권은 강화되어야 한다. 유럽의회는 독자적 법안제출권을 가져야 한다. 유럽연합이 지리적, 사회적, 문화적, 또한 행정적으로 커지고 복잡하게 되고 나아가 그 결정권한이 커질수록, 연방의회와 주의회의 통제와 참여 권리의 확대는 유럽의회의 입법과정에서 필요하고 필수적인 요소가 된다.

좌파당은 모든 선거에서 선거연령을 16세로 낮추기를 계속 요구한다. 우리는 새로운 형태의 상향식 정치 발전을 지지한다. 여기에는 또한 정치적 파업과 총파업도 포함된다. 살아있는 민주주의는 국민발안, 국민청원, 국민투표 및 주민발의, 주민투표 등 확대된 직접민주주의적 결정과 참여의 기회를 조성하여야 한다. 동시에 유럽연합 조약에 관해 의무적인 국민투표가 도입되어야 한다; 즉 시민들은 전 유럽에서 주민발안, 주민청원, 주민투표가 유럽의 결정에 실질적인 영향을 줄 수 있는 권리를 보유하여야 한다.

민주적인 지자체

자신의 생활을 스스로 결정할 수 있는 시민의 자유는 지자체에 크게 의존한다. 지자체에서 일상은 물론 미래의 중요한 사회문제가 결정된다. 그래서 좌파당은 지자체의 자치 강화, 지자체 재산의 확대, 지불능력 있는 지자체 공공업무의 개발을 약속한다. 민주주의가 빈껍데기가 되는 것을 막기 위해서는, 지자체는 충분한 재정수단과 경제적, 사회적 과정에 영향을 줄 수 있는 기회를 필요로 한다. 그래서 또한 우리는 공공서비스와 사회보장제도의 민영화를 거부하고, 공공재산 확대를 요구한다.

좌파당에게 지자체는 행정뿐만 아니라 결정적인 설계 차원의 대상이다. 여기서 시민은 사회발전의 모든 모순을 직접 체험하고 정치가 어떻게 기능하는지를 경험한다. 시민은 직접 참여함으로써 변화를 실현시킨다. 지자체는 연방체제 내에서 강력한 위상을 유지해야 한다. 이를 통해 시민은 지역적 문제 해결에 커다란 영향력을 유지한다. 지자체에는 새로운 생활형태를 시험할 기회가 있다. 이를 위해 정치적, 사회적 문화적 자치조직을 위한 공간이 창출되어야 한다. 공공서비스는 지자체 자체에 의해 보장되어야 한다. 여기서 이윤동기가 들어설 여지는 없다. 따라서 공공복리를 위하여 공공재산을 유지하고, 지자체 업무의 민영화는 더 이상 허용되어서는 안 된다. 오히려 공공서비스 강화를 위하여 업무를 다시 지자체 소관으로 복귀시키는 것이 필요하다.

연방체제 내에서 지자체의 위상을 강화하기 위해서는 최소한 세 분야에서의 변화가 실행되어야 한다. 지자체 조례가 지자체가 자기 업무를 더 넓게 수행할 수 있도록 구성되어야 한다. 지자체의 수요에 맞는 재정을 보장하는 재정조례가 필요하다. 지자체 경제법은 지자체 기업이 경제생활에 대등하게 참여를 보장할 수 있도록 제정되어야 한다. 공기업은 지역의 경제가 잘 돌아갈 수 있도록 강화되어야 한다. 이러한 세 가지 분야의 실현을 위하여 지자체의 민주주의를 강화할 필요가 있다. 이와 관련한 시민의 결정과정 참여의 강화는 지자체의 업무를 보장해줄 것이다.

좌파당은 지자체 민주주의의 중요한 형태로서 시민참여적 재정정책을 주장한다. 우리의 비전은 사람들이 자신의 일을 스스로 결정하고 만들어가며, 독자적으로 자기 공동체의 사회적, 생태적 변화를 자체적으로 이끌어가는 연대적 시민공동체이다.

시민사회의 자치는 민주적 공동결정을 위한 중요한 장이다. 이것은 도시에서, 농촌에서, 지역에서 사회적 결속력을 강화해준다. 여러 단체와 결사체는 많은 시민들에게 다양한 분야의 사회적 과제에 대한 책임을 맡을 수 있게 해준다. 좌파당은 따라서 사회적 과제를 맡는 시민사회 활동가들을 지원하고자 한다. 그래서 좌파는 사회적 생태적 기준을 준수하기 위해 투명성과 공적 통제를 요구한다. 전제는 민주적 정당성과 풍부한 재정이다.

권력분립의 일관된 이행 – 사법권의 독립

유럽의 기준에서 볼 때 독일 사법권의 독립은 최하위다. 유럽의회의 의회회의로부터, 유럽 대부분의 국가의 전형에 따르고 사법권의 독립성 확보를 위해 사법위원회에 의한 판사 및 검사의 자치 실현을 권고받고 있다.

좌파당은 이와 관련하여 연방 및 주의 수준에서 권력분립원칙과 사법부의 민주화를 일관성 있게 시행하기 위해 노력하고 있다. 사법위원회는 정당정책과 독립하여 오직 기본법상의 사법정의보장의무 이행에 이바지하여야 한다. 판사와 검사의 임명은 오직 법관선출위원회에 의해서만 이루어진다. 여기서 선임된 후보자는 모든 사회계층을 적절하게 대표해야 한다. 사법부 구성의 대표성만이 법이 실제로 국민의 이름으로 일컬어질 수 있다는 것을 보장할 수 있다. 법치국가의 강화는 판사의 독립성과 함께 검사의 동등한 독립성을 요구한다.

민주적으로 통제되는 미디어

미디어 권력과 미디어조작은 민주주의에 대한 위험이다. 더욱 중요한 것은 검열이 없고 확실한 중립성을 갖는 자유로운 인터넷의 보장이다. 좌파당에게 인터넷은 그 망이 사회적 통제 아래 두어야 하고 민주화되어야 하는 공공재다. 민주적 미디어는 민주적 편집규정, 반론장의 확대, 그리고 미디어분야에 대한 기업독점법의 적용을 요구한다.

미디어교육은 디지털사회에서는 전체 사회적 과제로서 이해되어야 한다. 좌파당은 나이와 사회적 지위와 지역에 관계없이 인터넷과 디지털 미디어를 이용할 수 있고 이를 사용할 수 있도록 모든 국민에게 미디어교육의 제공을 요구한다. 시민은 디지털 미디어와 내용을 이해하고 비판적으로 평가하고 스스로 다양한 맥락으로 소통하기 위해, 분석적 능력을 발전시켜야 한다. 억압적으로 이해된 청소년보호에 기초하여 합법적인 미디어 이용을 제한하려는 가부장적인 금지와 보호 교육정책은 해방적 인간상의 정신과 맞지 않다 ― 좌파당은 이를 거부한다.

많은 사람은 현대적 미디어에 접근하지 못하고 있고, 그래서 현대적 정보기술과 관련된 기회를 이용할 수 없다. 대중미디어는 주로 소수의 기업집단과 금융투자자의 수중에 있다. 이들이 우리가 무엇을 배우고 알아야 할 것이며, 우리가 무엇에 관해 말하고 어떤 의견을 가져야 할지를 결정한다. 미디어 이용과 미디어 통제는 점점 더 겹쳐지고 있다. 좌파당은 이러한 현상에 반대하고 감시와 통제에 반대하며,

정보 및 의사표현의 자유를 위해 그리고 공적이고 법적인 미디어의 강화를 위해 투쟁한다.

디지털사회에서의 민주주의

네트(망)는 참여와 개방성, 투명성에 새로운 기회를 제공한다. 망에서는 더 많은 개방적인 여론이 형성된다. 좌파당은 디지털 시대에 정치적 결정에 대한 더 많은 사회적 참여의 기회를 여기서 찾는다 ― 또한 정치로부터 소외된 남녀 시민의 관점에서도. 좌파당은 열린 정부와 E-민주주의(예를 들어 온라인-청원, 시민 참여 예산)를 통해 사회적 참여를 옹호하고 건설하기 위한 망의 민주적 잠재력을 열어두고 있다. 우리는 기록보관문서와 예산자료 혹은 법전 등 정말 보호할 필요가 없는 공개 자료의 더 많은 제공과 이용을 위해 노력한다.

또한 인터넷에서의 사회관계망(SNS, social media), 검색엔진, 지리정보서비스, 온라인-상점과 기타 콘텐츠제공자 등은 수백만 명의 개인정보를 그들의 의사에 반하여 세계적으로 수집하여 이를 가공하고 있다. 언제나 이용자의 다양한 자료파일이 만들어지고 이것이 민간기업에 의해 이용되고 있다. 자유롭게 접근할 수 있는 정보와 사회적 상호작용이라는 장점이 개인정보의 이용을 상쇄되고 있다. 미디어촌으로서 세계는, 디지털 시대에 사람들이 자료덩어리와 그 이용에 의해 매장되지 않도록, 보호기제가 필요하다.

망에서의 평등과 자유

정보는 결정적인 자원이자 하나의 생산력이 되었다. 디지털 정보생산과 소통의 네트워크에서 이용자는 세계적으로 분산된 지식을 이용할 수 있게 되었고, 문화적 기억에 대한 접근기회를 대중화시키고, 새로운 형태의 여론을 창출하였다. 지식생산에 대한 접근, 정보의 선택과 이용에 관한 결정권이 장래에 디지털 소통의 네트워크가 누구에 의해 어떻게 지배될 것인지를 결정할 것이다. 재산권 문제로서 소통과 정보에 대한 접근과 디지털 문화기술의 취득기회가 인터넷에서의 민주주의와 다원주의 그리고 여론형성의 기초가 될 것이다. 좌파당은 모두를 위한 기본보장으로서 고속인터넷 망설치를 요구한다.

우리는 디지털 세계에서 지식의 자유를 옹호하고 확대하려고 한다. 개방적 정보의 공급 체계는 점점 더 통제하고 기업화하려는 집단의 저항에 부딪힐 것이다. 그러한 저항을 광범위하게 제한하고자 한다. 사경제적인 독점과 국가의 감시를 지향하는 집단은 인터넷의 분산구조를 위협하고, 그래서 망의 평등과 자유를 위협한다. 우리는 망의 다양성을 지지한다. 우리는 망 차단과 내용물의 심의와 차단 프로그래밍을 거부한다. 정보는 자유로워야 한다. 디지털 기술에 의해 지식재산과 문화재에 대한 접근이 열리고 확대되었다. 그 동안 이를 공공재로 이해하는 것이 일반화되었다. 이용자를 범죄자로 만드는 대신에, 창작과 문화창조자들에 대한 새로운 보상모델을 위한 정치적 해결이 개발되어야 한다.

인터넷은 자유로운 자치조직을 위한, 대기업의 강제와 여론권력을 벗어나기 위한 발판(플랫폼)으로서 활용될 수 있다. 이에 의해 모두가 스스로 창의적으로 되고 반대여론을 만들어낼 수 있다. 우리는 정보교환과 의사표현의 자유를 중시하는 이용자를 지지할 것이다.

개인적 권리의 강화

시민의 권리축소에 반대하고 사회보장국가의 강화를 위해 우리는 개인 권리의 강화, 개인정보의 보호, 사회조직과 사회운동의 참여 기회, 국가 치안기관의 독립적이고 민주적인 통제를 지지한다. 우리는 공공영역에서 민주적 자치기구의 주도를 지지한다. 우리는 감시국가의 건설에 반대하고, 경찰과 독일군 그리고 비밀정보기관의 엄격한 분리와 민주적 통제를 요구한다. 우리는 비밀정보기관의 폐지를 원한다.

우리는 독일과 유럽연합에 살고 있는 모든 사람의 대등한 정치적 사회적 권리를 지지한다. 왜냐하면 정치적 사회적 권리는 인권이기 때문이다. 법치국가는 사회적으로 되어야 한다. 오늘날에도 법 앞에 평등이 보장되는 생생한 민주주의의 조건이 물질적으로 충족되지 못하고 있다. 고액 소송물을 대상으로 한 소송은 필요한 자금력을 가진 사람만이 수행할 수 있다. 모든 사람이 법정에서 평등할 수 있도록 이것은 고쳐져야 한다.

개인정보에 대한 자기결정권은 점점 더 위험해지고 있다. 유리같이 투명하게 다 들여다보이는 시민이란 관념은 우리를 두렵게 만든다. 사생활과 개인 정보에 대한 자기결정권은 우리에게는 민주적 국가정체성의 필수적 전제이다. 개인정보의 완전한 파악은 전 국민을 모두 범죄혐의자로 전제하는 것으로서, 특히 복지급여를 청구하는 사회적 약자와 총체적 감시 대상인 정치적 좌파가 특히 이에 해당된다. 우리는 개인정보의 수집 축소를 지지하고, 개인정보의 가공과 안전에 관한 종합적인 처리법 제정을 지지한다. 구체적으로 우리는 인터넷과 온라인 검색에 검열장치 설치에 반대하고, 영상감시의 확대와 광범위한 통신자료 저장에 반대한다.

평등과 양성평등

양성 간 관계는 여전히 평등하고 공정하지 못하다. 이전과 마찬가지로 전통적 역할분리가 남녀의 생활에 영향을 미치고, 생활의 질과 직업적 사회적 발전에서의 기회를 해치고 있다. 가부장제 구조는 여전히 모든 사회분야에서 관철된다. 여성은 사회의 모든 노동의, 특히 지불되지 않는 가사 및 보호노동과 생식활동의 절반 이상을 제공하지만, 그러나 여성의 노동은 낮게 인정되며, 여성의 생계노동 임금은 남성동료보다 여전히 훨씬 낮다. 그에 상응하여 여성의 사회보장 급여도 낮다. 특히 노동조건, 저임금과 장시간노동은 여성을 불리하게 하고 전통적인 성차별을 강화한다. 결과적으로 흔히 여성은 자신의 실존을 스스로 보장할 수 없다. 경제적 의존성이 또한 폭력관계의 출현을 도와준다.

세계적으로 여성 세 명 중 한 명이, 독일과 유럽에서는 네 명 중 한 여성이 폭력에 노출되어 있다. 여성에 대한 폭력은 전쟁수행의 중요한 수단이다. 그렇지만 사생활과 가족에서도 여성은 남성의 폭력에 시달린다. 또 일터에서도 여성은 성적으로 괴롭힘을 당한다. 폭력은 여러 얼굴을 갖고 있다. 자기결정권 침해, 육체적 및 정신적 괴롭힘, 멸시와 차별 등. 여성이민자나 불법행위를 강요당하는 여성은 더 자주 폭력의 희생자가 된다. 따라서 좌파당은 예방조치를 강화하고, 독립적인 여성의 집과 폭력보호시설에 대해 장기적으로 재정 지원하려고 한다. 성폭력은 망명 사유로서 포괄적으로 인정되어야 하며, 희생자 보호가 강화되어야 한다. 이것은 국가에 의한 성적 학대뿐만 아니라 가족 및 사회에서의 학대 — 강제결혼이나 성기절제 — 에도 해당된다. 인신매매의 여성희생자는 거주권이 인정되어야 한다. 우리는 성기절제와 강제결혼에 반대하여 효과적으로 투쟁할 것이다. 좌파당은 인종주의와 전쟁을 근거로 여성의 권리를 도구화하는 것에 반대한다.

좌파당은 사회주의적이고 여성주의적인 요구를 담지한 정당이다.

우리는 생계노동과 가사노동에서, 사회적 정치적 참여에서 남성과 여성이 서로 결합될 수 있는 자결의, 연대적인 생활을 위해 노력한다. 우리는 사회보장제도, 노동세계의 구성, 공공서비스의 제공, 경제와 정치에서의 정치적 참여를 위한 기본조건 등이 그렇게 변하도록 노력할 것이다. 모든 정치적 결정과 제안은, 여성과 남성에 대해 미치는 영향에 따라 체계적으로 판단되어야 한다.

우리는 여성의 비율을 높이는 데 기여하는 정책을 지지하고, 동일노동에 대한 동일임금, 노동시간 단축, 남녀 간 생계노동과 가사노동의 공정한 분배를 위하여 투쟁한다. 우리는 또한 민간경제에서도 동등지위법을 요구한다. 노동의 유연화가, 사회적 교제와 여가시간이 항시적인 일터 복귀명령에 종속되는 것으로 귀결되어서는 안 된다. 우리는 불안하고 불안정한 고용과 노동유연화 확대에 반대하는데, 이러한 노동관계가 가족 및 아동에게 적대적이기 때문이다. 오히려 우리는 노동시간과 노동기회를 가족 및 아동친화적인 방식으로 유연하게 구성하고 사회적으로 안정화하기를 원한다. 우리는 모든 아동이 탁아소, 보육원, 유치원에서 종일 무상으로 보호받고 교육받을 권리를 요구한다. 이는 모든 아동의 좋은 유아기를 보호하는 기본전제이고, 이것으로 여성과 남성은 균등한 생계노동과 가족노동 생활을 함께 결합할 수 있게 된다. 할당제는 양성평등을 장려하는 중요한 수단으로 유지되어야 한다. 우리는 자결의 연대적인 생활을 지지하면서, 범죄의 사실구성요건으로서(218조) 낙태를 형법전으로부터 말소하려고 노력한다.

성적 다양성과 자결

좌파당은 다양한 생활양식을 고려하고 지원하는 해방의 정책을 위해 노력한다. 이성애와 오직 양성만이 존재한다는 관념은 정치적 사회적 규범의 기준으로서 묵시적으로 적용되고 있다. 이러한 규범은 제한적이다. 좌파는 사회의 성적 및 양성관계의 다양성을 지지한다. 여기에는 여성동성애자, 남성동성애자, 성도착자, 성전환자, 간성자 등에 대한 사회적으로 동등한 대우와 기본권의 인정이 포함된다. 특히 성전환자와 간성자의 인권에 대해 개인신분상의 권리가 인정되어야 한다. 어린 시절부터 성차별적인 행위가 금지되어야 한다. 우리는 모든 법적 영역과 제도에서 법적인 양성평등을 요구한다.

사회적이고 민주적인 문제로서 이민과 통합 ― 위험에 처한 사람들을 위한 국경개방!

독일은 이민자의 나라다. 좌파당은 사람이 자본에게 유용한지 않은지에 따라 사회적 정치적 권리가 주어지는 이민 및 통합정책을 거부한다. 우리는 독일에 살고 있는 모든 사람의 사회적 정치적 참여가 실현되기를 원한다.

가족 결합 이민은 자녀들은 물론 동성이건 이성이건 생활동반자와 2차 친척(Zweiten Grades)의[19] 가족구성원까지도 가능하도록 해야 한다. 언어습득과 교육성취 지원이 중요하지만, 통합을 위해서는 충분하지 않다. 우리는 교육과 직업교육, 노동시장과 사회서비스에 대한 접근에서 구조적인 차별이 없어지기를 원한다. 독일에서 살고 있는 모

---

19) 독일 민법전(Bürgerlichen Gesetzbuch: BGB), 형법(Strafgesetzbuch: StGB) 등에 따른 가족의 범위:
　1차 친척: 부모, 자녀
　2차 친척: 형제자매, 조부모, 손자녀
　3차 친척: 숙모/숙부, 조카/질녀, 증손자녀, 증조부모 － 편자 주

든 사람은 자신의 체류자격에 관계없이 건강보험이 보장되어야 한다. 보호를 원하는 사람은 거부되어서는 안 된다. 우리는 모든 사람에게 개방된 국경을 요구한다.

좌파당은 다양한 인종 출신의 모든 사람들이 그 다양성을 인정받으면서 충분히 존중받는 동료로서 함께 살기를 원한다. 이는 무엇보다 모든 사회적 결정에서 이민자의 민주적인 공동결정을 요구한다. 좌파당은 생활의 중심이 독일에 있는 모든 사람에게 선거권과 피선거권 그리고 노동시장에 대한 접근에서 대등한 권리가 부여되도록 노력한다. 독일에서 태어나고 부모가 여기서 살고 있는 모든 아동은 독일국적을 가져야 한다. 귀화는 더 쉬워져야 한다. 이중국적은 원칙적으로 허용되어야 한다. 좌파당은 외국에서 취득되고 증명된 모든 이민자의 자격증의 인정을 지지한다.

인권침해와 전쟁, 정치적 박해로 인해 도망 온 사람은 거부되거나 추방되어서는 안 된다. 우리는 망명에 대한 기본권의 회복을 요구하며, 망명자의 불법화, 추방, 임시거주의무와 같은 모든 형태의 특별법과 수용소에 반대한다. 유럽연합의 분리벽 설치는 비인간적이다 ― 우리는 유럽이라는 요새를 결코 원하지 않는다. 좌파당의 망명정책은 인도주의와 인권을 지향한다. 따라서 위험에 처한 사람의 보호가 우선이고 규제정책적 혹은 경제적인 고려는 하지 않는다. 그러므로 좌파당은 유럽연합의 가장 중요한 분리벽 설치기구인 유럽국경해안경비청(European Border and Coast Guard Agency: FRONTEX)의 폐지를 위해 노력한다.

반차별정책

좌파당은 성별, 나이, 세계관 혹은 종교, 출신 인종, 성적 취향 혹은 정체성에 근거한 모든 차별에 반대하고, 각각 육체적, 정신적, 심리적 약점에 근거한 모든 차별에 반대한다. 우리는 장애인과 그 가족의 적극적인 통합을 통해 이동, 학교교육이나 직업교육, 직업과 소통에서의 모든 장벽을 제거하고 극복하려고 한다. 우리는 다양한 형태의 공동생활의 다양성을 동등하게 존중하고 보호하려고 한다. 가족정책에서 패러다임 변화가 시급히 필요하고 새로운 가족상이 요구된다. 결혼한 부부 외에 결혼하지 않은 부모, 혼합가족, 또한 통상적인 성 역할에 맞지 않는 동성애나 성전환자 생활공동체도 사실혼으로서 인정받아야 한다. 좌파당은 동성애자와 통상적인 성 역할에 맞지 않는 사람들의 법적 동등지위를 위해 노력하고, 그들의 시민사회 조직을 진작시키는데 앞선다.

장애인의 평등과 정의

장애인도 사회생활에 평등하게 참여할 수 있도록 하기 위해, 손실보상과 모든 차원에서의 자기대변의 권리가 필요하다. 좌파당은 모든 사회영역에서 장애인의 인권이 존중되고 실현될 수 있는 정책을 지지한다. 각급 정부에서, 모든 지자체에서, 교육시설에서, 모든 사회보장과 복지시설에서, 국민건강제도에서, 정당과 조합, 이익단체에서, 기업에서 – 어디서나 차별 없는 시민권, 자유, 평등, 박애, 참여의 권리, 해방, 포용과 연대가 살아 있어야 한다.

좌파당은 모든 사람의 인격의 자유로운 개발과 발전을 지지하고, 제한 없는 사회 참여를 지지한다. 사회(주의)적 정책은 모든 사람을 포용한다. 우리는 모두의 인권을 요구한다; 장애를 가졌거나 없거나, 남성이든 여성이든, 어디 출신이든 혹은 어떤 인종이든 관계없이 모든 사람을 위하여.

좌파당의 장애인 정책은 모든 정책분야와 모든 계획에서 핵심적 과제다. 이는 단지 기회균등을 위한 적절한 입법정책, 수요에 기초한 손실보상불이익의 필요한 공정화, 적극적 반차별정책에 관한 것이 아니다. 우리는 서로에 대한 특별한 힘과 능력을 소중히 여기고 존경스런 상호교류를 장려하는 적극적인 인식 제고에 기여하려고 한다. 중요한 것은 존엄과 정의의 보호, 자율과 시민적 자유권, 편견의 극복이다. 중요한 것은 생생한 다양성이다. 국제연합 장애인권리협약(UN Convention on the Rights of Persons with Disabilities)이 우리나라에서 완전히 이행되는 것이 좌파당과 당원 및 소속 의원의 의지이자 목표다.

신파시즘과 인종주의에 대한 투쟁

우리는 신파시즘, 우익 포퓰리즘, 인종주의, 반유대주의, 이슬람근본주의, 동성애혐오, 그리고 다른 형태의 인간적대주의에 무조건 반대한다. 우리는 민주적 연대에 적극적으로 참여하고, 극우파, 우익 포퓰리즘, 인종주의에 반대하는 모든 사람과 함께 시민운동에 참여한다. 우리는 거리와 정치적 토론에서 신파시즘과 우익 포퓰리즘, 인종주의에 맞서 투쟁한다. 우리는 모든 극우파의 조직의 금지를 요구한다; 여기서 우리는 금지가 사회적 대립을 대체할 수 없음을 알고 있다. 우리는 학교에서는 물론 학교 밖에서도 반인종주의적, 반파시즘적 교육이 강화되기를 원한다. 우리는 적극적 반차별정책과 모든 영역에서 더 많은 민주주의와 시민참여를 위해 진력한다.

좌파당은 신파시즘과 인종주의와의 투쟁이 독일 어디서나 언제나 시민의 용기를 가지고 공개적으로 수행하여야 한다는 것에 다른 민주세력과 같은 생각을 갖고 있다. 여기서 우리는 인종적인 동기에서 나온 폭력, 국가의 인종주의 및 일상적 인종주의 그리고 사회의 중산층에서 나온 외국인에 대한 적대적 입장에 단호히 반대한다.

반파시즘은 좌파당의 기본입장이다. 우리에게 이것은 다음을 의미한다: 모든 극우파와 우익 포퓰리즘적, 인종적 이데올로기와 정당 그리고 운동의 격퇴; 전래되거나 새로운 형태의 모든 반유대주의에 대한 투쟁; 인간의 불평등에서 야기되는 모든 이데올로기와 역사수정주의와의 대결; 반파시즘 운동의 정치적, 과학적, 문화적 유산의 보호.

좌파당은 전체주의의 독단과 극단주의 이론에 의한 파시즘적 사고를 좌익이념과 대등하게 취급하는 것에 강력하게 반대한다. 평화적이고 정의로우며 민주적인 세계에 관한 우리의 사고는 인간을 경시하는 (신)파시스트 이념과 절대로 동급으로 취급될 수 없다.

덴마크인, 프리슬란트인, 소르비아인, 집시의 평등권

독일에 살고 있는 소수민족은 - 덴마크인Dänen, 프리슬란트인Friesen (북해연안에 살고 있는 수수민족), 집시Sinti und Roma 그리고 소르비아인 Sorben(동독 남동부에 살고 있는 서슬라브계 민족으로 일명 벤트족Wende) - 그들의 특별한 이익과 요구를 정당하게 표명하고 실현할 수 있어야 한다. 정책은 소수민족의 정체성과 언어, 문화의 유지와 발전을 보장하는 기본조건을 창출하여야 한다. 중장기적으로 기본법 조항에 넣어야 할, 이에 상응하는 연방정책 원칙을 마련하는 것이 필요하다. 좌파당은 이러한 소수민족의 권리, 특히 자결권이 보장되고, 사회적 여론 형성과정에서 그들의 의견 표시와 참여를 고무할 수 있도록 노력한다. 연방공화국에서 연방은 물론 주에서도 정책은 최종적으로 국제적으로 인정되는 기준에 맞추어져야 한다.

처음부터 참여 - 청소년의 적극적 참여

사회적 결정과정에 청소년의 적극적 참여는 우리의 해방적 민주주의에 없어서는 안 되는 기초다. 젊은 사람은 자기 책임 하에 자신의 생활을 만들어가고, 사회관계의 변화에 적극적으로 참여할 수 있도록 해야 한다. 예를 들어 청소년의회와 청소년청원의 형태로 민주적 참여의 강화를 위한 정치교육이 우리에게는 높은 비중을 차지한다. 이는 능력에 맞게 활용되어야 하고, 단지 전시적 행위가 되어서는 안 된다. 우리는 어린이와 청소년이 자신들과 관련 있는 결정에 참여하고 청소년시설과 여가시설의 설계에 적극 참여할 수 있도록 노력한다.

적극적이고 품위 있는 노령자

노령자는 풍부한 지식과 흥미로운 경험을 갖고 있다. 노인은 생활을 자기 것으로 영위하고 공동체에 참여하기를 원한다. 노인은 생계노동 이후 시간을 스스로 결정하고 품위 있게 살 수 있도록 해야 한다. 충분한 연금, 좋은 건강관리, 연령에 적합한 주거환경 등은 노령자의 새로운 문화를 위한 전제조건이다. 그러나 노령이란 연금과 건강관리, 보호와 비용 이상이다. 미디어와 정치, 경제와 사회는 고령화하고 있는 사회의 전체 일상과 고령화의 도전에 대하여 사고를 전환하여야 한다. 우리는 세대 간의 살아 있는 결합과 더 많은 사회적 참여 그리고 공동결정을 제안한다.

좌파당은 따라서, 노령자에게 이동과 만남, 자문, 좋은 주거환경에 더 많은 자원과 기회를 열어 줄 수 있도록, 주와 지자체, 지방의 노령자 대표제를 지지한다. 우리는 노령자가 스스로 선택한 주거와 장벽 없는 주거형태를 위해 노력한다. 우리는 노인클럽이나 여가시설, 노인

아카데미에 노령자의 참여, 시민단체와 향우회, 스포츠단체 이용, 주민발안과 정치조직에서 적극적인 참여를 고무할 것이다.

우리는 노령자와 청소년 간의 토론, 역사 관련 사업, 문화와 스포츠 행사에서 세대 간 연대를 적극적으로 만들도록 하는 것이 중요하다고 본다.

공정하고 대화할 수 있는 사회를 위한 문화

문화적 다양성과 모든 문화적 표현형태인 예술은 살아 있는 민주주의를 위해서 필수불가결하다. 문화와 예술의 발전을 위한 유리한 기본조건과 자유공간의 창출은 따라서 우리 좌파당에게는 민주적이고 정의로운 사회를 향한 우리 노력의 본질적 구성부분이다. 국가의 목표로서 문화는 기본법사항이다.

좌파당은 모든 집단과 세계가 자신의 문화적 정체성을 찾고 표현할 수 있는 민주적 문화를 위해 노력한다. 모든 사람은 이 사회의 문화생활과 문화적 부에 참여할 기회를 가져야 한다. 이는 어릴 때부터의 문화교육을 요구한다. 교육과 문화에 대한 접근, 전통적이고 현대적인 형식의 문화와 소통에 대한 접근은 21세기의 중요한 사회문제의 하나이고, 모든 개인과 전체로서의 사회의 발전가능성을 본질적으로 결정한다. 문화와 문화교육은 해방의 전제조건이다.

우리는 공공 문화후원제도의 유지를 위해 노력하고, 문화지원의 무제한 자유화와 축소에 반대하고, 공공시설의 민영화와 축소에 반대한다. 우리는 문화생산자의 다양성이 유지되기를 원하고, 비영리적 공공기관에서 독립적인 출판사, 문화, 스튜디오, 대행사, 제작사까지 지원할 것이다. 우리는 모든 지역과 환경에서 문화생활을 지원하고자 한다. 우리는 문화 분야의 질 좋고 생활을 보장해주는 일자리를 원한다. 예술가와 모든 문화창작자는 자신의 노동으로 살아갈 수 있어야 하고 사회적으로 보호되어야 한다.

다양한 방향성을 가진 예술을 통해 개인의 자유와 개인의 사회적 연관성이 모든 모순 속에서 생각되고 체험된다. 예술은 거대한 사회적 논쟁의 본질적 계기이기 때문에, 좌파당은 예술의 고유한 세계를 자율적 공간, 실험의 장, 피난처로서 보호할 것이다. 좌파당은 새로운 예술적 경향을 세계 및 사회에 대한 이해확대를 위한 자극으로 보며, 이는 최대한 지원되어야 한다. 그리고 좌파당은 예술가로부터 제기되는 자극을 필요로 한다.

좌파당은 이 사회를 비판적으로 보고 이 사회를 변화시키려는 모든 사람들과 연대감을 느낀다. 우리는 다른 인간다운 삶에 관한 다양한 구상에 개방적이며, 해방의 전망을 강화하기를 원한다.

다양한 사회-문화적 환경과 다양한 정치문화를 가진 사람들이 좌파당으로 결집하고 있다. 그들의 경험은 새로운 사회적 좌파의 넓은 문화이해에 이르는 길을 풍요롭게 해준다.

문화는 기억이다. 문화는 전통과 오늘을 결합해준다. 문화유산에 대한 자각은 다양한 문화이해를 낳는다. 따라서 문화는 이해와 관용의 토대다. 좌파당은 민주적 기억의 문화에 기여할 것이다. 우리는 과거에 분단되었던 연방주의 문화사를 유럽의 맥락 속에서 확인하고자 한다.

모두를 위한 체육

좌파당은 체육이 개인 개발의 일부가 되는 데 필요한 사회적 기본조건을 확대하려고 한다. 체육은 중요한 사회적 기능을 담당하고 있다. 좌파당은 이윤극대화를 목적으로 하는 체육의 상업화를 억제하고, 체육에서 관용과 존중, 공평과 같은 가치교육을 강화하며, 질적 기준에 의해 학교와 직업학교의 체육을 지속적으로 향상시키고, 어린이와 청소년들에게 폭력과 차별에 대항하는 운동참여에 더 큰 즐거움을 주며, 장애인과 비장애인을 막론하고 사회적 인종적 종교적 성적 배경에 관계없이 모든 사람들의 체육접근을 보장하고, 모두를 위한 자연친화적이고 조작 없는 체육을 장려할 것이다.

교회, 종교 및 이념 공동체

좌파당은 이념이나 종교를 신봉하는 모든 사람의 권리를 옹호한다. 좌파당은 이념, 종교의 소수자를 옹호한다. 정교분리주의는 우리에게 국가와 교회의 필요한 제도적 분리를 의미한다.

우리는 역사적 책임에 직면하여 구 동독에서 저질러진 신앙에 대한 부정의에서 교훈을 얻었다. 이미 1990년에 민주사회당 당지도부는, 불행한 운명과 불이익, 중상모략과 경악을 안겨주었던 독일사회주의통일당(SED)의 잘못된 정책에 대한 책임을 인정하고, 신자와 교회 그리고 종교공동체에 화해를 청했다. 오늘날 좌파당에는 기독교인은 물론 다른 종교공동체의 구성원과 무신론자 등이, 위대한 종교에서와 마찬가지로 계몽주의와 인본주의에서 그 뿌리를 찾을 수 있는, 공동의 목표와 가치를 위해 참여하고 있다: 공동의 목표와 가치는 사회정의, 평화, 이웃사랑과 관용이다.

좌파당은 교회와 종교공동체, 그들의 활동과 독립성을 존중한다. 물론 교회와 종교공동체 그리고 그들의 시설기관에서도 기본권과 노동자의 권리, 또한 파업권과 기업기본법이 효력을 가져야 한다.

믿지 않는다고 해서 누구도 어떠한 불이익도 당해서는 안 된다. 우리는 종교의 어떠한 정치적 남용에도 반대한다. 학교는 종교에 관한 지식을 전달해야 하고, 신앙공동체의 상호적인 관용을 장려해야 한다. 수업은 국가적으로 인정된 교사에 의해, 국가의 교육의무의 틀 안에서 교회나 종교공동체의 영향력에서 자유롭게 이루어져야 한다.

4.3 우리는 어떻게 배우고 연구하는가? 교육과 지식에 자유로운 접근

교육은 인권이다. 교육은 개인으로서 그리고 다른 사람과 함께 자유롭고 사회적으로 책임을 다 하고 스스로 결정할 수 있는 삶을 영위하고, 사회적 발전을 적극적으로 만들어갈 수 있도록 해주어야 한다. 그러한 해방의 교육은 배우는 사람의 자결을 요구하고, 창의력과 비판 및 행위능력, 연대성과 역사-정치적 의식을 장려한다. 교육은 인류의 사회적, 세계적 핵심문제의 해결능력을 발전시킨다. 교육은 우리에게 종합적인 자기계발이다. 따라서 경제적으로 이익이 되는 지식습득에만 한정되어서는 안 된다. 또한 우리는 유럽의 수준에서 상응하는 교육정책의 방향전환을 위해 노력한다.

모두를 위한 교육

어떤 선진국도 독일만큼 사회적 배경이 교육의 성취를 결정하는 나라는 없다. 교육제도가 통합 대신 사회적 배제를 강화함으로써 상층계급의 교육특권이 더욱 공고해지고 있다. 우리는 기본권으로서 통합교육을 실행하기를 원하고, 모든 어린이와 청소년이 가능한 한 오래 같이 배우고 최선의 지원을 받을 수 있는 통합교육제도 체계를 창출하기를 원한다.

교육은 무상이어야 한다. 이것은 조기교육부터 학교교육은 물론 대학 및 직업교육까지 그래야 한다. 교육은 공공재이지 상품이 아니다. 교육은 공적인 책임과 재정에 의해야 한다. 우리는 교육분야에서의 민영화를 반대한다. 왜냐하면 이것은 교육에서의 불평등을 강화하고 공적 교육제도를 약화시키기 때문이다. 모두를 위한 공정한 교육기회를 위해서는 공적 교육제도의 상당히 개선된 재정지원과, 연방과 주의 협력 제고가 필요하다.

어린이와 청소년이 교육을 받을 수 있는 기회는 그들의 생활수준에 의해 결정된다. 지역사회, 여가 및 스포츠 활동에서의 공동생활은 확대된 공적 책임 속에서 모두가 접근 가능하고 어린이와 청소년의 복리를 지향하여야 한다. 좋은 배움의 조건은 마찬가지로 교사의 좋은 노동조건을 요구한다. 그렇지만 불안한 고용과 높은 노동강도, 부족한 시간과 열악한 임금은 많은 교육분야에서 일상이 되어버렸다. 좌파당은 교육부문 종사자의 노동조건과 사회보장 개선을 위해 분투하는 노동조합 편에 선다.

우리는 모든 교육분야의 민주화를 위해 노력한다. 학생, 실습생과 대학생 모두는 교육과정의 결정에 함께 참여할 수 있어야 한다.

유치원에서 평생교육까지 좋은 교육

우리는 부모의 취업상의 신분에 관계없이 조기교육과 보육에 대한 모든 아동의 법적 권리를 지지한다. 보육의 질 제고를 위해 우리는 대학 수준의 보육교사 양성교육을 필요로 한다.

우리 교육정책의 목표는 학습을 함께 하는 통합학교로서, 분리교육을 없애는 공동체학교(Gemeinschaftsschule)다. 공동체학교는 모든 학생과 청소년이 개인적, 사회적 전제조건 없이 최대한의 학습과 최상의 수료로 이끌어갈 수 있는 권한을 가지며 이런 능력을 개발할 것이다.

우리는 전국적이며 선택가능한 직업교육 공간을 요구한다. 여기에 모든 기업이 연대적인 분담금납부로 참여해야 한다. 우리는 실습생이 가능한 한 독립적 생활을 할 수 있도록 모든 분야에서 충분한 실습비 지급을 원한다. 이원제도가 우리에게는 직업교육의 핵심을 이룬다. 우리는 직업교육의 질 제고를 원하며, 이를 위해 미래의 사용자와 근로자 그리고 공공기관이 공평하게 여기에 참여하기를 원한다. 기업과 직업학교, 작업장에서 일하는 실습생의 실질적인 공동결정권도 마련되어야 한다.

좌파당은 대학과 대학생의 수를 크게 증가시키려고 한다. 여기에는 또한 직업적 전문가 양성을 위해 대학을 개방하는 것도 포함한다. 모든 대학생은 자신의 중점주제 설정과 학위에 대한 접근을 보장받아야 한다. 교육과 연구는 통합되어야 한다. 군비확장과 관련한 연구는 대학과 연구시설에서 허용되어서는 안 되며, 경제적 영향력이나 이윤추구는 억제되어야 한다. 청년 장교양성과 도상훈련 및 교재를 통한 독일군 홍보를 좌파당은 결단코 거부한다. 그 대신 교육과 과학은 인류와 전체 사회의 사회적, 환경친화적, 평화적 발전에 기여하여야 한다. 우리는 비판적 과학의 새로운 활동공간을 쟁취하고자 한다.

배움은 첫 번째 직업으로 끝나지 않는다. 우리는 공적 과제와 개인의 권리로서 재교육과 평생교육을 확대하고자 한다. 기업은 종업원의 재교육을 위해 책임을 다해야 한다. 동시에 우리는 무상으로 접근가능하고 또 일반적, 문화적, 정치적 재교육을 포함하는 포괄적인 공공교육을 필요로 한다.

우리는 성인교육에 대한 공공자금 지원에 더하여 재교육 지원의 구조개혁을 통하여 직업교육과 재교육에서의 사회적 불이익에 맞서 싸우고자 한다. 재교육을 받는 모든 성인은 개인적으로 필요할 때 부모와는 독립적으로 수요를 충당할 수 있는 지원을 받아야 한다. 이것은 상환의무 없이 최초의 직업교육 외에 장래에 추가로 보장되어야 한다.

지식생산과 저작권

우리는 과학자와 그 결과물의 이용자 모두 사회적으로 크게 책임지고, 더 많은 사람들이 지식과 연구결과물에 참여하고, 그 파괴력을 제어할 수 있게 하는 과학발전을 원한다. 공동체의 지식에 대한 사적 독점은 사람들의 공유지식에 자유로운 접근과 공동소유의 지식창고에 자유로운 접근이라는 민주주의 원칙에 모순된다. 우리는 따라서 과학시설의 민영화에 반대하고, 마찬가지로 도서관과 박물관, 극장과 기타 지식과 문화시설의 민영화에 반대한다. 이에는 자연환경의 유지와 보존을 위한 과학의 이용과 기술결과에 대한 평가도 포함한다.

좌파당은 매체와 현대적 통신수단의 다양성과 자유를 위해, 인터넷의 자유로운 이용을 위해 노력한다. 모든 망 이용자는 자신이 선택한 자료를 보내고 받을 수 있다. 망 중립성은 보장되어야 하고, 가난하건 부자이건, 도시에 살든 농촌에 살든, 모든 사람은 공평하게 망에 접근할 수 있어야 한다. 마찬가지로 오픈 소스의 장려, 디지털 재산권의 제한, 보편적으로 접근가능한 디지털 지식재산의 보호도 공공업무다. 우리는 저작물 이용 기업에 대하여 저작자의 권리를 강화하려고 한다. 좌파당은 정액으로 시간과 공간의 제한 없이 이용기업에 저작물에 대한 모든 사용권이 양도되는 계약(Total-Buy Out)금지를 지지한다. 우리는 가능한 한 모든 저작자단체를 위하여 구속력 있는 보상규칙이나 단체적 저작권 계약 합의에 도달할 수 있도록 노력한다. 우리는 직업적 창작자의 성과가 충분히 보상받는 동시에 비상업적 이용과 2차 저작 활동이 가능한 한 위축되지 않도록 균형을 찾기를 바란다. 이러한 의미에서 우리는 인터넷시대의 저작권이 더욱 발전되기를 원한다.

삶에는 어떤 특허도 필요 없다

좌파당은 식물과 동물, 인간과 다른 생명체는 물론 그 기관과 유전자, 염기서열, 배양방식에 대한 특허의 세계적인 금지를 위해 노력한다. 우리는 가령 이에 상응하는 "무역관련 지식재산권에 관한 협정"(The Agreement on Trade-Related Aspects of Intellectual Property Rights; TRIPS)이나 "유럽특허협약"(The European Patent Convention; EPC.EPÜ) 등 국제협정의 수정을 필요로 한다.

좌파당은 특허를 통한 종자나 가축의 독점화 증가에 반대하는 환경보호조직, 농업조직, 개발원조단체, 소비자보호단체 등과 연대한다. 몇몇 소수의 이윤추구 대기업집단이 공공복리를 희생시키면서 세계적으로 가능한 포괄적인 특허보호를 추구하고 있다. 이에 의하여 그들은 경작과 축산, 시험과 가공 방식, 사료와 식량 ― 농민, 직업 및 취미 원예사, 중소규모 축산업자, 식품 가공업자 및 소비자로부터 ― 에 대한 특허권 사용료를 징수할 수 있다. 여기서 문제는 몇몇 농업기술 대기업의 대규모 사업분야인 전체 농업 및 식량 분야의 세계적 지배다. 농민과 원예사는 더욱 이들에게 종속하게 된다. 생물특허는 종다양성 축소와 농업에서의 작물과 가축의 품종 축소의 원인이 된다. 축산의 발전과 농업연구는 생물특허를 통해 크게 제한된다.

좌파당은 생물특허화를 기본적으로 죄악으로 판단한다. 왜냐하면 이는 생물자원 수탈을 조장하기 때문이다. 연구자와 기업은 특허에 의해 발명한 것이 아닌 기껏해야 발견한 유전자에 대한 처분권을 획득하게 된다. 이런 학문적인 식민주의는 모든 윤리적 근거가 결여되어 있다. 무엇보다 토착 주민과 개도국은 이에 대해 전혀 스스로를 지켜낼 수 없다. 수백 만 년 이상 존재해온 이 지구상의 모든 생명체의 유산은 누구에게도 속하지 않는다. 이런 형태의 생물자원 수탈은 금지되어야 한다.

생명에 대한 특허는 억압과 이윤증가의 수단이다. 이는 민주사회주의적 사회의 원칙과 모순된다. 그러므로 생명체에 대한 어떤 특허도 있을 수 없다.

4.4 우리는 자연과 사회를 어떻게 유지할 것인가?
사회-생태적 개조

좌파당은 독일과 유럽에서의 사회적-생태적 전환을 모든 정책분야에서 가장 중요한 목표 중 하나로서 그리고 핵심과제로 본다.

모든 사람은 지구가 제공하는 자기 몫에 대하여 보편적인 동등한 권리와 자신의 생명토대를 보호해야 할 보편적인 동등한 의무를 갖고 있다. 이용권의 평등과 보호의무의 평등이 세계적 행동의 이상이 되어야 한다. 유럽연합과 독일은 국제적으로 선도적 역할을 맡는다. 이는 빈곤, 기아, 영아사망, 문맹, 저개발과 환경파괴를 줄이기 위한 유엔의 개발목표에 참여뿐만 아니라, 선도적으로 추진해나가는 문제다. 이를 위해 무엇보다 우리 사회의 사회적-생태적 개조가 필요하다. 이는 생태적으로뿐만 아니라 윤리적, 사회적, 경제적으로도 필요하다. 우리의 오늘날 생산 및 소비 방식은 너무 생태 친화적이지 않기 때문이다.

그러는 사이에 일반적으로 받아들여지고 있는 소재 및 에너지 소비량을 획기적으로 줄이는 목표는 사회가 더 사회적이고 민주적이며 자유롭게 되어야 비로소 도달할 수 있다. 그럴 때만이 새롭고 환경친화적인 생활양식과 새로운 복지의 출현이 받아들여질 수 있게 될 것이다. 사회보장과 확실하고 충분한 소득 및 직업 전망, 노동과 사회에서의 더 적은 통제는 더 많은 대인관계, 건강, 교육, 문화와 여가의 기초다. 자원낭비가 적은 행복한 사회는 더 많은 평등을 필요로 한다. 좌파당은 여기서 어떤 특정한 생활양식을 전제하지 않는다. 수많은 생태적 생활양식이 있을 수 있다. 결정적인 것은 모든 사람이 지구에 허용될 수 있는 한도에서만 생태적 발자국을 남기는 것, 가령 1년에 1톤

이하의 이산화탄소를 배출하지 않는 것이다. 이런 일이 어떻게 가능하냐는 개인의 자유에 맡겨지지만, 그러나 개인적인 과제만은 아니다. 중요한 것은 자원절약적 생활이 모두에게 매력적으로 되는 기본조건을 만드는 것이다.

지속가능한 경제는 화석연료의 소비를 90%까지 줄일 것을 요구한다. 또한 다른 자원에서도 화석연료에 기초한 본질적인 축소가 불가피하다. 좌파당은 따라서 이윤을 재화와 서비스 생산의 최고 명제로 삼지 않고, 이의 생산을 사회-생태적 목표에 맞출 것이다. 결정적인 것은 생태친화적 통제와 더 많은 사회적 정의 및 개인의 발전 기회 확대를 결합하는 것이다. 생태적 통제로, 예를 들어 탄소세 부과를 통해 환경자원의 이용가격이 비싸진다면, 직접 지불에 의해서든 공공서비스 확대에 의해서든, 가난한 사람은 이로 인한 수익을 통해 반드시 균형 이상으로 이익을 얻어야 한다.

사회-생태적 목표에 맞추어진 경제는 성장을 위한 성장을 추구하지 않을 것이다. 증가된 국내총생산(GDP)은 저절로 더 많은 복지로 가지 않는다. 사회-생태적 개조는 과도한 이윤추구와 부정하고 억압적인 관계로부터 제기되는 성장압박을 사회와 경제에서 없애는 것을 의미한다. 소득과 재산, 노동시간 분배에서의 높은 불평등, 공공재정의 과도한 부채, 사회보장제도의 생활위험의 불충분한 보장은 성장률 집착의 포기를 가로막는다. 종속적이고 경쟁적인 생활 및 노동관계는 생태적, 사회적으로 문제가 있는 경제활동과 소비행동방식을 조장한다.

우리는 전체 정책분야를 경제와 사회의 사회-생태적 개조방향에 맞출 것이다. 여기에는 무엇보다 경제, 금융정책, 사회, 교육정책, 과학, 연구, 기술정책, 구조 및 지역정책, 또한 평화 및 교통정책이 포함될 것이다.

기후보호와 에너지전환

좌파당은 에너지경제의 개조와 에너지 생산 및 공급구조의 분산화를 결합한다. 이는 시민들의 참여를 활성화하고 CO2의 축소에 기여하는 에너지경제의 민주화로 귀결되어야 한다. 그래서 장기적으로는 안전하고 환경친화적인, 수입에 의존하지 않고 모두가 지불할 수 있는 에너지공급이 이루어진다.

좌파당은 독일에서 온실가스의 배출을 2020년까지 무조건 1990년에 비해 절반으로 감축하기 위해 노력한다. 21세기 중반까지 최소한 90%로 감축하기 위해 우리는 노력한다. 우리의 목표는 2050년까지 우선적으로 지역에서 활용할 수 있는 에너지원(源)을 사용한 재생에너지로부터의 100% 공급이다. 우리는 시장에 기초한 배출권 거래가 아닌 이산화탄소 배출 한계를 설정하여 이를 달성할 것이다. 그래서 지역에서 일자리가 생기고 지자체 재정은 지속가능하게 튼튼해질 것이다.

에너지생산을 위해 재생가능 원료에서 나오는 바이오매스 활용은 농업에서 식량과 사료 그리고 산업용 원자재의 완전한 자급이 보장될 때만 허용될 수 있다. 우리는 과도한 단일재배에서 생산된 바이오매스 수입을 반대한다. 바이오매스의 에너지 이용이 식량의 가격상승으로 이끌어서는 안 되고, 지속가능한 방법과 방식으로 이루어져야 한다.

재생에너지법(Erneuerbare-Energien-Gesetz)은 성공적인 에너지정책 전환 법률이다. 우리는 이러한 법률의 유지와 확장을 위해 노력하고, 또한 재생 에너지의 우선공급을 보장하기 위해 노력한다. 그러나 생태적 성공으로 증가된 비용은 우선 산업과 가계에서 에너지 대량소비

에너지 전환을 요구하는 좌파당의 시위
출처: www.die-linke.de

자가 지불해야 한다. 기본소비 비용은 모두가 지불할 수 있는 수준을 유지하여야 하고, 에너지 대량소비자의 추가 비용 부담에 의해 조달되어야 한다.

우리는 모든 원자력발전소의 지체 없는 폐쇄와 원자력기술의 수출 금지를 요구한다. 기본법에 모든 종류의 — 평화적으로든 군사적으로든 — 핵에너지 사용의 금지가 규정되어야 한다. 방사능폐기물처리장 선정은 주민의 참여 하에 공개적이고 투명하게 처리해야 한다. 핵폐기물은 원인제공자의 비용으로 가장 위험이 적은 장소에 안전하게 보관되어야 한다.

석탄발전소의 신규건설과 이산화탄소의 지하보관을 우리는 금지하려고 한다. 석탄의 사용은 너무나 비싸서, 석탄발전소의 가동과 신규 건설계획은 비경제적으로 될 것이다.

에너지전환정책의 일환으로서 에너지효율성의 개선은 모든 사회분야에 영향을 줄 것이다. 무엇보다 건물의 에너지소비 적정화는 잠재력이 클 것이다. 낮은 에너지 가격으로 보상되지 않는 개축을 장려해야 한다. 여기서 비용은 임차인이 아니라 에너지기업의 수익이 부담하여야 한다. 그래서 우리는 생태적으로 책임지는 에너지 사용과 사회적으로 책임지는 혁신 비용조달 목적 하에 에너지기업의 공공소유로의 전환과 민주적 통제를 요구한다.

가전제품의 효율성 개선을 위해 우리는 전체 수명 기간 동안 가장 에너지 효율적이고 자원절약적인 가전제품 기준이 단기간 내에 정착될 수 있도록 보장해줄 법적 규정을 도입하고자 한다. 확대된 기준으로서 수리편의성이 평가에 들어가야 할 것이다. 이러한 기준은 다른 제품에도 적용되어야 할 것이다.

이제까지 핵융합을 포함한 원자력과 화석에너지에 사용된 연구와 개발 자금은 재생에너지와 저장기술, 에너지 효율성 개선, 송배전망의 개량과 관리로 그 방향이 전환되어야 한다. 특히 예를 들어 열병합을 통한 불안정한 재생에너지의 비율이 높은 송배전망으로의 전환 지원이 필요하다.

자연은 우리의 생명이다

누군가의 자연이용은 또한 다른 사람의 이용박탈이다. 계속적인 성장을 요구하는 사람은 다른 사람의 기본적인 개발권리를 위협한다. 지속가능한 자연자원 이용은 부담스런 비용요소가 아니라, 살만한 가치가 있는 미래를 여는 문이다. 우리는 독일에서, 유럽에서 그리고 세계에서 자연적 삶의 공간 유지를 원한다. 생물다양성은 그 자체로서 그리고 우리 생활의 토대로서 보호되어야 한다. 이를 위해 지구의 남아 있는 거대한 자연공간의 보전과 보호지역의 연결이 필요하다. 자연의 재생능력이 유지될 수 있도록 숲과 바다, 경관은 공공의 책임으로 이용되고 보호되어야 한다. 보호지역을 개인에게 양도하는 것은 이러한 목적에 맞지 않는다. 환경보호조직과 시민들을 위해 우리는 더 많은 민주적 계획권과 통제권, 이의제기권을 확보하고자 한다. 우리는 홍수 이전에 자연적인 강의 흐름을 보호할 것이고, 또한 동식물의 대표 종과 목초지의 경관적 가치를 유지하기 위해 노력할 것이다.

주거지와 교통시설 증가로 인하여 계속되는 자연경관의 파괴를, 우리는 도심지 집중개발, 주거지와 일터 간의 거리 축소와, 대중 교통수단의 확대로 대응하려고 한다. 주거지구조의 변동은 가격구조의 변화와 연관되어 있다. 도심지 내의 주거와 상거래 영위는 가령 건폐율 과세로 장려될 수 있다. 가난한 사람들의 기회를 위축시키지 않으면서, 원하는 것은 축소시켜야 하고 원치 않는 것은 어려워져야 한다. 녹지상의 주거지와 상업시설이 매력을 가질 수 없도록 도심의 임대료와 토지가격 상한선이 설정되어야 한다.

우리는 야생과 사람의 보호 하에 있는 살아 있는 동물의 보호, 특히 가축의 복지와 동물실험의 대체를 위해 노력한다. 우리는 유기농업의 획기적인 확대를 장려하고, 모든 농장의 생태친화적 관리를 요구한다. 이를 위하여 우리는 ― 재생에너지의 생산과 비슷하게 ― 예를 들면, 비유기적 생산에 가한 부과금으로 유기농업에 제도적으로 가격상의 혜택을 주고자 한다. 그럼으로써 모두가 유기농식품을 구매할 수 있을 것이다.

그 동안 국가목표였지만, 효과적인 동물보호는 아직 요원하다. 우리는 동물보호단체의 단체소송권을 지지한다. 사회입법은 적절한 동물보호를 가능하게 해줄 것이다. 동물의 이동, 동물원에서의 동물의 사육과 보호는 엄격한 조건과 민주적 통제를 요한다. 좌파당은 식용 동물 인증제를 지지한다. 우리는 계산할 수 없는 위험에 근거하여 농업의 유전기술을 거부하며, 특성표시는 기술적으로 가능한 한계치까지 표시하여야 한다. 우리는 동물 및 식물의 특허를 거부한다.

모두를 위한 이동 - 환경친화적 교통으로의 전환

지속가능한 기반시설 개발은 교통의 축소, 단거리의 에너지절약적 교통수단에 중점을 두어야 한다. 기본적인 교통수요 충족은 가능한 한 환경친화적으로 재정여력과 관계없이 모두에게 보장되어야 한다. 이것은 본질적으로 공공서비스의 일부다. 우리의 목표는 시간을 맞추고, 환승이 좋으며, 사회적으로 적절한 요금의 전국적이고도 제약이 없는 대중교통이다. 우리는 무상의 근거리교통을 비전으로 보고, 장기적으로 실현하고자 노력한다. 여객용 공공 근거리 및 원거리 교통은 고객, 근로자, 환경단체와 기타 이해당사자의 이익대표 참여 하에 협력적 민주적으로 규율되고 운영되어야 한다.

국철(Deutsche Bahn)은 더 넓은 민주적 통제를 받아야 한다. 교통공기업의 민영화를 우리는 거부한다. 장기적 목표는 철도 분야가 오직 공공영역에 있어야 한다는 것이다. 연방은 철도의 유지와 확장을 충분히 보장하고, 연방 주에 여객용 공공 근거리 교통서비스와 교통기반시설 확대에 필요한 지속적이고도 충분한 자금을 제공하여야 한다. 우리는 이와 경쟁적인 시외버스 노선망 건설에 반대한다.

교통계획 수립 시, 관련기관은 시민과 이익대표를 처음부터 확실하게 참여시켜야 하고, 초기 단계에서 주민투표 실시가 가능해야 한다.

우리는 환경친화적인 이동성 계획을 위해 전국교통노선 계획의 획기적인 개혁을 원한다. 우리의 이동개념의 핵심은 환경과의 결합이다 - 도보, 자전거와 버스나 철도의 결합. 우리는 환경과의 결합된 길의 비율을 획기적으로 증가시키고, 개인용 동력 교통수단을 줄이려고 한다. 우리는 집과 여가, 노동, 교육의 장소 사이의 거리가 짧은 공간계획과 도보나 자전거로 이동이 가능한 주거지역 구조를 지지한다. 우리는 교통용 토지의 용도변경에서 삶의 질을 획기적으로 향상시키려고 한다: 소음과 배기오염 대신 도시 근교에서의 휴식.

우리는 고속도로와 도로망 확대에 반대한다. 우리는 고속도로의 일반적 속도제한 120km를 요구한다. 전기자동차와 바이오연료가 에너지소비와 자원소비는 물론 도로의 혼잡과 교통사고로 인한 문제에 대한 해결책이 아니다.[20]

국내 항공교통은 대체로 그리고 유럽 내 항공교통은 상당한 정도로 철도로 전환되어야 한다. 이를 위한 첫 번째 조치는 유럽연합에 걸친 단일한 석유세와 국제항공권세 도입이다. 공항에 대한 보조금 지원은 중단되어야 한다. 화물운송은 대폭 줄여야 하고, 외부비용은 운송비에 부가되어야 한다. 이에 필요한 재원은 전체 유럽의 높은 석유세와 화물트럭통행세다. 남은 화물운송을 우리는 우선 철도로, 그리고 환경친화적인 해상운송과 내륙 수운으로 전환하고자 한다. 가능한 한 세계

---

[20] 독일에는 전기자동차 보조금 제도가 없다가 2015년 하반기에 발생한 폭스바겐 자동차 디젤엔진 배출조작 사태를 계기로 그 동안의 정책과는 달리 2016년 4월에 2016.7.1-2020 기간 중에 전기자동차 구매보조금을 12억 유로 지원하기로 하였다. 이에 대하여 쇼이블레 재무장관은 예산 전망을 이유로 반대하였다. 여당 기민련은 대체로 찬성한 반면, 기사연은 비판적이었고, 사민당은 독일 전기자동차 산업 경쟁력에 도움이 될 것이라 환영하였고, 녹색당은 반대하였다 - 편자 주

적으로, 대안으로는 전 유럽에 화석연료세를 부과하여, 우리는 자연친화적이고 환경친화적인 노력을 촉진하고자 한다. 항구입지로 경쟁하는 대신 협력을 통해 우리는 물류의 흐름을 설정한 방향으로 돌리고 기존의 운송능력과 기반시설을 최대한 이용할 수 있다. 현대화된 내륙수운을 목표에 맞게 이용하고, 중요한 혁신을 활용한다면, 더 이상의 하천 개발은 필요 없을 것이다.

교통기반시설에 대한 투자는 지속가능하고 제한 없이 이루어져야 한다. 교통소음, 미세먼지와 산화질소와 같은 공기오염물질에 의한 많은 사람의 부담과 건강위협은 줄어들어야 한다. 기존의 교통시설과 공항에 대해서는 엄격한 기준치와 적극적 소음보호를 통해 교통소음을 획기적으로 줄여야 할 것이다. 우리는 야간비행 금지를 지지한다.

지역중심의 자원순환경제

우리는 지역중심으로 일자리를 창출하고 자원이 순환되는 경제로 전환하고자 한다. 이를 위해 우리는 자치적인 지역의 발전기금, 지자체의 재정균형의 변화 그리고 구조조정 및 창업 지원뿐만 아니라, 분권화된 식량생산과 에너지공급 그리고 높은 운송비를 필요로 한다. 또한 가령 상하수도와 쓰레기처리, 보건과 문화와 같은 여타 공공서비스도 가능한 한 지역중심으로 분권화되어야 한다.

우리는 효율적인 자원관리에서 일관 폐기물 관리의 개선을 지지한다. 따라서 재활용법률은 재사용 확대, 재활용비율 제고와 엄격한 요건의 방향으로 더욱 발전되어야 한다. 폐기물의 수출은 금지되어야 한다. 목표는 인공적 순환과 자연적 순환의 양립이다. 원자재와 화학제품의 사용은 자연적 순환과정과 감소에 과도한 부담을 주지 않는 한에서 허용될 수 있다.

4.5 우리는 어떻게 유럽연합을 근본적으로 리모델링할 것인가? 민주주의, 복지국가, 생태와 평화

유럽연합은 모든 회원국 시민의 생활에 직접 그리고 점점 더 영향을 주고 있다. 유럽의회, 회원국 국가원수와 및 정부수반으로 구성된 유럽평의회와 유럽집행위원회 그리고 유럽법원의 결정은 연방공화국 사람들의 생활조건과 일상을 구체적으로 결정한다. 유럽 차원의 결정은 유럽과 유럽을 넘어서 평화의 보장, 경제적 사회적 발전, 생태적 도전 해결에 중심적 의미를 가진다. 이런 관점에서 독일 좌파당의 정책은 오늘날 그 어느 때보다 유럽 차원에서 생각하고, 자체적인 유럽정책을 제시하여야 한다. 유럽연합은 좌파당에게 필수불가결한 정치적 행동영역이다.

다른 좌파정당과 함께 우리는 유럽연합에서의 근본적인 정책변화를 지지한다. 우리는 지금과는 다른, 더 나은 유럽연합을 원한다. 유럽연합은 실제로 민주적, 사회적, 생태적, 평화적인 연합이 되어야 한다.

유럽연합조약의 기초는 이에 적합하지 않다. 그래서 우리는 리스본의 조약을 거부한다. 과거나 앞으로도 계속 우리는 무엇보다 이 조약상의 다음 내용에 반대한다: 유럽연합의 안보와 방위정책의 군사화, 유럽연합의 신자유주의적 정책 지향, 사회적 국가 조항의 포기, 경찰과 치안업무의 협력 강화 방식 그리고 유럽연합과 그 기구들에서 민주주의 결핍.

유로위기는 유럽연합조약이 민주적, 사회적, 생태적, 평화적 유럽에 적합하지 않고, 이와는 정반대로 위기의 심화에 기여한다는 추가 증거다.

유럽연합은 군사적, 비민주적, 신자유주의적인 유럽연합의 기본적인 법적 요소를 완전히 쇄신하여 새로운 출발을 해야 한다. 우리는 따라서 시민들이 함께 만들고 모든 유럽연합-회원국에서 동시 국민투표에 의해 결정될 수 있는 헌법을 위해 계속 노력할 것이다.

우리는 유럽통합을 대다수 사람들을 위하여 새로운 기초 위에 두는 유럽연합의 기본적인 정책전환을 원한다.

우리는 민주주의와 국민국가적 주권이 금융시장의 제물이 되지 않는 유럽연합을 원한다. 우리는 가령 개별 국가 예산에 개입할 수 있는 권한 설정에 의한 유럽에서의 민주주의에 대한 모든 침해를 거부한다.

우리는 유엔헌장의 취지에서 전쟁을 불법화하고, 구조적으로 침략할 수 있는 능력이 없고 대량살상무기로부터 자유로우며, 군사력 증강은 물론 세계적인 병력파견과 작전을 부정하는, 평화로운 유럽연합을 원한다. 우리는 유럽과 세계적인 군축과 시민협력, 동반자관계의 발전을 중시한다.

우리는 차별과 빈곤이 없는 유럽연합, 모두에게 좋은 임금과 사회보장이 제공되는 일자리와 인간다운 생활이 보장되는 유럽연합을 원한다. 사회적 국가는 유럽연합의 가치와 목표며, 모든 유럽연합-정책의 전환에서 가장 우선시되어야 한다. 좌파당은 유럽연합 기본법에 사회적 진보조항을 확실히 넣으려고 한다. 유럽연합에서 경쟁이 통제되면서, 유럽연합 수준에서 사회적 법규 준수가 감시되고 위반은 처벌 받아야 한다. 세금덤핑을 막기 위해 좌파당은 법인세 과세 기준 표준화 외에 유럽연합 수준의 적절한 최저 법인세율 설정을 요구한다.

우리는 법적 기초가 경제정치적으로 중립적이며, 중요한 공공 분야를 포함하는 혼합경제적 질서와 미래의 사회발전에 대해 열려 있는 유럽연합을 원한다. 유럽연합의 경제정책은 사회적 진보와 생태적 구조전환을 촉진해야 한다. 이를 위해 필요한 것은 더 많은 공공투자와 국내경제의 강화이다. "유럽연합 안정과 성장협약"(Stability and Growth Pact)은 지속가능한 발전, 완전고용, 사회보장, 환경보호를 위한 협약으로 대체되어야 한다. 또한 경제외적인 안정을 위한 기준도 포함되어야 한다.[21] 유럽연합은 임금과 노동조건, 사회보장과 환경기준의 악화에 의한 저가입찰경쟁에 대응하는 협력적이고 민주적으로 통제된 경제정책을 필요로 한다. 유럽 중앙은행은 민주적으로 통제되고, 물가 안정 외에도 고용과 지속가능한 발전에 관심을 가져야 한다.

우리는 일관되게 사회적 생태적으로 추진하는, 개발도상국의 이해를 더욱 고려하는 유럽 공동의 농업정책을 원하고 있다. 규모와 경영형태에 상관없이 1차적 농산물 생산자는 사회와 생태를 위하여 농업과 관련 없는 자본의 영향력을 억제하기 위하여 지원되어야 한다.

우리는 금융시장이 더 이상 투기가 아니라 공공복리에 기여하도록 금융시장을 엄격히 규제하기 위하여 세계적인 노력을 벌이는 유럽연합을 원한다. 자본이동 규제는 유럽 수준에서 가능하도록 해야 한다. 유럽연합은 민간 상업은행을 통하지 않고 국가에 신용을 공여하는 공공기관을 필요로 한다.

우리는 강력한 유럽의회와 모든 유럽 기구의 투명한 결정과정을 가진 유럽연합, 시민의 더 많은 직접 참여가 있는 유럽연합을 원한다. 유럽정책에서는 유럽의 헌법전통 속의 인권과 기본권이 국내시장의

---

21) 마스트리히트조약에 근거하여 1997년 암스테르담에서 유럽경제통화동맹 회원국의 예산원칙이 수렴기준에 준수될 수 있도록 하는 것을 목적으로 체결된 조약. 제1권 제7장 주) 25 참조 – 편자 주

기본자유보다 우선시 되어야 한다.

우리는 여성과 남성이 실제 평등하고, 사람들이 인종이나 성별, 종교와 이념, 장애 유무, 나이 혹은 성적 정체성으로 인해 차별받지 않는 유럽연합을 원한다. 우리는 여성이 직업과 사회에서 실제로 남성과 동등한 기회를 갖기를 원한다. 이를 위해서 예를 들어 아동 돌봄을 보장하고 임금차별과 싸우기 위한 법적 조치가 필요하다.

우리는 모든 문제가 ― 특히 지원 및 투자정책이 ― 지역적으로 동반자적인 협력과 노동 및 생활수준 향상을 우선시하면서 다루어지는 유럽연합의 연대적 확대를 원한다. 유럽연합-예산에서는 재정의 재분배에 의해, 그러나 또한 회원국의 재정 분담금 증액에 의해 필요한 가용자금이 조달되어야 한다.

우리는 법치와 자유, 안전이 보장되고 범죄와의 투쟁이 기본권과 인권에 대한 제약이 되지 않는 유럽연합을 원한다. 유럽연합은 원칙적으로 권력분립, 경찰과 정보기관, 군의 분리를 인정해야 한다. 망명 기본권은 보장되어야 한다. 따라서 '유럽국경해안경비청'은 폐지되어야 한다. 신파시즘, 외국인 혐오, 인종주의, 종교적 근본주의, 여성비하, 동성애혐오는 추방되어야 한다.

우리는 세계의 일부로서 평등한 국제관계를 지원하고, 연대경제를 추구하고, 자신의 세계적 문제해결을 책임지는 유럽연합을 원한다.

우리는 이러한 원칙을 우리의 전체 정책활동의 원칙으로 한다.

유럽에서 좌파당에게는 유럽연합에 관한 투쟁을 시작할 것이 요구되고 있다. 세계의 수백만 명을 위하여 그 잠재력을 이용할 수 있는 지금과는 다른 유럽, 다른 유럽연합은 가능하다 - 유럽연합의 정책과 발전을 변화시켜, 유럽연합의 방향을 평화와 평화적 분쟁해결로 전환하며, 유럽연합의 목표를 인류에게 기여하는 민주주의, 가부장제의 극복, 사회보장과 생태적 지속가능성, 하나의 경제로 지향하게 하는데 성공한다면, 지금까지와는 다른 이런 유럽은 지금까지와는 다른 세계를 실현하는 데 기여할 수 있다.

좌파당은 지자체와 지역, 회원국에서 그리고 유럽연합에서 신자유주의 정책 확대에 반대하는 투쟁에 기여할 것이다. 우리는 각급 의회에서와 마찬가지로 유럽연합과 회원국의 정책에 대한 저항에서 우리의 원칙을 주장할 것이다. 우리는 사람들에게 다시 정치적으로 참여하도록 고무할 수 있는 설득력 있는 구체적인 프로젝트를 가지고 사람들의 지지를 얻으려고 한다. 그럼으로써 우리는 유럽연합의 토대를 민주적, 사회적, 생태적, 평화적으로 쇄신하겠다는 우리의 정치적 목표를 달성할 수 있을 것이다. 그럼으로써 우리는 유럽연합-회원국에서 인간을 무시하는 신파시즘과 인종주의의 이데올로기가 지지를 얻는 것을 막을 것이다.

4.6 우리는 어떻게 평화를 창출할 것인가? 군축, 집단안전과 공동발전

좌파당은 사회 내부나 국가 간의 비폭력을 지지하는 국제주의적인 평화의 정당이다. 이것으로부터 우리는 전쟁, 국제법 위반, 인권침해, 군사적 분쟁 해결 논리 반대에 참여하고 있는 것이다. 폭력행위자와 폭력을 조장하는 권력구조에 대한 비판 외에, 우리에게 중요한 것은 분쟁원인 간의 깊은 연관관계에 대한 해명이다. 평화운동과 모든 평화추구 동반자들과 함께 우리는 구조적 폭력방지와 평화적 분쟁해결을 위한 길을 찾는 싸움을 벌이고 있다. 우리의 이상은 단순한 폭력의 부재보다 더 많은 것을 의미하는 공정한 평화의 이념이다. 왜냐하면 우리의 이상은 경제적, 생태적으로 지속가능한 조건을 장기적으로 평화로운 발전을 위한 전제로 보기 때문이다.

좌파당의 국제주의적 정책은 네 가지 원칙 위에 기초한다: 집단적이고 상호주의적 안보, 군축과 구조적으로 공격능력이 없는 군사력에 의한 평화, 연대적인 빈곤과 저개발 및 환경파괴의 극복정책, 민주적 사회적 생태적 평화적 유럽연합 실현 노력, 유엔의 개혁과 강화.

전쟁 대신 연대 속에서 평화

좌파당에게 전쟁은 정책 수단이 결코 아니다. 우리는 군축을 중심 목표로 하는 나토의 해체와, 러시아가 참여하는 집단안보체제를 요구한다. 독일의 나토잔류 결정과 상관없이, 좌파당은 모든 정치적 상황에서 독일의 군사적 동맹구조 탈퇴와 독일군의 나토 최고사령부로부터 철수를 위하여 노력한다. 우리는 독일군의 모든 전투임무의 즉각

독일군 파병과 신무기 대신 군축을!
출처: www.die-linke.de

중단을 요구한다. 여기에는 또한 유엔헌장 제7장에 따라 유엔에 의한 독일의 전투임무에 독일의 참여도 포함된다. 특히 유엔 안전보장이사회가 이라크전쟁에서의 미국이나 유고슬라비아전쟁에서의 나토 같은 침략자에 반대하는 유엔헌장에 따른 어떤 결정도 내리지 않았기 때문이다. 외교정책의 군사화를 인정받기 위해서는, "민(民)-군(軍) 협력"과 "안보 네트워크"에 관해 더 많이 얘기해야 할 것이다. 그러나 좌파당은 군사정책과 대민정책의 결합을 거부한다. 좌파당은 민간지원이 군사적 목적의 도구가 되는 것을 바라지 않는다. 좌파는 군수품 수출금지를 기본법상 규정화하려고 한다.

유엔의 개혁과 강화

좌파당은 국제주의적 정당으로서 지구상의 국가와 사회 간의 평화를 위하여 가장 중요한 제도로서 국제법과 유엔을 인정한다. 인류는 상호합의 아래 발전하고 있는 법적 기초 위에서 평화적으로, 대화를 통하여 그리고 다자관계에 의해서 세계적 도전에 대응할 수 있다. 유엔은 자신의 헌장의 기초로 복귀하여야 한다. 빈곤과 기후변화, 대중 질병, 전쟁, 식량, 물 공급, 에너지 안보, 세계화 규제 혹은 공정한 무역구조와 같은 문제와 도전은 모두에게 해당되는 주제로 이는 세계적 협력 속에서만 다룰 수 있고 해결에 접근할 수 있다. 유엔의 중심과제는 세계평화, 즉 국제법에 기초한 예방과 분쟁조정, 지속가능한 평화적 분쟁해결에 있다. 여기에 특히 무력사용 금지와 대등한 안보원칙, 나아가 유엔헌장의 정신과 내용에 따르는 평화적 분쟁조정 규범이 기여할 것이다. 이를 위하여 유엔의 권한 확대, 유엔기구의 경제적 권한 확대와 효율성 제고 그리고 안전보장이사회의 권한확대를 포함된 개혁이 시급하다. 특히 라틴아메리카와 아프리카 국가의 대표성이 크게 부족하다. 확대된 유엔총회의 확대된 권한의 규정화도 필요하다. 그러나 또한 유럽안보협력회의(OSCE)와 같은 지역기구도 헌장 목표 실현에 특별한 기여를 할 것이다.

군축과 구조적으로 공격능력 없는 군사력

군비확장, 해외파병, 유럽연합-나토-동반자관계, 다시 말해 전쟁논리 대신, 유엔헌장에 포함된 국제관계에서의 무력사용 금지조항에 따르는 평화적인 외교 및 안보정책으로의 복귀가 필요하다. 좌파당은 따라서 군축과 군비통제를 제안하고, 엄격한 방어력에 기초한 독일군의 개편과 군수품 수출금지를 요구한다. 유럽연합과 독일은 모든 핵무기 사용 정책을 폐기하고, 독일에 배치된 모든 핵무기를 철수하고 완전히 폐기해야 한다. 모든 대량살상무기는 금지되어야 한다. 유럽연합은 평화적 분쟁 예방에서 선도적 역할을 담당해야 하고, 이를 위해 필요한 능력을 창출해야 한다. 따라서 유럽의 군사 및 민간 외교 업무,

공동 외교 및 안보정책(GASP)과 유럽의 안보 및 방위 정책(ESVP) 하의 군사작전 참가 그리고 유럽 집단군(EU Battlegroup)과[22] 유럽 개입군(EU-Interventionsstreitkräften)에 대한 참여는 거부되어야 한다. 좌파당은 유럽연합의 군사화에 반대한다.

좌파는 독일군을 전 세계에 파병가능한 전투부대로 전환하는 것을 거부한다. 좌파당은 독일군의 단계적 군축을 지지하며, 파병가능 전투력이 우선적으로 축소되어야 한다. 군축은 군수품을 생산하는 근로자와 장병의 직업전환과 독일군 군사용 토지의 활용정책이 수반되어야 한다.

좌파당은 하나의 독일, 빈곤 없는 하나의 유럽, 전쟁 없는 하나의 세계라는 목표를 장기적으로 추구한다. 기본법은 침략전쟁 준비와 참여를 금지하고 있다. 독일 땅에서 다시는 전쟁이 일어나서는 안 된다 - 이 명제가 강화되어야 한다. 해외 파병 독일군은 모두 철수해야 하고, 필요한 재난구조를 넘어서 국내에 군대를 투입하는 것은 엄격히 제한되어야 하고, 독일군의 국내 투입을 가능하게 하는 비상사태법은 폐지되어야 한다. 좌파당은 군대를 투입하는 대신에 인도적 지원을 원한다. 지금까지 전쟁을 위하여 지출한 수십억 유로를 우리는 국제적 위기와 재난의 극복 지원에 사용하려고 한다. 효과적인 재난보호는 훈련된 자원봉사자를 필요로 한다. 군인이 아니라 의사, 기술자 혹은 과학자가 필요하다. 우리는 따라서 민간 지원단을 투입할 것을 제안한다 - 국제적 재난지원을 위한 빌리-브란트-지원단. 이것은 군대 투입의 평화적인 대안이다.

---

[22] 공동 외교 및 안보정책(GASP)에 따라 2005년 1월 1일부터 운용 - 편자 주

좌파당은 전쟁과 권위주의체제의 지지에 기여하는 연방 및 주 경찰의 국제 경찰작전 참여 중단을 요구한다. 또한 군사자문단도 폐지되어야 한다. 좌파당은 유엔의 지붕 아래서 자체적인 민간 인력을 갖춘 민간 재난구호기구 설립을 요구한다. 독일은 유엔 지휘 하의 국제적 재난구호에 참여해야 한다. 장기적으로 빌리-브란트-지원단은 여기에 통합되어야 한다.

해외의 모든 독일 군사기지는 폐쇄되어야 한다. 독일의 시설이 국제법을 위반한 전쟁과 포로 억류와 같은 인권 침해 행위에 이용되게 해서는 안 된다.[23]

국제적 협력과 연대

우리의 목표는 세계 수출시장에서 점유율 경쟁을 하는 대신 가난한 나라에 지속가능한 희망적인 개발 전망을 만들고, 세계적이고 사회적이며 환경친화적인 민주적 권리를 강화하는 연대적 세계경제질서이다. 직접투자와 다국적 대기업은 엄격히 규제되고 통제되어야 한다. 사회적, 환경 친화적 기준 준수는 보장되어야 한다. 국제기구는 민주화되어야 한다.

연대적 발전과 평화는 상호의존관계에 있다. 공공 개발협력자금은 수십 년 전에 이미 합의한 바대로 최종적으로 국내총생산(GDP)의 최소한 0.7% 정도는 되어야 한다. 특히 저개발과 국가 와해와 내전 상황에 처해 있는 모든 국가는 더 지원되어야 한다. 이는 부채경감, 신속

---

23) 이라크 전쟁과 관련하여 미국이 쿠바의 관타나모에 있는 것과 같은 비밀감옥을 독일 내 미군기지에도 운영하고 있었다는 의혹을 가리키고 있다 – 편자 주

한 개발지원금 증액, 효율적 공공서비스 특히 교육과 보건, 사회보장 분야의 공공서비스 구축 지원 및 법치국가적이고 민주적인 구조와 적절한 기술 이전 등에 의해 달성될 수 있다.

21세기의 사회-생태적 개혁은 세계적으로 그리고 연대적으로만 이루어질 수 있다. 전문가의 추산에 따르면 기후재앙을 막는 데만 매년 거의 천억 달러의 예산이 북에서 남으로 지원되어야 한다 - 또 부유한 나라가 오래 전부터 제공해온 국민총생산의 0.7%의 개발자금도 여기에 추가된다. 좌파당은 연방공화국과 유럽연합이 개발도상국의 빈곤과의 싸움과 기후변화 대응에 전제조건 없이 필요한 수준의 자금과 기술을 지원하기를 요구한다. 환경기술은 개발도상국에 무상으로 혹은 유리한 특별조건으로 마음대로 이용할 수 있도록 제공해야 한다. 우리는 에너지 및 자원집약적 생산을 북에서 남으로 이전하려는 모든 시도에 단호히 반대한다. 개발정책은 개발도상국에서의 원자재 가공을 장려하고, 세계시장에서의 공정한 가격을 보장하며, 개발정책에서 양성평등에 중점을 두고, 소녀와 여성의 교육을 장려하며, 남남관계와 지역시장, 소농생산을 강화해야 한다. 금융시장의 규제와 지역의 저장시설 건설을 통해 식량에 대한 투기가 저지되어야 한다. 농산물 원료에서 연료용 식물성 알코올 제품에 이르는 상품 수입은 금지되어야 한다. 우리는 개발도상국의 수출보조금에 반대하고, 이를 식량주권 확보를 위하여 보호할 것을 지지한다. 공동의 에너지전환 접근을 위하여 가난한 나라와 유럽연합의 에너지 협력관계가 구성되어야 한다. 빈곤과 저개발 및 환경파괴 극복을 어렵게 하는 계획은 중단되어야 한다.

5. 정책전환과 더 나은 사회를 위하여 함께

좌파당은 독일연방공화국에서 정치적 세력관계를 변화시키기 시작했다. 좌파당은 고임금, 미래를 위한 공공투자계획, 무상교육, 사회보장, 지속가능한 에너지정책 투쟁, 자연환경 보호 투쟁, 민주주의와 평화 투쟁을 새로운 세력과 함께 이끌어가는 데 기여한다. 정치는 오늘날 더 이상 신자유주의 정당들의 연합에 의해서 지배될 수 없다.

좌파당은 신자유주의와 자본의 지배, 제국주의적 정책과 전쟁에 대해 근본적으로 사회적 정치적으로 반대한다. 좌파당은 민주적, 사회적, 해방적, 평화적 사회를 위해 투쟁한다. 사회적 저항을 동원하여 근본적 변혁에 배치함으로써, 우리는 사회주의 사회를 향하여 길을 떠나는 것이다. 이 과정에서 우리는 과거의 사회적 정치적 대립에서 이미 관철되었던 사회국가적, 법치국가적, 민주적 성과는 물론 생태적 규제와 결합한다. 우리는 이것을 더욱 발전시키고, 지속적 변화를 위한 출발점으로서 삼고자 한다.

좌파당의 전략적 핵심과제는 사회의 연대적 변혁과 좌파당의 민주적, 사회적, 생태적, 평화적 정책을 실행하기 위해 사회적 세력관계의 변화에 기여하는 데 있다. 우리는 권력과 재산관계의 변화를 추구한다. 이를 위해서는 핵심 노동자에서 실업자와 불안정한 근로자에 이르기까지 임금생활자의 연대가 필요하다. 좌파당의 중요한 과제는 공동의 이익을 강조하는 데 있다. 노동조합, 정치적 대중조직, 교육 및 문화단체, 소비조합, 여성 및 청년조직 그리고 노동자 거주지역과 연계된 전통적 노동운동은 점차 해소되었다. 이는 사회보장 축소와 탈

민주화에 대항하고, 좌파대안을 위해 대규모 대중운동을 동원하는 것을 어렵게 만들었다. 그러나 우리는 새로운 계급의식이 형성될 수 있는 갈등을 경험하고 있다.

계급적 세력의 형성과 실행을 위해서는, 공통의 이익이 정식화되고 이를 실행하기 위한 투쟁으로 나가게 되는 노조조직과 정치조직이 필요하다. 이러한 과정을 의식하고 적극적으로 지원하는 것이 좌파당의 과제다.

광범한 좌파동맹

우리 좌파당은 학습하는 당이다. 좌파당은 남녀 시민과 함께 정치를 만들어갈 것이다. 우리는 더 나은 사회에 관한 우리의 이상이 혼자서는 물론 사회적 다수에 반대해서도 실행될 수 없음을 알고 있다. 우리는 더 나은 논쟁을 ― 공개적으로, 투명하게, 충분히 문화적으로, 민주적으로 ― 추구하고, 사회로부터 견해를 받아들이고, 자체적으로 발전시켜 광범한 사회적 다수를 획득하려고 한다. 정치적 방향전환은 의회 수준에서만 관철될 수 없다. 정치적 방향전환은 의회 안팎에서의 정치적 대립의 상호작용 속에서만 성공할 수 있다.

사회변동과 정치적 변화는 사회에서 성장하여 많은 사람들의 지지를 받아야 한다. 우리는 따라서 신자유주의와 자본의 지배에 반대하고 사회의 연대적 변혁을 위하여 좌파당의 민주적, 사회적, 생태적, 평화적 정책을 위해 광범한 사회적 동맹을 추진하는 데 분투한다. 이러한 동맹은 임금생활자와 사회적으로 불이익을 받는 사람은 물론 위협받고 있는 중산층과 기타 사회주의와 자유 그리고 인도주의를 지향하는 사람들에게 호소하여야 한다. 우리는 독일은 물론 유럽과 세계의 노동자, 실업자, 차별 받는 사람의 공통의 이해와 이들의 구체적인 문제에서 출발한다.

우리는 노동조합과 세계화에 비판적이고 사회비판적인 대안세력, 사회운동, 경제와 문화계의 진보적인 사람들, 좌파적인 정당의 동맹을 발전시키려고 한다. 우리는 신파시즘, 인종주의, 반유대주의, 이슬람 적대주의에 반대하는 연합을 지지하고, 사회정의와 더 나은 교육, 해방과 더 많은 민주주의, 평화와 자연보호를 위해 노력하는 모든 사람과 협력할 것이다.

정치적 방향전환과 연대적 변혁을 실행하기 위해서 우리는 강력하고 투쟁적이며, 정치적으로 자율적으로 행동하는 노동조합이 필요하다.[24] 노동조합은 시민사회에 참여할 뿐 아니라, 노동계에도 뿌리를 내리고 있다. 이로 인해 노동조합으로 조직된 근로자는 사회적이고 사회주의적인 변혁의 실행에 중심적인 사회적 힘을 가지게 되는 것이다. 활발하게 활동하고 선전능력이 있는 네트워크와 독립된 구조를 가진 사회운동 역시 사회변화의 실행에 극히 중요하다.

좌파 정당으로서의 그 역할에 기초하여, 좌파당은 자체 역량을 정치적 동맹에 투입하며, 자신의 자원으로 이를 지원한다. 정당으로서 우리는 우리의 정치적 동반자의 관심사와 활동을 파악하고, 우리 자신의 역할을 수행할 것이다. 우리는 노동조합, 사회조직, 기구, 사업 그리고 세계화 비판 운동에 우리 당원의 적극적 참여를 권장한다.

우리는 시위와 주민투표, 시민적 불복종, 또한 정치적 파업과 총파업에 의해 자신의 이익에 반하는 정책에 저항하는 사람들을 격려할

---

24) 독일 노동조합원의 3/4 이상이 독일전국노동조합연맹(DGB) 산하의 노동조합 소속이며 독일전국노동조합연맹은 전통적으로 사민당의 자매세력이다. 그런데 하르츠개혁 이후 관계가 흔들리고 있다 - 편자 주

것이다. 다른 유럽 국가에서 보이듯이, 정치적 파업과 총파업은 지배계급과 자본에게 한계를 설정하고 변화를 강제하기 위한 효과적인 투쟁형태다.

우리는 다른 좌파세력과 함께 사회발전의 방향 전환에 핵심적인 사업을 벌이며 이를 강력하게 후원할 것이다. 그러한 사업은 현재의 사회적 정치적 대립에서 발생하여, 다양한 세력의 공개적 토론과 활동 속에서 발전된다. 민주적이고 사회적인 저항의 결합, 현재의 정치적 참여 그리고 장기적인 개혁대안의 개발을 우리는 전략적 도전으로 보고 있다.

신자유주의 이데올로기와 토론

좌파당은 신자유주의 이데올로기에 반대하여 이와는 다른 발전의 길을 대안으로 제시한다. 우리는 이를 기업과 지자체 그리고 일상생활에서의 경험과 갈등에 연계시키고, 공개적인 토론에서 대중적으로 공세적으로 설명할 것이다 경제적, 생태적, 사회적 문제의 악화를 우리는 무엇보다 자본 이익의 영향 아래서 새로운 도전에 대한 신자유주의적 대응의 결과며, 자본주의 경제가 가져온 위기와 모순의 표현으로 본다. 여기서 좌파당은 개별 경제적인 전망과 전체 경제적인 전망 사이의 모순을 분명하게 한다. 그래서 비판적 토론과 홍보활동, 넓은 범위에서의 교육활동, 네트워크 참여, 학술과 언론 토론 참여가 중요한 것이다.

의회와 국민 대의기구 및 정부에서 활동

의회 안팎의 정치활동은 좌파당에게 분리될 수 없다. 선거와 정치

투쟁에서 우리는 우리의 대안적 개혁사업을 주장하면서 이의 실행을 위해 다수를 차지하려고 한다. 우리는 의회 밖의 좌파세력과 협력하고 자체 개혁안을 공개적으로 발표하여, 궁극적으로는 새로운 사회 세력관계와 정치적 및 정치적 과반수의 발전에 기여하도록 의회 안 활동을 벌일 것이다. 우리는 정치적 과정의 투명성에 힘쓰고, 정치권력의 남용을 적발하여 저지할 것이다.

의회 내 야당 활동과 정부참여 활동은 좌파당에게는 정치적 행동과 사회적 변화를 위한 수단이다. 불이익을 받는 사람들의 상황 개선을 위한 투쟁, 좌파의 사업과 개혁안의 개발과 실행, 세력관계의 변화와 정치변화의 선도 등은 우리의 정치적 행동 성공의 척도다. 의회 내에서 다른 정치세력과의 동맹을, 우리가 추구하는 정치와 사회에서의 방향전환에 도움이 된다면, 우리는 받아들일 것이다. 우리는 지자체와 주, 연방과 유럽에서 다양한 정치활동의 가능성을 정책에 고려할 것이다. 이때 정책 전환 실행에 결정적인 것은 연방에서의 정치다. 여기에 이에 필요한 대부분의 역량이 놓여 있고, 여기에서 장래 진로가 결정된다.

좌파당의 영향력과 지원, 성공을 위한 전제는 선거 전후의 우리에 대한 신뢰도. 좌파당은 모든 정치적 상황에서의 강령상의 특징과 내용적 기본입장에 의해 인정받아야 한다. 우리는 또 다른 정책을 원하고, 그래서 공개적 토론에서 주도권을 잡고자 투쟁하고 있다. 좌파당의 정부참여는 단지 신자유주의 정책모델로부터의 탈피를 관철하고 사회-생태적 방향전환을 이끌어낼 때만, 의미가 있을 것이다. 그래서 좌파당은 국민의 생활수준 개선이 가능할 때만, 정부참여를 추진한다. 그렇게 해서 좌파당과 사회운동의 정치적 힘은 강해지고, 많은 사람의 무력감과 대안상실감을 타파할 것이다. 정부참여는 각각의 조건 하에서 구체적으로 토론되어야 하고, 이러한 정치적 요구와 관련하여 평가되어야 한다. 선거강령과 연정협약은 이러한 점에서 결정권이 있는 각각의 당대회에서 결정될 것이다.

전쟁을 추구하거나 독일군을 외국에 전투배치를 허용하고, 군비확장과 군사화를 추진하는 정부, 공공서비스의 민영화와 사회복지비 삭감을 추진하는 정부에 우리는 참여하지 않을 것이다. 우리가 볼 때 연방 수준의 정책 전환의 중심에는 공공부문의 재정적 여유 확대와 사회복지의 강화가 서 있다. 특히 우리에게 중요한 것은 효율적이고 강화된 공공서비스, 법적 최저임금의 관철, 임금덤핑과 임금협약에 미달하는 임금지급에 반대하는 투쟁, 하르츠-IV 제도의 극복이다. 좌파는 사회적 문화적 교육특권을 극복하고 가난한 인구집단의 상황을 개선하는 정책을 요구한다. 좌파당은 민주적 권리의 증진을 위해 노력하고, 감시국가와 시민권의 축소에 반대한다.

좌파당의 정책은 자본이익을 위한 의회주의적 논리의 구조적 힘에 굴복하지 않기 위해, 항상 그리고 정부에 참여했을 때도, 노동조합과 기타 사회운동 그리고 의회 밖의 압력의 동원의 지지를 받을 수 있어야 한다. 우리는 자신을 위하여 스스로 행동할 수 있는 사람들에게 용기를 주려고 한다.

유럽 및 국제 협력

유럽의 좌파정당, 유럽의회의 좌파의원, 정치 및 사회 조직의 활동가 및 사회운동과 함께 우리는 계속 민주적, 사회적, 생태적, 평화적 유럽을 위해 투쟁할 것이다. 이러한 유럽연합의 새로운 방향 설정이 의회에서만 억지로 이루어질 수는 없다. 의회 밖의 효과적인 반대 조직 없이는, 유럽연합 기구의 민주화와 경제권력의 민주화는 이루어질 수 없다. 이러한 이유에서 우리는 최선을 다해 유럽 차원에서 의회 밖의 정치와 모든 분야에서 우리 사업의 네트워크화를 지원할 것이다.

우리 좌파당은 유럽의 좌파정당이 유럽의 정치생활에서 중요한 요소로서 활동할 수 있도록 기여할 것이다. 그들은 독일에서의 우리 당과 마찬가지로 좌파의 연합을 위해 나설 수 있고, 힘의 균형을 민주적, 사회적, 생태적, 평화적 유럽의 방향으로 돌릴 수 있을 것이다. 우리는 유럽 정당 내에서의 모든 좌파당의 평등을 지지한다. 우리는 유럽의 좌파정당이 기존의 차이를 잊지 않으면서도 그들의 공통성을 중심에 놓기를 원한다. 공통의 생각과 정치적 입장에 기초할 때만, 우리는 강해질 수 있다. 좌파당은 이러한 정신에서 유럽 좌파정당의 활동과 유럽 좌파정책의 작성에 자체 안을 계속 제시할 것이다. 따라서 우리는 지금과 다른 유럽을 만들기 위해 우리와 함께 투쟁할 협력자를 찾을 수 있을 것이다. 이에 의해 다수의 의견이 될 수 있는, 사회적 토론에서 영향력을 행사하고 유럽인 다수에 이익이 되는 변화를 실현시킬 수 있는 대안이 나오는 것이다.

우리는 다른 유럽 나라, 특히 독일의 이웃나라의 여러 좌파정당과의 협력관계에 특별한 의미를 부여한다. 좌파당은 유럽중심적 관점과 무조건 결별한다. 좌파당은 국제주의 정당이다. 좌파당은 사회운동과 세계적 수준의 동맹을 지지한다.

새로운 정치방식

좌파당은 투명함, 사회적 대화, 시민의 직접참여라는 새로운 정치방식을 지지한다. 좌파당은 사회 안에 자리를 잡을수록, 사회적 지지를 경험할수록, 그 만큼 더욱 강해진다. 의회에서 좌파당의 정책은 강력한 비판, 공개적 압력, 의회 밖의 동원을 필요로 한다. 여성은 좌파

베를린의 칼 리프크네히트 하우스(Karl-Liebknecht-Haus)의 1932년 당시 모습
출처: www.bild.bundesarchiv.de

좌파당 본부가 있는 베를린의 칼 리프크네히트 하우스 현재 모습
출처: www.die-linke.de

당을 여성의 이익을 대변하고 있다고 느끼면서, 좌파당에서 여성이 가부장적인 남녀관계에 의해 제한받지 않고 정치변화를 추구할 수 있는 정치공간을 찾아야 한다. 직업정치가는 능력을 다해 무보수로 적극적으로 좌파당 활동에 긴밀하게 협력하고 있다. 모든 주의회 의원, 연방의회 의원, 유럽 의회의원은 자신의 수입의 출처와 규모를 신고하고 공개할 책임이 있다. 어떤 의회 의원도 임기 중에 기업이나 경제단체의 임금목록에 올라서는 안 된다. 우리 당은 대기업과 은행으로부터 어떤 기부금도 받지 않는다.

좌파당의 힘은 좌파 당원의 능력, 이들이 사회에 얼마나 뿌리를 내리고 있느냐와 그들의 생활경험에 있다. 정치적 참여와 관심은 자결적이고 공평한 행동과 사회과정의 설계 및 개발에 대한 민주적 참여 속에서 나온다. 우리는 이러한 비전을 우리 당에서 살리려고 한다. 좌파당은 선출된 지도부 및 민주적으로 뿌리내린 기층 당원들과 긴밀한 협력 속에서 정책을 개발할 것이다. 다원주의와 투명성이 우리 당을 떠받치고 있는 기둥이다. 정치적 방향을 결정할 때 좌파당은 당내에서 그리고 원외의 기층 당원의 참여 아래 논의하고, 구속력 있는 당원의 결의 속에서 당이 어떻게 행동할 것인지가 명확해질 것이다.

더 나은 사회를 위하여 함께

계속 더 많은 사람들이 고삐 풀린 자본주의를 거부하고, 자유와 사회적 평등, 정의와 연대의 사회를 원하고 있다. 그들과 함께 좌파당은 민주적, 사회적, 생태적 사회를 위해, 민주사회주의를 위해 투쟁할 것이다. 대안은 "자유냐 아니면 사회주의냐"가 아니라, 착취와 억압이 없는 민주사회주의 사회에서의 민주주의와 자유다. 우리는 함께 이 나라를 변화시킬 수 있고 더 나은 사회를 건설할 수 있다.

찾아보기

(ㄱ)

가부장제 억압 228
가사노동과 가족노동 231
가전제품의 효율성 305
가족과 직업의 양립 98
가축의 복지 306
간병(정책) 108, 110
간호개념의 확대 103, 110
개발도상국의 부채 172
개발협력(자금) 196, 197, 319
개방된 국경 286
개인 권리의 강화 282
개인의 망명권 37
개인적 청구권 270
개인정보의 보호 282
개인정보의 수집 129, 282
개인주의 227
개인화 35
개혁동맹 39
건강보장의 핵심 103
게하르트 슈뢰더 223
경기순환의 위기 237
경영자 보수 261
경쟁과 국가개입 69
경쟁의 자유 28
경제권력 205, 237
경제권력의 민주화 326
경제민주주의 249
경제발전과 과학-기술진보 246

경제발전 방향의 민주화 250, 255
경제연합과 통화연합 184
경제정의 65
경찰국가 240
계급사회 236, 248
계급의식 233
계획경제모델 221
고데스베르크 강령 218
고령화의 도전 290
고삐 풀린 세계화경제 171
고삐 풀린 자본주의 225
고속도로와 도로망 확대 반대 308
고전적 가족모델 159
고정환율제의 붕괴 234
공공 혹은 집단적 소유 251
공공안전의 보장 149
공공재정의 강화 263
공공재정의 위기 238
공동결정권 67, 155, 208, 213
공동소유 155
공동의 유럽 녹색당 178
공동체학교 296
공유재산 251
공정무역 40, 198
공정한 분배 28
공직채용금지법 218
공통의 계급상태 233
공황 224
과잉생산능력 문제 236

광범한 사회적 동맹 322
광역 단체협약 67
교육 115, 295
교육과 연구 통합 297
교육기회의 불평등 113
교육의 민주화 296
교육비 지출 우선권 125
교육은 인권 295
교육의 질적 목표 119
교육재정지원 124
교통소음 56
교통축소 55
교회와 국가의 분리 144
구조적 위기 237
구조적 실업 88, 227
국가에 한계 설정 62
국민건강제도 105, 274
국민국가 178, 180
국유화와 토지개혁 220
국제 정의 29
국제구조정책 170
국제금융시장의 위기 237
국제노동기구 172
국제법 193
국제연합 장애인권리협약 288
국제인권법원 194
국제적 경찰임무 190
국제적 군비통제체제 192
국제테러리즘 141
국제통화기금 172
국제항공권세 308
국철 307
군대 187
군사력 이용 187
군사적 평화강제 188

군축과 군비통제 317
권력과 재산관계의 변화 321
근거리 공공교통 55
근로자파견법 261
금융분야는 공공재 253
금융시장의 자유화 234
금융시장자본주의 239
급진적 참정론자들 230
기본가치 26
기본권 257
기본법의 사회적 국가원칙 270
기본보장 40
기본소득 273
기본적인 인간상 248
기술수준 향상 정책 65
기아임금 260
기억문화 136
기준은 모든 사람의 개별성 106
기초보장 84
기회평등 81
기후변화 242, 321
기후보호 52
꽃문장 199

(ㄴ)
나호스트 갈등 177
낙태에 대한 형사처벌 162
난민정책 146, 185
남북문제정책 196
남북한 정상회담 17
남성노동 227
남성도 폭력의 희생자 161
네트(망) 253, 280
노동개념 63
노동계급의 구조 변화 232

찾아보기 331

노동관계 변화 232
노동력 이민 146
노동빈민 88
노동시간 단축 89, 209, 261
노동시간구좌 89
노동시간정책 89
노동시장의 탈규제 234
노동에 대한 권리 251
노동운동의 분열 216
노동조합 213, 219, 234, 323
노령 노동자 264
노령자 기초보장 109, 290
노령자 노동문화 89
노사협의회 67
노천광산 49
녹색 및 적색 유전공학기술 107
녹색 에너지정책 40
녹색당의 교육정책 116
녹색당의 노동시장정책 87
녹색운동 41
녹색정치 27
농업 보조금 폐지 78
농업의 개혁 75

(ㄷ)

다국적 기업 225
다극적 세계 243
다문화 교육 147
다문화 민주주의 147
다문화 사회 147
다시는 전쟁이 없기를 217
다원주의 35, 142, 144, 329
단독자영업자 262
단체협상 자율 67, 261
대기업과 은행으로부터 기부금 거부 329
대기업의 특허-장악 197
대량살상무기 191
대량생산의 포드주의 73
대량실업 226, 260
대안적 가족모델 231
대안적 소비유형 44
대의기구 276
대인세 269
대중의 높은 소득 263
대체에너지 48
대학 121
덤핑경쟁 235
덴마크인 289
도시문화 135
도시사회(늙고 있는) 53
독립사회민주당 216
독일공산당 215, 216
독일군의 국제적 전쟁파병 223
독일사회주의통일당 220
독일은 계급사회 232
독일은 이민자의 나라 285
독일의 1918/19년 혁명 215
독점의 제한 69
독점자본 255
돌봄경제 63
동독 68, 220
동독의 시민권운동 138
동독의 이익 대변 268
동등한 참여권리 81
동물보호 59, 307
동물실험 60
동성애자 145
동일노동-동일임금 158, 251
디지털 재산권의 제한 298

디지털 지식재산의 보호　298

(ㄹ)
라틴아메리카　246
러그마크　199
로자 룩셈부르크　213, 215, 245
로컬 푸드　75
리스본조약 거부　311

(ㅁ)
마르크스와 엥겔스　213
마르크스의 공산당선언의 비전　248
마스트리히트조약　312
마약정책　274
망 중립성　253, 280, 298
망의 평등과 자유　281
망명권　146, 218
망명정책　185, 286
무기수출의 폐지　189
무력사용 예방정책　189
무비판적인 진보　26
무상의 근거리교통　307
무상의 평생교육　262, 295
무역수지 균형정책　238
무역위기　79
무역흑자　238
무의미한 교통　54
문화　131
문화개념 확대　131
문화교류　147
문화교육　131
문화다양성　131, 147, 180, 210
문화와 예술　291
문화유산　292
문화적 정체성　291

문화정책　134, 137
문화지원정책　133
문화후원제도　291
미국 북한 정상회담　17
미국과 러시아　177
미국식 모델　237
미국의 헤게모니　243
미니잡　260
미디어　151
미디어권력　279
미디어교육　279
미디어독점　129, 131
미디어사회　140
미래의 에너지경제　48
미지급 노동　230
민간 평화봉사　191
민영화　234
민족주의　169
민족주의의 낡은 유럽　168
민족주의적 분리정책　215
민주사회주의　206, 245, 248
민주사회주의당(SED/PDS)　221
민주적 법치국가　28
민주적 사회화　251
민주적 참여(권리)　139, 270
민주적 사회적 생태적 사회　329
민주제도의 전복　241
민주주의　26, 30, 138, 211
민주주의 없이는 사회주의도 없다　221
민주주의는 논쟁적이어야　152
민주주의의 잠식　240

(ㅂ)
바르셀로나 프로세스　177

바이마르공화국　216
바이오매스　303
반인종주의　143
반자본주의 운동　226
반차별정책　286
반파시즘 투쟁　216, 289
법관선출위원회　278
법정 최저임금　260
법치국가　138, 211
법치국가와 사회국가의 통일　246
베르톨트 브레히트　203
베트남전쟁　219
병역의무와 병역대체복무 폐지　189
보건정책　100
보충성(Subsidiarität)원칙　62, 179
복지격차　114
볼리바르 동맹(ALBA) 모델　246
부르주아 여성운동　230
부부분리과세 폐지　269
부양중심적 모델　229
부유세　269
부채조정　61
부패　141
북대서양조약기구　186
분배정의　28, 158
분산구조　49
분업에 기초한 가족구성　228
불법노동　90
불안의 세계화　175
불안정한 노동　232
비밀정보기관의 폐지　282
비상사태법　212
비영리 공기업　271
비자본주의 질서　245
비자본주의적 발전의 길　246

비정규직 노동 금지　261
비정부기구　42, 171
비정부기구의 자문권리　193
비판적 합리성　113
비행기의 야간운항금지　56
빈곤　82
빈곤과의 싸움　173, 320
빈부 격차　226
빌리-브란트-지원단　319

(ㅅ)
사람에게 이익을 주는 경제　250
사립학교　116
사법권의 독립　149, 278
사유재산의 불평등과 집중　269
사유화된 무력　176
사회계약　27
사회기금　100
사회기초보장　83, 100
사회보장　209, 234, 270
사회보장국가　81
사회보장제도의 개혁　99
사회복지수급권　230
사회부조　83, 84
사회의 강화　62
사회의 민주화　257
사회의 연령구조 변화　97
사회적 국가　236
사회적 기본권　270
사회적 대화　328
사회적 도시　53
사회적 민주화　154
사회적 법치국가　246
사회적 불평등　35
사회적 사회　66

사회적 생태적 개혁　258, 321
사회적 생태적 목표 경제　302
사회적 생태적 문제해결　242
사회적 생태적 시장경제　62, 175
사회적 생태적 전환　301
사회적 생태적 지속가능성　248
사회적 소유　220
사회적 시장경제　62, 226
사회적 자본　83
사회적 진보조항　311
사회정의　257
사회주의 사회　245
사회주의 진영　226
사회주의의 요구　217
사회주의탄압법　213
사회주의-토론　221
사회통합의 위기　239
사회화　257
삶에는 어떤 특허도 필요 없다　299
새로운 교육개혁　116
새로운 농업　40, 75
새로운 생활공동체　98
새로운 여성운동　219
새로운 완전고용　263
새로운 전쟁　35
새로운 정보기술　35
생계노동 및 비생계노동의 결합　87
생명공학과 유전공학　36
생명체 특허 거부　300
생물다양성　306
생물특허화는 죄악　299
생산력은 파괴력으로 전환　225
생식의학　162
생태(정책)　26, 33, 41, 60
생태국민생산　63

생태적 과세 원칙　71
생태적 농업　76
생태적 부채　33
생태적 순환경제　45, 64
생태적 이동　40
생태적 재정개혁　71
생태적으로 지속가능한 발전　242
생태적 사고　26
생태적 사회적 시장경제　62, 175
생태적 연대적 세계경제질서　173
생태지식　115
생태체계 지구의 한계　62
생태학의 정당　26
생태학적 후속비용　63
생태효율성　46
생활양식　27
생활양식의 다양성　132
생활의 질　149
생활의 향유　47
서독의 녹색당　38
서로가 다른 존재라는 것이 정상　119
석탄발전소　305
선거강령과 연정협약　327
선거대안 노동과 사회정의　224
선거연령 인하(16세)　97, 276
선진국의 관세장벽 철폐　172
성 주류화　87, 128, 164
성과기반 원칙　101
성별중립성　126
성인교육　123
성장의 한계　41
성적 다양성　284
성적 정체성　145
성차별　28
성차별 특유의 불평등　164

성차별 특유의 폭력　160
성차별적 분업　157, 219
세계경제위기　237
세계무역기구　172
세계사회　35, 170
세계여성회의　167
세계은행　172
세계의 남북-연대　168
세계의 문화　136
세계적 거버넌스　170
세계적 자본순환　235
세계적 정보다양성 보장　131
세계적인 해방 및 소유 운동　254
세계평화　169
세계화　34, 140, 168, 237
세계화반대운동　222
세계화의 승자와 패자　242
세계화한 자본주의　206
세금덤핑　70, 266
세금제도　69
세대 간 계약　94
세대 간 정의　29, 42
세법의 허점　269
소련　216
소르비아인　289
소비자권력　45
소비자보호　40, 70, 72
소수민족　289
소유관계와 계급관계　228
소유관계의 변화　249
소유권 정책　53
소음보호　309
소음증명서제도　57
손해보증금예치　107
수리편의성　305

수소공학기술　49
수요기반 원칙　101
수출장려정책　238
숲관리인위원회　199
스탈린주의　221
스파르타쿠스단　215
시간제노동　89
시간주권　209
시민권　148
시민권력　196
시민권으로서 지식접근　40
시민권정당　139
시민보험　100, 105, 109
시민의 연합　179
시민의 유럽　40, 181
시민의 직접참여　327
시민정보체계　130
시민혁명　213
시장의 재국가화 반대　79
식량주권　266
식용동물 인증제　307
신경제　73
신사회운동　254
신자유주의 이데올로기　324
신자유주의 정책　236, 239
신자유주의의 승리　235
신자유주의적 민영화 정책　263
신자유주의적 세계화　171
신자유주의적 전환　234
신탁청　222
실습생　262
실업보험　100
실업부조　84
실업자　232

(ㅇ)

아데나워 시대 218
아동 눈높이 정책 40, 92
아동금고 96
아동기초보장 95
아동노동 199
아동수당 모델 94
아동을 위한 무상통합교육 91
아동친화적인 사회 90
아젠다 2010 223
아프가니스탄 전쟁 243
알콜중독 274
약물정책 150
약물중독과 의존 104
양성관계의 변화 37, 219
양성민주주의 37
양성평등 예산 64
양성평등 정의 29, 43, 118, 156
양성평등 정책 157, 164, 184, 282
양육보장 정책 92
억압 245
언론의 다양성 151
언어 185
에너지 생산 및 공급구조의 분산화 47, 303
에너지경제의 개조 303
에너지는 공공재 51
에너지전환정책 305
여성네트워크 167
여성노동 227
여성밀매 161
여성운동 26, 156, 214
여성의 생식에 대한 자결권 162
여성정책 156
여성주의적 과학 비판 126

여성지원정책 98
여성할당제와 최소동등권 39, 165
역사수정주의 289
역사의 종언 14
연구와 개발 127
연금보험 109
연대 30, 207
연대경제 250, 254
연대공동체 100
연대의 정치문화 80
연대적 사회의 공동생활 245
연대적 세계경제질서 319
연대적 시민보험 210, 273
연대적 연금보험 272
연대적 행동-네트워크 79
연대적 최저연금 210
연방군대 188
연방주의 154
열린 교육제도 247
열린 민주주의 세계공동체 168
예방 103
예방의 문화 191
예방적 공격전쟁 244
예방적 환경보호 78
예술(창작) 131, 133, 292
오염배출권 거래 242
오픈 소스 114, 298
온실가스 배출 303
완전고용 209
외국인노동자정책의 오류 146
우익극단주의 143
원자력발전소 304
유고슬라비아 내전 223, 243
유기농업 266, 306
유럽 공동의 농업정책 313

유럽국경해안경비청　286
유럽안보협력회의　177, 185, 318
유럽연합　178, 182, 310, 313
유럽연합인권헌장　181, 183
유럽위원회　179
유럽의 시민사회　182
유럽의 에너지정책　184
유럽의 평화질서　186
유럽의회　179
유럽정책　183
유럽통합　169, 178
유럽특허협약　299
유럽헌법　179, 181
유로(단일통화로서)　184
유로위기　311
유사-자영업　232
유엔개발계획　172
유엔의 권한 확대　192, 318
유엔의 민주적 개혁　192
유엔제재구호기금　194
유엔지속개발위원회　172
유엔헌장　32
유엔환경계획　172, 174
유엔안전보장이사회　191
유전공학　73
유전공학과 의료의 관계　106
유전공학-종자-독점　76
유전자실험　152
유전자조작　267
유치원　120
융합기술　48
은행독재　255
의회 밖 야당　218, 327
의회의 비례대표제　153
E-민주주의　280

이데올로기　26
이라크 전쟁　243
이민(정책)　36, 146
이민자사회　40, 146
이민자의 통합　120, 137
이산화탄소 배출　50
이산화탄소 저장　242
이스라엘　177, 217
이중국적　286
인간관계는 상품관계　225
인공수정　105
인구변화　36, 82
인권　26, 31, 143, 194
인권선언　147
인권운동　26, 168
인권의 보편성　194, 248
인터넷과 수평적 소통　241
인터넷시대의 저작권　298
1인가구　98
임금 외 비용의 축소　66
임금노동과 자본의 타협　226
임금덤핑　260
임대주택 공급　53
입지경쟁　52, 74, 235

(ㅈ)

자결　26, 27, 205, 207
자결과 민주주의　139
자결의 삶　259
자결의 한계　28
자기제한의 정책　178
자녀양육과 생계노동의 양립　96, 261
자동차교통　54
자력구제　86
자료보호　151

자본가계급　233
자본거래 과세　79
자본수익　269
자본수출　238
자본이동 규제　313
자본주의　225
자본주의 착취체제　245
자본주의 세계체제　245
자본주의의 대안　258
자본주의와 가부장제　227
자연 및 경관 보호　58, 208
자연의 재생능력　306
자연적 생활토대의 보호　27, 41, 242, 306
자영업자　255
자원보호　46
자원봉사　86
자원순환경제　309, 310
자원절약　302
자유 평등 연대의 가치　248
자유권　26, 148
자유로운 인터넷 보장　279
자유시간　213, 261
자유직업인　234
자전거 종합계획　55
잔여위험　48
장기실업　65
장애인고용 비율　261
장애인의 노동생활　108
장애인의 동등한 참여　107, 145
장애인의 사회적 평등　118
장애인의 인권　287
재교육과 평생교육　297
재분배정책　80
재산권문제　249

재산권의 민주적 통제　208
재산권의 사회적 책임　65
재생가능 에너지　47
재생산의 위기　242
재생에너지기술 이전　52
재생에너지법　303
재정거품　235, 237
재정정책　77
저임금부문의 일자리　232
저작자권리 강화　298
적군파　220
적극적 노동시장정책　264
적기(just-in-time) 이민　146
적-녹(Rot-Grün) 연립정부　223
전권위임법　216
전자투표　141
전쟁 대신 연대 속에서 평화　316
전후 통화체제의 붕괴　234
접근정의　114
정당　26
정보 및 통신기술　128, 141
정보격차　35, 130
정보보호　241
정보사회와 지식사회　185
정보의 자결권　129, 151
정보자유　129, 141
정의　26, 28
제국주의　212, 243
제네바 난민협정　146
조세피난처　172, 197
종업원 소유　208
종업원 참여　155
종일제학교　92, 118
종자변형 무관용 원칙　267
좋은 일자리　259

좌익민주주의　213
좌파당의 개혁기획　258
주거권　271
주거수당　271
주거지와 일터 간 거리축소　306
주거협동조합　254
주기적 공황　224, 226
주당 평균노동시간을 40시간으로 제한　261
중부 및 동부 유럽　182
중소기업가　234, 255
중소기업의 희생　74, 238
증권거래세 도입　265
지구보고사업단　199
지구촌　114
지구환경기금　174
지능적 노동시간모델　88
지대추구　236
지방 문화　135
지방자치권　154
지속가능성　27, 46
지속가능한 개발　44
지속가능한 교육재정　125
지속가능한 이동　55
지속개발위원회　174
지식격차　114
지식경제　73, 113
지식과 정보 공개　250
지식노동자　112, 130
지식사회　111
지식생산과 저작권　73, 298
지식은 생산력　111
지식의 붕괴시간　111
지식-독점　73
지역적 경제순환　74

지자체　277
직업교육　121, 296
직업재교육　122
직접민주주의　153, 211, 256, 276
집단소송권　262
집단안보체제　316
집시　289
짧은 길을 가진 도시　53

(ㅊ)

차량공유　57
파견노동　209, 232
착취와 억압이 없는 민주사회주의　329
참여정의　29
참여권　275
철도교통　54
청구권　257
청년실업　89, 185
청소년의 적극적 참여　290
체르노빌 원자력발전소 폭발사고　48
체육　103, 134, 292
체육의 상업화 억제　293
초과이윤　236
최저법인세율　312
최저임금　209
최초 직업교육　120
취업의 다리　88
취학전 교육　119

(ㅋ)

칼 리프크네히트　215
코소보전쟁　191

(ㅌ)

탄소세 부과　302

탈군사화   192
탈물질화   73
태양광시대로의 이행   40, 49
태양에너지   49
터키   182
토빈세   79, 172, 197
통합교육제도   117, 295
통합정책   148
투기거품   265
투기적 이윤획득   235
투기적 투자수단 금지   265
투명성의 요구   155, 327
투자개념 재정의   78
투자은행 청산   265

(ㅍ)

파리헌장   186
파병   188
파시스트 야만   216
파업권 보장   262
판사의 독립성   149
팔레스타인국가   217
패권주의   169
팩터 10   45
평생교육   89
평화교육   119
평화와 군축   169, 212
평화운동   26, 168, 219
평화적 분쟁해결   315
평화정책   189
포드주의적 자본주의   231
폭력방지 정책   149
폭력으로부터의 자유   31
품질주도 교육   91
프롤레타리아 여성운동   230

프리슬란트인   289

(ㅎ)

하나의 유럽시민   148
하르츠 IV   209, 223, 326
하르츠개혁   84
학문과 연구의 자유   126
학문적 식민주의   299
학생들의 이질성 고려   117
학습하는 당   322
해고보호   209
해방의 교육   295
해방의 전망   27, 292
핵가족   231
핵심사업   40
핵확산 금지와 핵의 축소   192
현대적 순환경제   73
현대화론자   39
협동조합   254
협동조합 소유   208
형사정책   150
혼합가족   91
화물자동차-통행세   55, 309
화석에너지   49, 241
환경경제총계정   63
환경기술   321
환경세 도입   65, 269
환경운동   219
환경정책은 일자리 창출   87
환경정치   27
환경친화적 교통   307
환경친화적 생활양식   301
환경친화적 이동성   308
환자와 보호자   102
환자의 모를 권리   107

독일 사회민주당의 역사와 독일 사회의 변화 3
독일 녹색당/좌파당 강령집

초판 제1쇄 펴낸날 : 2018. 7. 30

편역자 : 전종덕 · 김정로

펴낸이 : 김 철 미

펴낸곳 : 백산서당

등록 : 제10-42(1979.12.29)
주소 : 서울 은평구 통일로 885(갈현동, 준빌딩 3층)
전화 : 02)2268-0012(代)
팩스 : 02)2268-0048
이메일 : bshj@chol.com

※ 저작권자와의 협의 아래 인지는 생략합니다.

값 20,000원

ⓒ 전종덕 · 김정로

ISBN 978-89-7327-532-8 93340